DER BERGHOF

Hitlers verborgenes Machtzentrum, illustriert mit über 500 Abbildungen

Dr. H. van Capelle • Dr. A.P. van de Bovenkamp

DER BERGHOF

Hitlers verborgenes Machtzentrum, illustriert mit über 500 Abbildungen

---

Ein Enthüllungsbericht über das Privatleben und Denken eines der grausamsten Diktatoren der modernen Weltgeschichte – mit einzigartigen Fotos

---

NEUER
KAISER
VERLAG

INHALT

Die atemberaubende Aussicht vom Obersalzberg auf das Tal von Berchtesgaden.

Vorwort

Vorsichtig kriecht ein Auto die Straße entlang, die sich am Berg emporschlängelt. Es ist Herbst, und die dunklen, kahlen Bäume stehen wie einsame, erstarrte Wächter an dem Weg, der nicht zu enden scheint. Durch herabgefallene Blätter und Sprühregen ist die Strecke hie und da glatt geworden. An einer Kreuzung steht ein altes, verwittertes Schild. Die Buchstaben sind kaum zu lesen: „Obersalzberg 2 km". Aus den Schornsteinen einiger Bauernhöfe am Weg steigt Rauch auf. Endlich tauchen einige Gebäude auf, die auf einem kleinen Plateau stehen, hoch über dem süddeutschen Städtchen Berchtesgaden. Wir sind auf dem Obersalzberg angekommen. Auf der Hochebene befindet sich ein ausgestorbener Parkplatz. Der Obersalzberg gehört an diesem trüben Nachmittag den Vögeln. Hoch über dem Berg kreisen ein paar Adler um die Umrisse eines ehemaligen Pavillons – das berühmte Teehaus eines der grausamsten Diktatoren der Geschichte: Adolf Hitler.

Im Gegensatz zu diesem trüben Herbsttag herrscht im Sommer auf dem Obersalzberg Hochbetrieb. Lange Schlangen von Autos und Reisebussen führen tagtäglich eine Menge neugieriger Besucher auf diesen Berg, der wegen seiner atemberaubenden Aussicht auf die umliegende Alpenlandschaft bekannt ist. Aber abgesehen von der schönen Umgebung und dem herrlichen Ausblick werden Tausende Besucher aus aller Welt auch von der historischen Bedeutung dieses Ortes angezogen, der in den Jahren 1933–1945 so oft den Brennpunkt der Weltpolitik bildete.

Adolf Hitler verbrachte viel Zeit auf diesem Berg, der in seinem Leben eine besondere Rolle spielte. Während einer seinen nächtlichen Monologe (Tischgespräch am 17. Januar 1942) sagte er hierzu: „Ja, mit diesem Berg bin ich eng verbunden. Vieles hat sich dort getan, ist entstanden und vergangen, es sind mit die schönsten Zeiten meines Lebens ..." Früher im gleichen Monat sagte er zu einer Gruppe von Offizieren: „Meine großen Pläne sind alle dort entstanden, für mich war der Obersalzberg etwas ganz Herrliches geworden. Ich habe mich ganz verliebt in die Landschaft. Wenn ich auf den Berg gehe, ist es nicht nur der Schönheit der Landschaft wegen. Die Fantasie wird da viel angeregter, ich bin vom Kleinkram weg und weiß dann: Das ist besser, das ist richtig, das führt zum Erfolg. Nachts sehe ich oft stundenlang von meinem Schlafzimmer auf die Berge hinaus, da kommt die Klarheit. Der Berghof ist das Ideal. Ich wollte, ich wäre wieder oben, das wird die schönste Zeit sein, wenn wir wieder da raufkommen, und das liegt noch in so weiter Ferne, in weiter, weiter Ferne ..."

Hitler betrachtete den Obersalzberg als seine Domäne. So fragte er sich einmal, was nach seinem Tod mit dem Berghof geschehen würde. „Am tragischsten sehe ich das bei meinem eigenen Haus auf dem Berg. Wenn dann ein Berchtesgadener dort die Führung übernimmt und erklärt, wo ich gefrühstückt habe und wo ich gesessen bin, und wenn ein Sachse mahnt: ‚Nicht beiseite treten, auf dem Teppich bleiben, berühren Sie die Gegenstände nicht mit der Hand!' Hätte man keine Familie, der man das Haus hinterlässt, so müsste man sich eigentlich darin verbrennen lassen: ein würdiger Scheiterhaufen!"

Der Obersalzberg veränderte sich durch die Anstrengungen Tausender Arbeiter in kurzer Zeit grundlegend. Zeitweise wurden die Einwohner des verschlafenen Städtchens Berchtesgaden aufgeschreckt von dem Unheil verkündenden Dröhnen der Explosionen, die vom Obersalzberg ins Tal hallten. Innerhalb einiger Jahre verwandelte sich der einstmals so ruhige Berg in ein Machtzentrum, von dem aus das Dritte Reich und später die besetzten Gebiete regiert wurden. Das ganze Gebiet wurde von neuen Wegen und asphaltierten Pfaden durchkreuzt. Lastkraftwagen mit Baumaterialien fuhren ab und an, und Drahtseilbahnen wurden gebaut, um bestimmte Materialien schneller transportieren zu können.

Während des Krieges begann man zusätzlich mit dem Bau riesiger unterirdischer Bunker, die mit einer Länge von gut elf Kilometern auch heutzutage noch den Obersalzberg wie Maulwurfsgänge durchziehen. Damit der Obersalzberg für die Außenwelt besser zu erreichen war, wurde – neben einer Abzweigung der Autobahn München-Salzburg – in der Nähe Salzburgs, das nur einige Kilometer vom Berg entfernt liegt, ein Flugplatz gebaut. Außerdem wurde der Berchtesgadener Bahnhof enorm vergrößert. Es entstand ein monumentaler, aus Naturstein gebauter Komplex im nationalsozialistischen Baustil, komplett mit großen Adlern und Hakenkreuzen über den Eingängen. Auf dem Bahnhof war Platz für Dutzende von Zügen, die oft als mobile Hauptquartiere für Hitlers engste Mitarbeiter dienten. Wenn Hitler auf dem Berg verweilte, sollten seine wichtigsten Mitarbeiter von Zeit zu Zeit zum Führerrapport erscheinen. Es gab im Dritten Reich kaum einen besser gesicherten Ort als den Obersalzberg. Das Führergebiet, manchmal auch der „Heilige Berg" genannt, erstreckte sich gegen Ende des Krieges über zehn Quadratkilometer. Es war von mit Strom versehenen Einzäunungen umgeben und wurde von SS-Wachen und Gestapo-Funktionären überwacht. Wachtposten mit Maschinenpistolen schossen bei der geringsten verdächtigen Bewegung.

Wie in früheren Zeiten umgaben die bevorzugten Paladine ihren Herrscher. So erlangten Hermann Göring, Oberbefehlshaber der Luftwaffe, Albert Speer, Hitlers Lieblingsarchitekt und später Herr über die deutsche Kriegswirtschaft, und Martin Bormann, Hitlers allgegenwärtige „braune Eminenz" Wohnungen auf dem Obersalzberg. Indem man auch das Privatleben dieses „Hofstaates" beobachtet, bekommt man eine Einsicht in die schizophrene Situation, die auf dem Berg bestand. Während ein Großteil der Welt in Flammen stand und die Vernichtungslager auf Hochtouren liefen, machte der Führer seinen täglichen Spaziergang zum Teehaus, trank dort Tee und aß Windbeutel, während Eva Braun mit ihren Freundinnen Tischtennis spielte oder Amateurfilme drehte. Auch bildete der Obersalzberg die Kulisse für Militärkonferenzen und für Besprechungen Hitlers mit seinen engsten Mitarbeitern. So war Heinrich Himmler, der gefürchtete Chef der SS und der Gestapo, zusammen mit seinen Henkern oft auf dem Berghof zu Gast. Hitler war gewohnt, seine Befehle in Bezug auf die Massenmorde mündlich zu erteilen. Zahlreiche prominente Gäste, Diplomaten und Politiker statteten in den Jahren nach Hitlers Machtübernahme dem Berghof einen Höflichkeitsbesuch ab. Je nach Hitlers politischer Zielsetzung zum Zeitpunkt ihres Besuches trafen sie auf einen freundlichen, zuvorkommenden Gastherrn oder auf einen bösartigen, politischen Intriganten. Aber auch eine Vielzahl von unbekannten Personen besuchte den Berghof. An bestimmten Tagen, z. B. am 20. April, Hitlers Geburtstag, wurden die Tore am Fuß des Obersalzbergs geöffnet, und es strömten Tausende von „Pilgern" nach oben, um einen Blick auf ihren Führer zu werfen. Dieser stand oft sichtlich vergnügt vor dem Berghof und winkte ihnen zu. Sogar in der Strategie des alliierten Oberkommandos spielte der Obersalzberg eine große Rolle. Gegen Ende des Zweiten Weltkrieges nahm der Mythos einer Alpenfestung, von fanatischen SS-Männern und „Werwölfen" verteidigt, immer größere Ausmaße an. Eisenhower ließ, anstatt nach Berlin vorzurücken, seine Truppen an der Elbe Halt machen. Nach der Eroberung der Alpenfestung würde, so glaubte der Führungsstab der Alliierten, der Rest der deutschen Streitkräfte anderswo in Europa sicher auch kapitulieren. Dieser Berg kann mit Recht als einer der wichtigsten Schauplätze des Dritten Reiches bezeichnet werden.

Dieses Buch ist das Ergebnis jahrelanger Forschungen sowohl in Deutschland als auch im Ausland. Einen großen Teil der Informationen haben wir nach den Aussagen derer aufgezeichnet, die sich auf dem Obersalzberg aufgehalten haben. Das gilt sowohl für Menschen aus Hitlers engster Umgebung als auch für Bewohner Berchtesgadens und der Umgebung. Neben zahlreichen Interviews haben wir die neueste Literatur und Dokumente aus Archiven wie dem Bundesarchiv in Berlin herangezogen. Die Zeugen, die wir für dieses Buch interviewt haben, sind u. a. Albert Speer, Hitlers Lieblingsarchitekt und Rüstungsminister; Hermann Giesler, ebenso einer von Hitlers Architekten; Richard Schulze-Kossens, SS-Adjutant Hitlers; Rudolf Jordan, zu jener Zeit der einzige noch lebende Gauleiter; SS-Obersturmbannführer Hans Schweiger; Edda Göring, Tochter des Reichsmarschalls; Wilhelm Karbacher, der 1952 die Leitung des Abrisses des Berghofs hatte; SS-General Karl Wolff; SS-Standartenführer Heinrich Heim; Henriette von Schirach, Frau des Leiters der Hitlerjugend und Tochter des Parteifotografen Hoffmann; Hans Smode, Ausstatter auf dem Berghof; Frau Podlech, Kindergärtnerin auf dem Obersalzberg; Frau Köppe, die Bbliothekarin des Obersalzbergs; Fritz Stangl, der als Junge die Bombardierungen des Obersalzberg mitmachte; SS-Standartenführer Dr. Eugen Dollmann, der Dolmetscher Hitlers bei Mussolini; Friedl Voss, der seine Jugend zusammen mit den Kindern Bormanns und Speers auf dem Obersalzberg verbracht hat, und einige andere Einwohner von Berchtesgaden und der Umgebung. Inzwischen sind fast alle von uns interviewten Zeugen verstorben.

IIA-19357

1 Die ersten bewegten Jahre

Hitler und der Obersalzberg
Im Frühling 1925, als Hitler sich für längere Zeit auf dem Obersalzberg niederließ, fing alles an. Er war erst seit einigen Monaten aus der Haft entlassen, nachdem er im Gefängnis des bayerischen Städtchens Landsberg wegen der Beteiligung am Münchner Putsch vom 9. November 1923 13 Monate einer fünfjährigen Freiheitsstrafe verbüßt hatte. Bei diesem gescheiterten Putsch der Nationalsozialistischen Deutschen Arbeiterpartei (NSDAP) in der Münchner Innenstadt kamen 14 Nationalsozialisten und vier Polizisten der regierungsfreundlichen Bayerischen Landespolizei ums Leben. Zahlreiche Personen wurden verhaftet, darunter auch Hitler. Die NSDAP wurde von der bayerischen Regierung aufgelöst und verboten. Hitler, den man des Hochverrats anklagte, wurde zu fünf Jahren Haftstrafe verurteilt, die er in Landsberg verbüßen sollte. In seiner Zelle konnte er auf die Jahre zurückblicken, die hinter ihm lagen. Er war 34 Jahre alt und hatte bis jetzt nur wenige seiner Ziele verwirklicht. Abgewiesen von der Wiener Kunstakademie, hatte er als Soldat an einem verlorenen Krieg teilgenommen. Nun war er aufgrund eines gescheiterten Putsches inhaftiert, und man hatte seine rechtsradikale Splitterpartei verboten. Aber Hitler nutzte seine Internierung nicht nur zur Besinnung: Während seines Aufenthalts im Gefängnis von Landsberg – von November 1923 bis Dezember 1924 – begann er, „Mein Kampf", die zukünftige „Bibel" des Nationalsozialismus, zu schreiben. Rudolf Hess, der ebenfalls wegen der Beteiligung am Putsch verurteilt worden und im Gefängnis als sein Sekretär tätig war, half ihm dabei. Hitler schrieb in dieser Zeit nicht nur „Mein Kampf", sondern entwarf auch eine neue Strategie für die NSDAP, die er nach seiner Freilassung umorganisieren und verstärken wollte. Die ersten Ansätze hierzu hatte er bereits vor seiner Gefangenschaft mit der Gründung der Sturmabteilung (SA) gemacht, uniformierten „Braunhemden", die u. a. bei Versammlungen als Ordnungsdienst tätig waren und für die Bildung des „Stoßtrupps Hitler" sorgten. Dessen Mitglieder wurden aus der SA gewählt. Sie bildeten den Keim der späteren Schutzstaffeln (SS). Aufgrund eines auch von den Gefängnisbehörden unterstützten Gnadengesuchs wurde Hitler am 19. Dezember 1924 auf freien Fuß gesetzt. Die bayerische Regierung glaubte, dass ihm die Erfahrungen eine Lehre sein würden und dass er in der Zukunft keine Gefährdung der Demokratie mehr darstellen würde. Die Behörden nahmen an, dass der Aufwiegler endgültig gezähmt sei. Der Bann über die NSDAP wurde aufgehoben. Einige Jahre später sollte sich herausstellen, wie sehr man sich geirrt hatte ...
Am 27. Februar 1925 kehrte der „gezähmte" Nationalsozialistenführer während eines triumphalen NSDAP-Treffens im Münchner Bürgerbräukeller ins Licht der deutschen Politik zurück. Dies war der gleiche Bierkeller, wo Hitler 1923 den Putsch begonnen hatte. Stunden vor Hitlers Rede waren bereits mehr als 4.000 NSDAP-Anhänger im großen Saal zusammengeströmt. Hunderte konnten nicht mehr in das Gebäude hinein und wurden von der Polizei weggeschickt. Endlich trat Hitler an das Rednerpult. Seine Rede löste große Begeisterung aus, und es gelang ihm, die Masse in stürmische Erregung zu versetzen. Mit dröhnenden Worten forderte er die Anwesenden auf, der Swastika (dem Hakenkreuz) zu folgen und im Interesse der Partei die gegenseitigen Konflikte zu vergessen. Er versicherte dem ekstatischen Publikum, dass er die Verantwortung für alle künftigen Aktivitäten der Partei übernehmen würde. Nach seiner erfolgreichen Rede wurde Hitler während des ohrenbetäubenden Tumults von einem der politischen Anführer der Partei zum ersten Mal öffentlich mit „Führer" angeredet.
Die bayerische Regierung zeigte sich in höchstem Maße besorgt über den Erfolg von Hitlers zündender Rede – eine Befürchtung, die noch geschürt wurde durch die immer weitergehenden, aufwieglerischen Äußerungen des NSDAP-Führers. Hitler ließ sich nicht davon abhalten, zu einem „rücksichtslosen Kampf gegen das internationale Judentum, den Marxismus und die verächtliche parlamentarische Demokratie" aufzufordern. Die Regierung entschloss sich, Maßnahmen zu treffen: Man verbot Hitler, bei öffentlichen Zusammenkünften Reden zu halten. Schon bald galt dieses Verbot für fast ganz Deutschland. Der Name Hitler wurde allmählich bekannt.
Versammlungen der NSDAP waren noch erlaubt, Hitler sah sich jedoch gezwungen, seine Tiraden vor einer kleineren Zuhörerschaft zu halten. Aber die Einschränkungen, die seinem öffentlichen Leben auferlegt worden waren, gaben dem nationalsozialistischen Führer zugleich die Möglichkeit, lange Reisen durch Deutschland zu unternehmen und die Organisation der Partei zu verstärken. Vor allem nutzte Hitler diese Zeit zum Schreiben: Neben vielen langen Leitartikeln für die Parteizeitung, den „Völkischen Beobachter", vollendete er in Berchtesgaden sein Buch „Mein Kampf".

Schon bevor Hitler an die Macht kam, hielt die NSDAP ihre jährlichen Parteitage in Nürnberg ab, wie auf diesem Foto zu sehen ist: Hitler im Auto stehend, neben ihm Ernst Röhm, der Stabschef der mächtigen SA. Anfänglich wurden die Parteitage im Zentrum der Stadt abgehalten, aber nach 1933, als Hunderttausende Menschen die Kundgebungen besuchten, wurden sie im Süden Nürnbergs durchgeführt.

Hitler, ganz rechts, als unbekannter Soldat im Ersten Weltkrieg an der Westfront im französischen Fournes, 1916.

Luftkurort Obersalzberg

Versteckt im südöstlichsten Zipfel der Bayerischen Alpen und an drei Seiten von Österreich umschlossen, liegt das mittelalterliche Städtchen Berchtesgaden wunderschön an einem mit Wiesen und Wäldern bedeckten Berghang. Es wird ringsum von hohen, unzugänglichen Bergen umgeben, deren Gipfel meist mit Schnee bedeckt sind. Im Schatten eines dieser Gipfel, des Kehlsteins, liegt der tausend Meter hohe Obersalzberg. Sein Gipfel besteht aus einer verhältnismäßig flachen Hochebene. Der Name „Obersalzberg" erinnert an das Salzbergwerk, das sich im Berg befindet und bereits seit dem Jahr 1517 in Betrieb ist. Jahrhundertelang diente das Obersalzberggebiet als Zufluchtsstätte für arme Holzfäller und Bauern, die mit Wildern und Schmuggeln etwas dazuzuverdienen versuchten. Die Wälder an den unteren Hängen und die Höhlen an den kahlen Berggipfeln waren ein gutes Versteck vor dem Arm des Gesetzes. Im Notfall konnte man der Polizei entwischen, indem man schlichtweg über die österreichische Grenze floh. Auch Hitler, dessen Bewährungsfrist 1925 noch nicht abgelaufen war, hat wahrscheinlich mit dieser Möglichkeit zu entkommen gerechnet.

Im Jahr 1877 kaufte Mauritia Mayer einen verfallenen Bauernhof auf dem Obersalzberg und machte daraus eine florierende Pension, welche den Vornamen ihres Großvaters bekam: Pension Moritz. Das Restaurant der Pension Moritz wurde bei den vielen Ausflüglern, die bei schönem Wetter zum Obersalzberg kamen, schon bald bekannt. Immer mehr Wanderwege wurden angelegt, und die Bekanntheit des Kurortes Obersalzberg wuchs ständig. Neben der sauberen, frischen Bergluft genossen die Besucher die herrliche Fernsicht, die man von hier aus sowohl auf das österreichische Salzburg, die barocke Mozartstadt, als auch auf Berchtesgaden hatte. Man baute ein Kindersanatorium, und 1911 wurde das Hotel zum Türken eröffnet, damit man dem wachsenden Besucherstrom eine Unterkunft bieten konnte. Von diesem Hotel mit seiner schön angelegten Terrasse hat man eine atemberaubende Aussicht auf den sich genau gegenüber erhebenden Untersberg mit seinen schroffen Gipfeln. Ein kleines Stück vom Hotel entfernt ließ Herr Winter, ein Kaufmann aus Buxtehude, ein schlichtes Landhaus bauen, das er „Haus Wachenfeld" nannte. Hitler hatte Berchtesgaden und die Umgebung 1923 durch den exzentrischen rechtsradikalen Dichter, Redakteur und Bühnenautor Dietrich Eckart kennengelernt. Dieser überzeugte Antisemit trat zu Beginn der NS-Zeit als Mentor des viel jüngeren Hitler auf. Er überredete Hitler 1923 dazu, eine Weile von der politischen Bühne in München zu verschwinden und in den Bergen um Berchtesgaden über seine Zukunft nachzudenken. Eckart verweilte in jener Zeit oft auf dem Obersalzberg, wo er in der Pension Moritz, dem späteren Platterhof, wohnte. So wurde Hitler mit dem Obersalzberg bekannt, wo er oft stundenlange Spaziergänge machte. Später sollte er erklären, dass er sich damals in die herrliche Landschaft verliebt hatte und dort immer „neue geistige und körperliche Kräfte" sammle. Obwohl Hitler eigenwillig den von ihm persönlich festgelegten Kurs weiter verfolgte und sich nicht oder kaum

Eine frühe Aufnahme von 1923. Hitler als Anführer der noch winzigen NSDAP auf dem Marsfeld in München. Sein Auftreten wirkt noch hölzern und ist nicht vergleichbar mit dem des selbstsicheren Führers einige Jahre später.

München, 9. November 1923, der Tag des Hitler-Putsches, an dem Hitler und seine Braunhemden mit Gewalt die Macht in Bayern übernehmen wollten, um dann nach Berlin zu marschieren, wie Mussolini es in Italien getan hatte. Hier ein Stoßtrupp der Braunen: Hitler auf dem Weg zum Stadtzentrum.

beraten ließ, waren Leute wie Eckart und der Herausgeber Ernst („Putzi") Hanfstaengl wegen ihrer zahlreichen Kontakte mit der vornehmen Münchner Gesellschaft für den nationalsozialistischen Führer von unschätzbarer Bedeutung. Abgesehen von einem gewissen sozialen Ansehen, das er hierdurch erlangte, führten sie ihn bei vielen prominenten und reichen Personen ein, die für die Finanzierung sowohl der NSDAP als auch von Hitlers persönlichen Ausgaben geradezu unentbehrlich waren.

Ein schlichtes Holzhaus

Als Hitler, durch ein Redeverbot teilweise zur Untätigkeit gezwungen, 1925 in die Bayerischen Alpen zurückkehrte, verweilte er abwechselnd in Berchtesgaden und auf dem Obersalzberg. In einer kleinen Dependance des Platterhofs traf er sich mit seinen Kampfgefährten zu Besprechungen. Aus diesem Grund wurde das Holzhäuschen später als das „Kampfhäusl" bekannt. Wenn Hitler in Berchtesgaden verweilte, wohnte er meistens im Hotel Deutsches Haus, das sich gegenüber dem Kurpark befand. In diesem Park lernte der Führer das 16-jährige Schulmädchen Mitzi Reiter kennen. Die Freundschaft zwischen Hitlers Schäferhund Prinz und Mitzis Hund führte zu einem Flirt zwischen dem jungen Mädchen und dem mehr als doppelt so alten Hitler. Sie machten mit ihren Hunden lange Spaziergänge. Sehr beliebt war die Wanderung zum Königssee, einige Kilometer von Berchtesgaden entfernt. Das Liebesabenteuer dauerte jedoch nicht lang, denn die politischen Aktivitäten nahmen Hitler immer mehr in Anspruch; außerdem verweilte er immer häufiger auf dem Obersalzberg. Bevor er sich völlig für seine politische Zukunft einsetzte, sicherte Hitler sich einen festen Wohnsitz auf seinem geliebten Obersalzberg. Sein einziges offizielles Einkommen in jener Zeit war der Erlös von „Mein Kampf" und seiner journalistischen Arbeit. Das reichte kaum aus für den Lebensunterhalt. Aber als er später Reichskanzler wurde, konnte Hitler im Juni 1933 Haus Wachenfeld kaufen, nachdem er es erst eine Weile gemietet hatte.

Eine von den Nationalsozialisten errichtete Barrikade im Zentrum von München am 9. November 1923. Mit der Fahne Heinrich Himmler, der später gefürchtete Reichsführer SS, Chef der Polizei und Herrscher über das finstere Reich der Konzentrations- und Vernichtungslager.

Offizielles Porträt Hitlers als „Führer" der NSDAP.

Hitler mit Mitgliedern der örtlichen SA-Abteilung Berchtesgaden.

Marschierende hohe NSDAP-Funktionäre während eines Reichsparteitags in Nürnberg.

Links oben: Marschierende SS mit NSDAP-Wimpeln

Oben: Eine der zahlreichen NSDAP-Standarten.

Links: Hitler weiht mit der „Blutfahne“ neue NSDAP-Fahnen ein.

Propagandaplakat der NSDAP von 1933.

Hitler kurz nach seiner Entlassung aus dem Gefängnis in einem von der reichen Witwe und Hitler-Anhängerin der ersten Stunde, Helene Bechstein, geschenkten Mercedes.

Haus Wachenfeld war ein schlichtes Landhaus, wie man sie auch heute noch zahlreich in der süddeutschen Alpenlandschaft findet. Um das Haus herum führte eine Veranda aus Holz, auf der es sich im Sommer gut leben ließ. Schwere Findlinge auf dem abfallenden Dach sollten verhüten, dass die Schindeln in einem Sturm herunterwehten. Die Küche befand sich im Kellergeschoss, wo außerdem noch einige Vorratskeller waren. Im Erdgeschoss des Hauses lagen ein bescheidenes Wohnzimmer und ein separates Esszimmer. Oben waren drei Schlafzimmer und darüber ein großer Dachboden. Im Garten stand eine Hundehütte für Prinz. Das Reizvollste am Haus Wachenfeld war aber ohne Zweifel die großartige Aussicht auf den Untersberg und das Berchtesgadener Tal mit dem Städtchen Berchtesgaden in der Tiefe. Die Lage von Haus Wachenfeld hatte aber auch einen Nachteil: Bereits früh am Nachmittag warf das Gebirgsmassiv des Kehlsteins seinen Schatten über das Haus, weil die Sonne im Herbst und im Winter nicht hoch genug stand. Hierdurch konnte es im Haus sehr kalt werden.

Die Jahre 1927–1933 (das Jahr, in dem Hitler zum Reichskanzler ernannt wurde) waren, wie er sagte, die glücklichsten seines Lebens. Später konnte er oft stundenlang über diese Zeit, die Kampfzeit, reden. Nach der Aufhebung des Redeverbots 1927 stürzte Hitler sich mit seiner ganzen Energie auf die Verwirklichung seiner politischen Ziele. Das vorläufige Ergebnis war ein Zugewinn von zwölf Mandaten bei den Reichstagswahlen im Mai 1928; dies bedeutete keine 3% der Gesamtstimmen. Viele Parteigenossen hielten dies für eine Niederlage; Hitler allerdings nicht. Er sah, dass die Parteien der Sozialdemokraten und der Kommunisten zwar einen klaren Wahlsieg errungen hatten, aber dass dieser Wahlsieg hauptsächlich auf Kosten der typisch bürgerlichen und rechten Parteien gegangen war. Seine Partei, die NSDAP, hatte sich einen festen Platz im Reichstag erobert und war mit einem Mal die wichtigste rechte Partei Deutschlands geworden.

Nach den Wahlen 1928 kehrte Hitler zum Obersalzberg zurück. Dort zog er ins Haus Wachenfeld. Er bat seine Halbschwester Angela, die in Wien wohnte, den Haushalt im Haus Wachenfeld zu führen. Angela brachte ihre Tochter Angela Maria mit auf den Obersalzberg. Die 22-jährige Angela, die Geli genannt wurde, war ein lebhaftes Mädchen mit hellbraunem Haar. Sie war keine hinreißende Schönheit, aber sie hatte viel Wiener Charme. Zwischen Hitler und seiner Nichte entstand eine Liebesbeziehung. Hitler, der fast zwanzig Jahre älter war, stellte ihr sogar ein Zimmer in seinem Münchner Apartment zur Verfügung. Viele Historiker

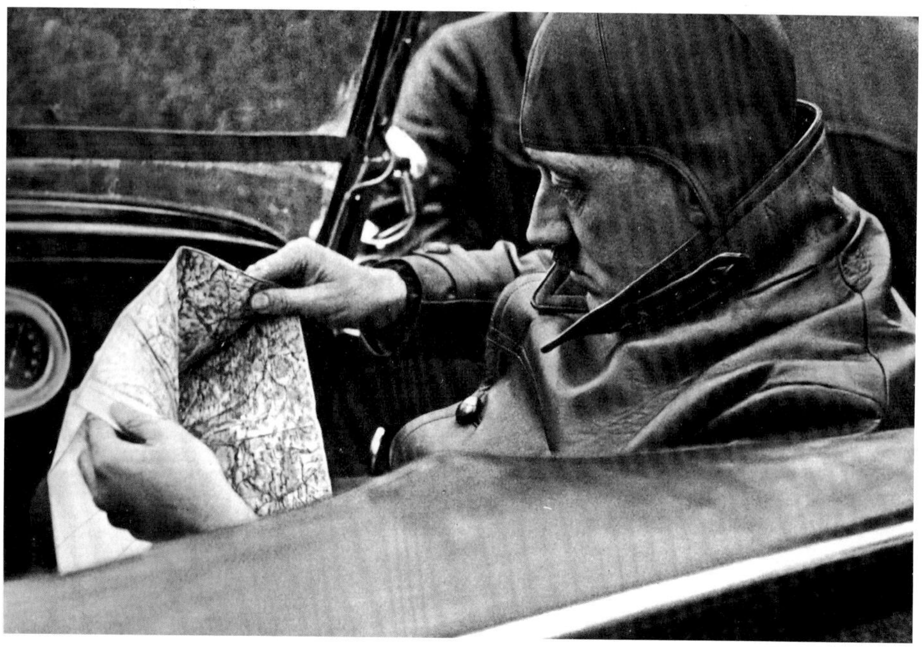

Hitler bewegte sich am liebsten im Auto fort. Bevor er an die Macht kam besuchte er große Teile Deutschlands, um selbst in den abgelegensten Orten seine aufpeitschenden Propagandareden halten zu können. Hitler hatte jedoch keinen Führerschein, saß immer neben seinem Chauffeur und suchte sich seine Route stets selbst heraus. Er war stolz darauf, gut Karten lesen zu können, im Gegensatz zu den meisten Frauen, wie Hitler sagte.

Anfang der Zwanzigerjahre kam Hitler zum ersten Mal auf den Obersalzberg, wo er regelmäßig im „Kampfhäusl“ logierte, einem kleinen Landhäuschen aus Holz, das als eine Art Dependance des Hotels Moritz (dem späteren Hotel Platterhof) diente. Nach seiner Entlassung aus dem Gefängnis von Landsberg schrieb Hitler hier den zweiten Teil von „Mein Kampf“.

betrachten das Verhältnis mit Geli als das einzige leidenschaftliche Liebesverhältnis in Hitlers Leben. Das Abenteuer nahm in der Nacht vom 17. zum 18. September 1931 ein Ende, als Geli im Apartment ihres Onkels mit einem Pistolenschuss ihrem jungen Leben ein Ende setzte. Wahrscheinlich wurde sie zu dieser Verzweiflungstat getrieben, weil ihr ungemein eifersüchtiger Onkel ihr überhaupt keine Freiheit ließ. Außerdem hatte sie einen Brief einer jungen Frau aus München gefunden, deren Namen sie im Kreise ihres Onkels immer häufiger gehört hatte: Eva Braun.

Die ersten politischen Erfolge

Im Jahr 1930 sollte die NSDAP den ersten großen Erfolg erzielen. Der Wahlkampf wurde von den Nationalsozialisten in großem Stil aufgezogen und stand unter der Leitung von Joseph Goebbels, der über 6.000 Kundgebungen veranstaltete. Fackelzüge wurden abgehalten, die SA marschierte, während sie Kampflieder sang, und die deutschen Städte und Dörfer wurden mit einer wahren Flut von Plakaten überschwemmt, auf denen Hakenkreuze und Bilder des Führers zu sehen waren. Die nationalsozialistische Presse gab unzähligen Kampagnezeitungen in Millionenauflagen heraus. Hitler selbst arbeitete unermüdlich und reiste durch ganz Deutschland, wo er auf die für ihn typische Art vor den Massen Reden hielt. Er verstand es, die deutschen Wähler in beschwörenden Worten aufzufordern, die vielen wirtschaftlichen, sozialen und politischen Gegensätze untereinander zu vergessen. Er spekulierte darauf, mittels Parolen wie „nationale Ehre, Größe, Gemeinschaftlichkeit

Nachdem er den Obersalzberg mehrmals besucht hatte, suchte Hitler eine dauerhafte Residenz. Durch Zufall hörte er, dass das nahe am Hotel Moritz gelegene Haus Wachenfeld, Eigentum eines norddeutschen Geschäftsmannes, zu mieten war. Ein Blick auf Haus Wachenfeld von der Auffahrt, die von einem einfachen Holztor verschlossen wurde, umrahmt von zwei Hakenkreuzfahnen. Der Eingang wurde von einem SA- und einem SS-Mann bewacht, wobei die anfänglich kleine SS noch unter der SA stand.

Oben: *Hitler empfängt Mitglieder des Schützenvereins von Berchtesgaden.*

Links: *Bäcker begrüßen Hitler in Berchtesgaden während der Vorbeifahrt.*

Links unten: *Wahlplakat der NSDAP von 1932.*

Unten: *Reichsparteitag in Nürnberg 1932.*

Links: Haus Wachenfeld von oben gesehen.

Oben: Ein entspannter Hitler in bayrischer Tracht vor der Veranda von Haus Wachenfeld in der zweiten Hälfte der Zwanzigerjahre. Wenn es möglich war, entfloh er den täglichen Belastungen, um sich auf seinen geliebten Obersalzberg zurückzuziehen. Nach Hitler gehörten diese Jahre zu den schönsten seines Lebens.

Ein Blick in den einfachen Wintergarten von Haus Wachenfeld. Man achte auf den Vogelkäfig auf der Fensterbank, die üblichen Zimmerpflanzen und das bordürte Sitzkissen auf Hitlers Stuhl

Schon bald, nachdem er Haus Wachenfeld übernommen hatte, bat Hitler seine in Wien wohnende Halbschwester Angela, die Witwe geworden war, seinen Haushalt zu führen. Angela brachte ihre Tochter Geli mit, in die sich Hitler bis über beide Ohren verliebte. Auf dem Foto Hitler und Geli auf der Wiese bei Haus Wachenfeld.

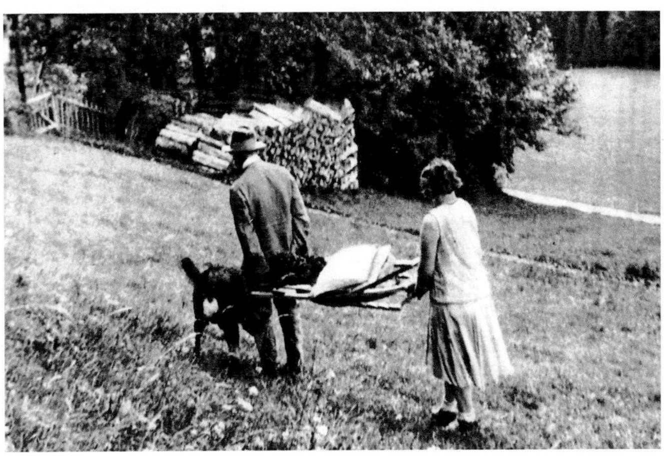

Eine seltene Aufnahme des Führers während einer Schlittenfahrt vor seinem Haus Wachenfeld.

Durch seine unaufhaltsame Kampagne wurden Hitler und seine NSDAP in immer breiteren Schichten der Bevölkerung bekannt. Schon bald wusste man, dass er einen Zweitwohnsitz auf dem Obersalzberg hatte, und so geschah es, dass fast täglich Scharen von Verehrern auf den Berg strömten, um einen Blick auf den Führer werfen zu können.

und Opferbereitschaft“ die Menschen für sich zu gewinnen. Die nationalsozialistische Partei zeigte eine erstaunliche Geschicklichkeit und Raffinesse in ihrer Propaganda. Im Grunde appellierte sie an Machtinstinkte und pseudoreligiöse Gefühle. Diejenigen, die Mitglied der NSDAP wurden oder diese Partei wählten, taten das aus sehr unterschiedlichen Gründen. Hitler legte sich nie auf ein detailliertes Parteiprogramm fest und wusste auf meisterhafte Art und Weise, jedem das zu versprechen, was er hören wollte. So war die NSDAP von Anfang an eine typische „Sammelpartei“ – im Gegensatz zur kommunistischen Partei Deutschlands. Millionen hofften auf eine bessere und sichere Zukunft, und keiner versprach ihnen diese überzeugender und selbstsicherer als Adolf Hitler. Den Bauern versprach er höhere Preise; den Unternehmern Unterstützung im Kampf gegen die Gewerkschaften; den Arbeitern eine sichere Zukunft mit garantierter Arbeit und höheren Löhnen; den ehemaligen Offizieren stellte er eine große und neue Wehrmacht und neue militärische Eroberungen in Aussicht; den zahllosen Nationalisten ein neues, großes und mächtiges Deutschland. Als ab 1929 die große Krise aus den Vereinigten Staaten nach Europa kam und auch Deutschland schwer betroffen war, gewann die NSDAP bald an Boden. Die Hoffnung auf die Zukunft von Millionen Arbeitslosen hatte sich zerschlagen, und sie hörten nur noch auf einen Mann: Adolf Hitler, der versicherte, dass er sich um Arbeit für sie kümmern würde, wenn sie ihm eine Chance gäben. Das Ergebnis war, dass die NSDAP bei den Wahlen im Jahr 1930 mit wohlgemerkt 107 Mandaten, d. h. fast 25% der Gesamtstimmen, auf einmal die größte politische Partei Deutschlands nach den Sozialdemokraten wurde. Der unaufhaltsame Vormarsch der NSDAP dauerte an. 1932, als die Wirtschaftskrise mit gut sechs Millionen Arbeitslosen einen traurigen Tiefpunkt erreichte, gewannen die Nationalsozialisten 230 Mandate, bzw. 37,3% der Gesamtstimmen – mehr als die Sozialdemokraten und Kommunisten zusammen. Das Amt des Reichskanzlers war für Hitler in Reichweite gerückt. Er glaubte fest daran, dass Reichspräsident von Hindenburg – der ergraute Feldmarschall aus dem Ersten Weltkrieg – ihm jetzt, wo seine Partei die weitaus größte war, die Führung der Regierung nicht länger verweigern könne. Er irrte sich jedoch in von Hindenburgs Absichten. Dieser war ganz und gar nicht bereit, Hitler mehr als das Vizekanzleramt anzubieten. Von Papen, eine Vertrauensperson von Hinden-

Hitler und sein zweiter Mann, Ernst Röhm, Stabschef und Oberbefehlshaber der SA. Nachdem Hitler an die Macht gekommen war, hatte die SA keine echte Funktion mehr, und 1934 sollte Röhm, zusammen mit vielen anderen, auf Anweisung Hitlers ermordet werden.

Marschierende Berliner SA-Kampftruppe auf dem Weg zu einer Versammlung der Kommunisten mit dem Auftrag, sie zu stören.

Die NS-Propaganda entpuppte sich als äußerst raffiniert und effektiv. Sogar mit einfachen Mitteln, wie hier auf dem Foto zu sehen, wurde noch Propaganda gemacht.

Bis er 1933 an die Macht kam, reiste Hitler ununterbrochen durch Deutschland, um Propaganda für seine NSDAP zu machen. Hier sehen wir ihn während eines kurzen Stopps in Wohlenrode in der Lüneburger Heide in Norddeutschland.

burgs, sollte die Führung der Regierung innehaben. Der Reichspräsident hielt die NSDAP für eine äußerst unzuverlässige Partei und nannte sie „einen wilden Haufen“. Hitler zog sich Mitte 1932 wieder zurück auf seinen geliebten Obersalzberg, um über die nahe Zukunft nachzudenken. Zum zweiten Mal wurde er mit dem Selbstmordversuch einer jungen Frau konfrontiert. Diesmal war es Eva Braun, die sich von Hitler im Stich gelassen fühlte. Am 1. November 1932, 13 Monate nach Gelis Selbstmord, versuchte sich Eva mit einer Pistole durch den Kopf zu schießen. Der Versuch scheiterte, machte aber einen tiefen Eindruck auf Hitler, der sich von diesem Moment an eingehender um Eva oder seine „Effi", wie er sie vorzugsweise nannte, kümmerte.
Gegen Ende des Jahres 1932 sollten, nachdem die Nationalsozialisten die Regierung von Papens gestürzt hatten, Neuwahlen abgehalten werden. Es stellte sich heraus, dass das deutsche Volk durch die vielen Wahlen wahlmüde geworden war. Die Nationalsozialisten verloren zwei Millionen Stimmen, waren aber nach wie vor die größte Partei im Reichstag. Nach vielen Machenschaften ernannte von Hindenburg Hitler letztendlich zum Reichskanzler Deutschlands. Wie er selbst behauptete, stand ihm „kein anderer Weg mehr offen.“ Hitlers kaltblütiger Putsch war gelungen; die Macht war aus dem Inneren heraus mit legalen Mitteln übernommen worden, ohne Revolution oder Bürgerkrieg. Für Deutschland brach eine neue Zeit an. Nur wenige hatten eine Ahnung von der Tragödie, die hiermit ihren Anfang nahm ...

Als erster Politiker machte Hitler intensiv Gebrauch von Flugzeugen, um schnellstens kreuz und quer durch Deutschland zu reisen und seine Reden zu halten. Die NS-Propaganda spielte hierauf gezielt an: Schon bald ertönte überall das Motto „Der Führer über Deutschland“, als wäre er eine Art Gott.

Hier steigt Hitler in ein Flugzeug auf dem Weg in die nächste Stadt, um aufpeitschende und mitreißende Reden zu schwingen.

Hitler während seines täglichen Spaziergangs zum Teehaus auf dem Mooslahner Kopf. Im Hintergrund der ganze Komplex des repräsentativen Berghofs.

2 Reichskanzler Hitler auf dem Obersalzberg

Das Bergidyll

Hitler verbrachte fast den ganzen Sommer des Jahres 1933 im Haus Wachenfeld auf dem Obersalzberg. Es herrschte eine gelöste Stimmung. Hitler genoss sichtlich seinen neuen Status. Parteiführer und Interessenten, die sich im Ruhm des Führers sonnen wollten, kamen und gingen. Die größte Achtung genoss eine kleine Gruppe von Menschen, die Hitler zu seinem persönlichen Freundeskreis zählte. So erhielten Putzi Hanfstaengl und seine Familie im Sommer 1933 von Hitler eine Einladung, Haus Wachenfeld zu besuchen. Hanfstaengl, der wegen der Arbeit als Hitlers Auslandspressechef verhindert war, schickte seine Frau und seinen zwölfjährigen Sohn Egon. Die Hanfstaengls wurden von Hitler persönlich in München abgeholt. In Hitlers großem, schwarzen Mercedes – einem Geschenk des Direktors von Daimler-Benz – fuhr man zum Obersalzberg. Egon erinnerte sich später daran: „Als wir in Haus Wachenfeld angekommen waren, zeigte Hitler uns als stolzer Besitzer das ganze Haus. Sein Zimmer im ersten Stock mit einer eindrucksvollen Aussicht auf den Untersberg und auf Salzburg war bescheiden. Dort standen einige schlichte Möbel, wie ein kleiner Schreibtisch mit einigen Bücherbrettern darüber. Ich schaute besonders dorthin, weil ich wissen wollte welche Bücher der Führer zur Unterhaltung las.“ Zu seinem Erstaunen waren es hauptsächlich Wildwestgeschichten von Karl May, die mehr für Egon selbst als für einen Reichskanzler geeignet schienen. Die Hanfstaengls waren die einzigen Gäste, die im Haus Wachenfeld selbst zu Besuch waren. Sie aßen im kleinen, schlicht möblierten Esszimmer im Erdgeschoss. Egon erzählte, dass er die österreichischen Speisen, die Hitlers Halbschwester Angela zubereitete, nicht mochte – insbesondere die Schnittbohnen in einer Soße aus Milch, Mehl und viel Zucker. Wohl fesselten ihn als Zwölfjährigen der ungezwungene Umgangston und das Thema der Tischgespräche. „Man redete über Musik, Politik, chinesische Kunst, ja eigentlich über alles. Hitler war sehr freundlich, und hier in seinem Landhaus war er ein normaler Gastgeber, der gern über Sachen wie Autos, Maschinen, die Größe und Geschwindigkeit von Schiffen und zahllose andere Themen redete.“

Inzwischen wurde bekannt, dass Hitler neben einer Wohnung in München auch noch ein Haus auf dem Obersalzberg besaß. Schon bald strömte tagtäglich Ausflügler zum Berg, um einen Blick auf den Führer zu werfen. Bald waren es etwa 5.000 pro Tag. Sie standen stundenlang bei Wind und Wetter und warteten, bis ihnen die SS-Wache erlaubte, an Haus Wachenfeld vorbeizupilgern. Manchmal wurde ihre Geduld belohnt, und Hitler kam heraus, um einigen die Hand zu schütteln und Süßigkeiten an die Kinder zu verteilen.

Offene Autos und staubige Straßen

Mittlerweile hatte sich im Kreis des Führers ein junger Architekt bemerkbar gemacht: Albert Speer. Er schildert eine Fahrt zum Obersalzberg: „Nach einem Aufenthalt von einigen Tagen in München gab Hitler uns meistens den Auftrag, Vorbereitungen für eine Fahrt zum Berg zu treffen. In mehreren offenen Wagen fuhren wir über staubige Straßen; die Autobahn nach Salzburg gab es zu der Zeit noch nicht, obwohl sie mit Vorrang gebaut wurde. In einem Dorfgasthaus in Lambach am Chiemsee trank man meistens Kaffee, wozu Kuchen gereicht wurde, dem Hitler kaum widerstehen konnte. Dann schluckten die Insassen des zweiten und dritten Wagens wieder anderthalb Stunden Staub; die Wagen in der Kolonne fuhren dicht aufeinander. Nach Berchtesgaden fuhren wir auf einem steilen Weg voller Schlaglöcher, bis Hitlers kleines, gemütliches Holzhaus auf dem Obersalzberg mit seinem überhängenden Dach und seinen Räumen von bescheidenen Maßen vor uns stand ... Die Möbel entstammten der Vertigo-Periode altdeutscher Heimattümelei und gaben der Wohnung das Gepräge behaglicher Kleinbürgerlichkeit. Ein vergoldeter Käfig mit einem Kanarienvogel, ein Kaktus und ein Gummibaum verstärkten diesen Eindruck noch. Hakenkreuze fanden sich auf Nippsachen und auf von Verehrerinnen gestickten Kissen, oft zusammen mit einer aufgehenden Sonne oder dem Gelöbnis ‚Ewige Treue‘. Hitler meinte verlegen zu mir: ‚Ich weiß, das sind keine schönen Sachen, und vieles davon ist auch ein Geschenk. Ich möchte mich davon nicht trennen.‘“

Während der oft langen Autofahrten vergnügte sich die Gesellschaft mit Spielen, z. B. wer die ersten zehn Männer mit Bart in vorbeikommenden Autos gesehen hatte oder wie viele Frauen sie in einer Stunde in anderen Autos sahen. Da die Fahrzeuge offen waren und die Straßen staubig – es gab anfangs noch keine Autobahnen – trugen die Reisenden Lederkappen und Staubbrillen. Auf diesem Foto ist auch Hitlers Stellvertreter in der NSDAP, Rudolf Hess, zu sehen (dritter von rechts).

Oben: Haus Wachenfeld mit Hitlers schwarzem Mercedes und rechts dem Gemüsegarten.

Unten: Hitlers Wohnzimmer im Haus Wachenfeld, rechts der Kachelofen.

Oben: Der fertige Berghof mit dem charakteristischen großen Fenster.

Links: Blick auf die große Terrasse des Berghofs.

Links unten: Blick in das große Wohnzimmer, rechts der Durchgang zum Wohnzimmer des alten Hauses.

Rechts unten: Das große Wohnzimmer des Berghofs mit dem offenen Kamin, vor dem Hitler oft bis tief in die Nacht seine langen Monologe hielt.

Auf dem Weg von München zum Obersalzberg. Auf halber Strecke wurde fast immer im Dorfgasthaus des Örtchens Lambach am Chiemsee Halt gemacht. Hier trank man etwas, und Hitler gönnte sich allerlei Gebäck. Auf dem Foto sehen wir links hinten Hermann Esser, einen der ersten Kampfgefährten Hitlers, der übrigens als Erster die Bezeichnung „Führer" verwendete. Esser gegenüber sitzt Hitler, rechts davon Goebbels und Geli Raubal, die Nichte des Führers.

Die deutsche Propagandamaschinerie tat, als ob Hitler ein Naturfreund sei, der von seiner einsamen, schlichten Berghütte aus die liebliche Natur in vollen Zügen genoss. Speer bezweifelt, dass Hitlers Liebe für die Natur wirklich so groß war: „Der Führer bewunderte zwar oft eine schöne Aussicht, aber er war mehr von den mächtigen Abgründen als von dem sympathischen Zusammenklang der Landschaft beeindruckt." Ein interessantes Ereignis war in diesem Zusammenhang die Wahl der offiziellen „Blume des Führers". Als 1934 eine Delegation von Frauen Hitler Blumen überreichen wollte, nahm die Delegationsleiterin Kontakt mit Staatssekretär Hanke von Goebbels Ministerium für Volksaufklärung und Propaganda auf, um sich nach Hitlers Lieblingsblume zu erkundigen. Hanke telefonierte überall herum, bis zu Hitlers Adjutanten, jedoch ohne Ergebnis. Schließlich rief er Speer an, und während dieses Gesprächs hatte Hanke einen guten Einfall: „Was halten Sie davon, Speer? Wollen wir nicht Edelweiß sagen? Mir scheint, dass Edelweiß das beste ist. Letztendlich ist es eine seltene Pflanze, und überdies wächst es auch noch in den Bayerischen Alpen. Ja, sagen wir doch einfach Edelweiß!"

Lange Spaziergänge

In den Jahren bis 1936 machte Hitler noch lange Spaziergänge auf den öffentlichen Wegen im Berchtesgadener Land. Er wurde dabei, abgesehen von seinen Gästen, nur von drei oder vier Polizisten in Zivil, die zur Geleiteskorte der Leibstandarte Adolf Hitler gehörten, begleitet. Hitler wechselte jede halbe Stunde den Gesprächspartner, und es galt als eine große Ehre, von Hitler nach vorn gerufen zu werden. Oft begegnete man Spaziergängern, die dann am Wegrand stehen blieben und ehrfürchtig grüßten. Das Ziel derartiger Spaziergänge war oft das kleine Berggasthaus Hochlenzer, wo die Gesellschaft bei schönem Wetter auf der Terrasse an einfachen Holztischen Erfrischungen zu sich nahm. Manchmal besprach man auf solch einem Spaziergang wichtige militärische oder politische Probleme. Ein anderes beliebtes Ziel derartiger Spaziergänge war der Königssee. Dieser Spaziergang dauerte einige Stunden und führte über den Scharitzkehl zum stillen See, wo sich im tiefgrünen Wasser die bekannte Halbinsel Bartholomä widerspiegelt. Manchmal fuhr die Gesellschaft in einem Motorboot zu der Halbinsel. Obwohl die Leute Hitler manchmal nicht erkannten – er trug eine bayerische Tracht, und man erwartete nicht, den Führer bei einer Gruppe von Spaziergängern anzutreffen –, passierte

Haus Wachenfeld vor dem großen Umbau, darunter die Garage und oben der Wintergarten. Hitlers Schlafzimmer befand sich in der ersten Etage über dem Wintergarten.

Hitler holte seine Halbschwester Angela ins Haus Wachenfeld, um ihm den Haushalt zu führen. Angela Raubal wohnte in Wien und war schon in relativ jungem Alter Witwe geworden. Sie führte den Haushalt mit eiserner Hand. Obwohl sie Eva Braun nicht ausstehen konnte, warnte sie Eva doch mehrmals vor einer Beziehung mit Hitler. 1936 verließ Angela ihren Halbbruder, um einen Professor für Landwirtschaft aus Dresden zu heiraten.

es immer öfter, dass direkt vor dem Endpunkt, der Gastwirtschaft Schiffmeister am Königssee, Scharen von Neugierigen herbeiströmten. Unter ihnen gab es viele, denen erst hinterher bewusst wurde, wer gerade an ihnen vorbeigegangen war. Hitler konnte sich manchmal mit seinem Gefolge nur im Laufschritt in Sicherheit bringen. Erst nachdem vom Gasthof aus per Telefon mehr Leibwächter zusammengetrommelt waren, stieg Hitler in einen offenen Wagen. Als die Menschenmasse Hitler dort stehen sah, brach ein unglaublicher Jubel aus. Das manchmal stundenlange Warten wurde endlich belohnt. Speer: „Zwei Mann der Geleiteskorte gingen dem Wagen voran, und drei stellten sich auf beide Seiten des Wagens, der sich in langsamem Tempo einen Weg durch die andringende Menge bahnte. Ich saß meistens auf dem Notsitz hinter Hitler, und ich werde nie dieses stürmische Jubelgeschrei und die überschwängliche

Hitler im Wintergarten von Haus Wachenfeld. Er liest den Völkischen Beobachter. Angesichts des Weihnachtsbaums muss das Foto in der Weihnachtszeit aufgenommen worden sein.

Hitler mit Muck, einem seiner drei Schäferhunde, auf der Weide neben Haus Wachenfeld. Letztendlich sollte nur seine Favoritin Blondie übrig bleiben, bis diese auf Befehl Hitlers am 30. April 1945 im Führerbunker in Berlin vergiftet wurde.

Hitler, Goebbels und Presseschef Otto Dietrich vor dem Kachelofen im Wohnzimmer von Haus Wachenfeld. Besucher, besonders die weiblichen, stritten sich immer um einen Platz am Kachelofen, da dieser den Rücken so herrlich aufwärmte. Über Goebbels hängt ein Foto von Hitlers erstem, inzwischen verstorbenen Schäferhund.

Begeisterung vergessen, die auf so vielen Gesichtern zu lesen war. Wo immer Hitler auch erschien, wo immer sein Auto auch nur für einige Augenblicke anhalten musste, überall wiederholten sich in den ersten Jahren seiner Herrschaft diese Szenen."

Vom Landhaus zur Luxusvilla

Im Sommer 1935 entschied Hitler, dass Haus Wachenfeld ausgebaut werden sollte zu einer repräsentativen Villa, eines Reichskanzlers und Führers würdig. Er verfügte jetzt über großzügige finanzielle Mittel und war der Meinung, dass er eine stattlichere Wohnung brauchte – und wäre es nur, um die Diplomaten und die Politiker, die ihn besuchen würden, zu beeindrucken. Darüber hinaus wollte er seinen Gästen möglichst viel Komfort bieten. Wenn er sein Haus ausbaute, könnte er auch mehr Gäste empfangen. Hitler war gern unter Menschen und konnte das Alleinsein nur schwer ertragen. Mit einer geliehenen Reißschiene, einem

Besucher auf Hitlers Terrasse von Haus Wachenfeld. V.l.n.r. Rudolf Hess, Hermann Esser, Chefadjutant Schmundt, Hitler und dessen Pilot, SS-General Hans Bauer.

Hitler, vertieft in seine Zeitung auf der Terrasse von Haus Wachenfeld. Man beachte den Untersberg gegenüber mit seiner Silhouette einer liegenden Gestalt. Der Legende nach soll Kaiser Barbarossa dort liegen und schlafen, um erst zu erwachen, wenn Deutschland wieder ein großes und mächtiges Reich geworden ist. Aus diesem Grund soll Hitler dem Überfall auf die Sowjetunion den Codenamen „Operation Barbarossa" gegeben haben.

Reißbrett und einer Reißfeder zeichnete Hitler genau, was ihm vor Augen stand. Professor Roderich Fick, den Hitler mit der Leitung der Bauarbeiten beauftragt hatte, war eigentlich dann auch nicht mehr als der Ausführende von Hitlers architektonischen Plänen. Beim Bau von Hitlers Bergresidenz wurden weder Kosten noch Mühen gescheut; nur die allerbesten Materialien waren gut genug. Marmor aus Italien, Naturstein aus Böhmen und kostbare Holzarten aus Südamerika wurden in großen Mengen verarbeitet. Das kostete Deutschland viele Devisen, die eigentlich für den Aufbau der (Kriegs-)Wirtschaft bestimmt waren.

Weil Hitler sein Haus Wachenfeld nicht für die Baupläne aufgeben wollte, wurde das neue Haus um das alte herum aufgebaut. Das alte Haus bekam ein zusätzliches Stockwerk, wurde aber völlig vom Neubau umschlossen. Hitler sprach später oft von dieser Periode auf dem Obersalzberg. So erzählte er im Januar 1942 in seinem Hauptquartier, der Wolfsschanze (Hitlers militärischem Hauptquartier in Ostpreußen zur Zeit des Russlandfeldzugs), seinen Zuhörern:

„Meine spannendste Fahrt hinauf war, als ich nach vielen Monaten der Abwesenheit den Berg hinauffuhr und zum ersten Mal die großen Umbauarbeiten an dem neuen Haus erblickte. Ich befürchtete, dass es wegen seiner Größe nicht mehr in die Landschaft passen würde. Aber ich war erleichtert, als ich sah, dass das neue Haus bestimmt nicht zu groß war. Eigentlich hätte ich ein noch größeres haben wollen."

Das größte Fenster Europas

Nachdem das Haus dreimal umgebaut worden war, entstand letztendlich die eindrucksvolle Villa, die „Berghof" genannt wurde. An der Frontseite des Komplexes wurde eine monumentale Freitreppe gebaut. Diese sollte später Millionen von deutschen Kinogängern aus der Wochenschau bekannt werden, in der man sieht, wie der Führer zahlreiche in- und ausländische Gäste auf der Treppe des Berghofs empfängt. Diese berühmte Freitreppe führte zu einem arkadenmäßigen Vorbau. Durch eine imponierende Halle mit massiven Marmorsäulen gelangte man ins Erdgeschoss des Berghofs. Diese Halle führte auch zum Konferenzsaal, mit dem wegen seiner riesigen Ausmaße und der schönen Aussicht, die man von hier aus hatte, berühmt gewordenen Fenster. Das riesige Fenster (etwa 8 x 4 Meter) erstreckte sich über einen Großteil der Saalbreite. Nach Hitler war es eines der größten zu öffnenden Fenster in ganz Europa. Bei manchen Gelegenheiten zeigte er stolz seinen Besuchern, wie er es per Knopfdruck lautlos versinken lassen konnte. Vor dem Fenster stand ein gut 6 Meter langer, massiver Eichenholztisch mit einer schweren Marmorplatte. Auf diesem Tisch wurden sehr viele Dokumente und Verordnungen unterzeichnet. Sich auf diesen

Hitler und dessen Stellvertreter in der NSDAP, Rudolf Hess, auf dem Obersalzberg. Zwischen beiden Männern bestand ein seltsames, fast mystisches Band. Hess sollte 1941 im Auftrag von Hitler in einem letzten verzweifelten Versuch, England zum Friedensschluss zu bewegen, dorthin fliegen. Von 1941 bis zu seinem Tod 1987 hatte Hess nie ein schlechtes Wort über Hitler hören wollen und diesen stets vergöttert.

Während seines Aufenthalts auf dem Obersalzberg machte Hitler zahlreiche kürzere und längere Bergwanderungen in die Umgebung. Hier ist er im Restaurant Scharitzkehl zu sehen, das noch immer ein beliebter Ort für die zahlreichen Touristen ist.

Tisch stützend, hörte Hitler am 23. August 1939 gespannt den Bericht im Radio, dass Deutschland und die Sowjetunion einen Nichtangriffspakt geschlossen hatten. Gut eine Woche später sollte der Zweite Weltkrieg Realität werden ...
Während des Krieges diente der Tisch als Kartentisch bei zahlreichen militärischen Besprechungen. Der Konferenzsaal war zugleich das Wohnzimmer des Berghofs. Hier empfing der Führer seine zahlreichen Gäste oder saß Abend für Abend in seiner Lieblingsecke am Kamin. Hier hielt er häufig seine langen Monologe, welche die anwesende Gesellschaft höflich, wenn auch oft nicht interessiert, hörte. Manchmal saß er hier, tief in Gedanken versunken, und sah in die züngelnden Flammen. Die übrigen Mitglieder der Gesellschaft sprachen dann mit gedämpfter Stimme miteinander, während SS-Diener Erfrischungen, Leckerbissen und alkoholische Getränke servierten. Im Saal waren zwei Sitzgruppen aufgestellt: die eine um dem großen Kamin und die andere in der Nähe des riesigen Fensters. Eine schöne Standuhr, die mit einem Bronzeadler geschmückt war, ein Porzellanschrank, ein großer Schrank mit Schallplatten, ein Flügel, ein Globus auf einem Ständer und ein paar kleine Schränke bildeten den Rest des Mobiliars. An den Wänden hingen Gobelins. Einer dieser Gobelins konnte mittels kleinen Rollen hochgezogen werden, wonach automatisch eine Filmleinwand herunterkam. In der gegenüberliegenden Wand befand sich eine Aussparung für den Filmprojektor. Außer den Gobelins hingen auch ein paar durchaus kostbare Gemälde im geräumigen Saal, unter anderem ein Bordone, eine Dame mit einem üppigen Busen, und ein Tizian, ein liegender Akt. Henriette von Schirach, die Frau des Reichsführers der Hitlerjugend Baldur von Schirach, war in dieser Zeit ein gern gesehener Gast auf dem Berghof: „Der Saal hatte zwei Ebenen, die durch Marmorstufen miteinander verbunden waren. Wenn Hitler guter Laune war, setzte er sich auf eine dieser Stufen und bat einen seiner Gäste, auf dem Flügel zu spielen. Wenn Putzi (Hanfstaengl) zu Besuch war, wurde der Flügel meistens benutzt. Putzi setzte sich dann daran und spielte zahlreiche Potpourris, von Marschmusik bis zu Richard Wagner. Hitler genoss das, und oft pfiffen Putzi und er ganze Duette aus Wagners Oper ‚Die Meistersänger von Nürnberg' oder aus Franz Lehárs Operette ‚Die lustige Witwe.'"
Ebenerdig befanden sich ein Wachraum, ein Zimmer für das Personal, ein geräumiges Speisezimmer, eine moderne Küche, zwei Räume für Hitlers Adjutanten und ein Wintergarten.

Wenn Hitler wandern ging, mussten seine Gäste mit – so auch Generalfeldmarschall und Kriegsminister Werner von Blomberg, der hier zusammen mit Hitler wandert. Man beachte die Wäsche rechts auf der Leine. Während dieser Wanderungen pflegte Hitler mit seinen Gästen dringende Angelegenheiten zu besprechen. Die Spaziergänge konnten also völlig zu Recht „laufende Besprechungen" genannt werden.

Hitler auf dem Balkon von Haus Wachenfeld. Hier konnte er nachts oft stundenlang sitzen, in den atemberaubenden nächtlichen Sternenhimmel starren und dabei nach eigener Aussage seine „größten Pläne" entwickeln.

Hitlers einfaches Schlafzimmer

Draußen befand sich eine große Terrasse aus Naturstein. Unter dieser Terrasse lag die große Garage des Berghofs. Ein sehr unpraktischer Ort, weil sich gerade neben der Garage das große versenkbare Fenster des Konferenzsaals befand. Wenn der Wind ungünstig war, drang ein starker Benzingeruch durch das Fenster in den Saal hinein. Trotzdem war das für Hitler kein Grund, die Garage anderswo unterzubringen. Speer meinte, dass es gerade derartige Mängel waren, die dem Berghof einen sehr persönlichen Charakter verliehen. Das Haus blieb seiner Meinung nach immer so primitiv wie in der Zeit, als es noch ein Ferienhaus war, wenn auch jetzt in stark vergrößertem Ausmaß. Hitlers Privaträume, wie sein Arbeitszimmer und Schlafzimmer, befanden sich im ersten Stock, der überdies noch Platz bot für die Bibliothek, drei Räume für das Personal, wie für Hitlers Diener Linge, und vier Zimmer für die ständig anwesenden Leibwächter. Das Wohn-/Schlafzimmer von Eva Braun befand sich ebenfalls im ersten Stock, und nur ein Badezimmer trennte ihr Zimmer von Hitlers. Das geräumige Badezimmer war von beiden Schlafzimmern aus zugänglich. Weiterhin zählte diese Etage noch fünf Gästezimmer, jedes mit einem kompletten Badezimmer, und schließlich noch die Wohnung des Hausmeisters, der ganz offiziell den Titel des Hofmarschalls führte.

Beinahe täglich strömte eine große Anzahl von Anhängern auf den Obersalzberg in der Hoffnung, einen Blick auf ihren Führer erhaschen zu können. Hier steht Hitler auf der Terrasse und begrüßt die vorbeiziehende Menge.

Hitler während einer seiner vielen Wanderungen auf und um den Obersalzberg.

Der Berghof beim Ausbau, links das alte Haus Wachenfeld. Im linken Teil des Neubaus des ersten Stocks ist der breite Flur zu erkennen, der zu Hitlers großem Arbeitszimmer führt. Rechts vom Flur entstehen u. a. Hitlers Schlaf- und Badezimmer und Evas Wohn-/Schlafzimmer mit Bad.

Der Neubau, jetzt von Haus Wachenfeld aus gesehen. Es ist deutlich zu erkennen, dass das alte Haus völlig von dem Neubau umgeben ist. Rechts auf dem Foto der Neubau des Adjutanten- und Verbindungsflügels.

Der Berghof mit Sicht auf den neuen Seitenflügel. Der halbrunde Ausbau sollte Teil des Speisesaals werden.

Der Umbau von einem der unteren Zugangswege aus gesehen. Deutlich ist auch die neue Garage zu erkennen, über die später die berühmte Außenterrasse kommen sollte. Ganz vorn ein Schild „Zugang verboten". Hier sollte bald eines der vielen Wachhäuschen entstehen, in denen schwer bewaffnete SS-Soldaten den Zugang zum Führerschutzgebiet hermetisch abschirmten.

Haus Wachenfeld sollte im Lauf der Jahre dreißigmal ausgebaut werden. Schließlich entstand daraus der repräsentative Berghof. Hier der eigenhändig von Hitler gezeichnete Vorgiebel des Berghofs. Man achte auf das überproportional große Fenster von 8 x 4 Metern (B x H), das vollständig versenkbar war.

Henriette von Schirach: „Hitlers Schlafzimmer war einfach möbliert mit einem großen, eisernen Bettgestell, einem kleinen Beistelltisch, einem großen Tisch am Fenster, einem bequemen Sessel und einem Schreibtisch mit ein paar Bücherbrettern darüber. Auch stand dort ein schlichter, bayerischer Schrank, und an der Wand hingen unter anderem zwei Ölgemälde, wovon das eine seine Mutter und das andere seinen 1936 verstorbenen Fahrer, Julius Schreck, darstellte.

Der Bau der neuen Flügel. Der Hauptflügel in der Mitte steht direkt vor dem alten Haus Wachenfeld, von dem in der Mitte noch ein Teil des Firsts zu sehen ist. Im ersten Stock des Hauptflügels entstanden u. a. die Schlaf- und Badezimmer von Hitler und Eva Braun. Von diesen Räumen sind diverse Fenster schon zu erkennen, während Hitlers Arbeitszimmer an der Vorderseite noch nicht hochgezogen ist. Der hölzerne Aufzug für Baumaterialien rechts endet dort, wo später dieses Zimmer entstehen soll.

Der Berghof während des Umbaus. Wenn möglich, kam der neugierige Hitler, um nach dem Neubau zu sehen. Hier spricht er rechts vom großen Fenster mit Architekt Professor Troost. Vor dem Fenster stehen Albert Speer und rechts von ihm Dr. Lammers, Chef der Reichskanzlei in Berlin.

Der Berghof aus der Vogelperspektive. Das alte Haus Wachenfeld mit der daneben gelegenen großen Terrasse befindet sich rechts vom Hauptflügel in der Mitte.

Plan des Berghofs – Erdgeschoss

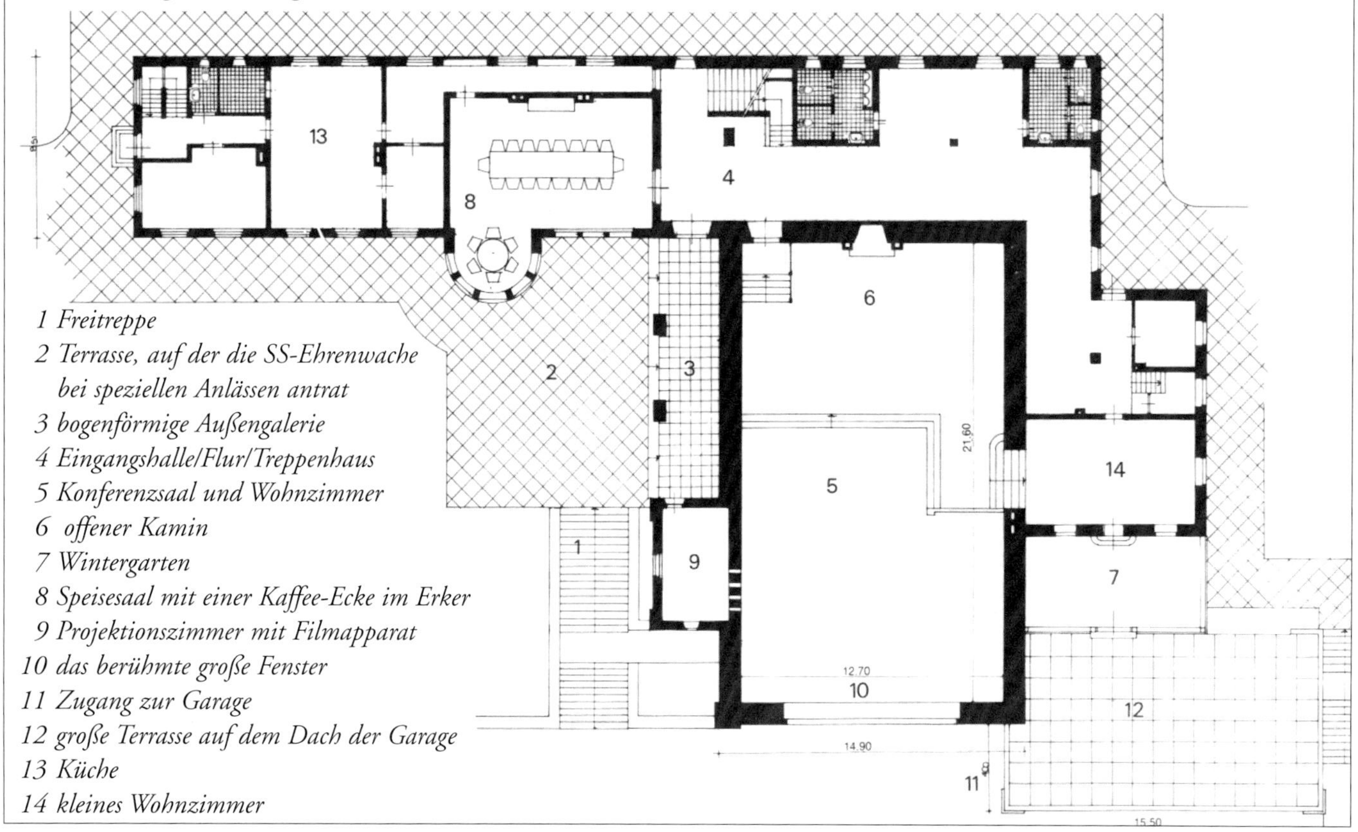

1 Freitreppe
2 Terrasse, auf der die SS-Ehrenwache bei speziellen Anlässen antrat
3 bogenförmige Außengalerie
4 Eingangshalle/Flur/Treppenhaus
5 Konferenzsaal und Wohnzimmer
6 offener Kamin
7 Wintergarten
8 Speisesaal mit einer Kaffee-Ecke im Erker
9 Projektionszimmer mit Filmapparat
10 das berühmte große Fenster
11 Zugang zur Garage
12 große Terrasse auf dem Dach der Garage
13 Küche
14 kleines Wohnzimmer

Plan des Berghofs – erste Etage

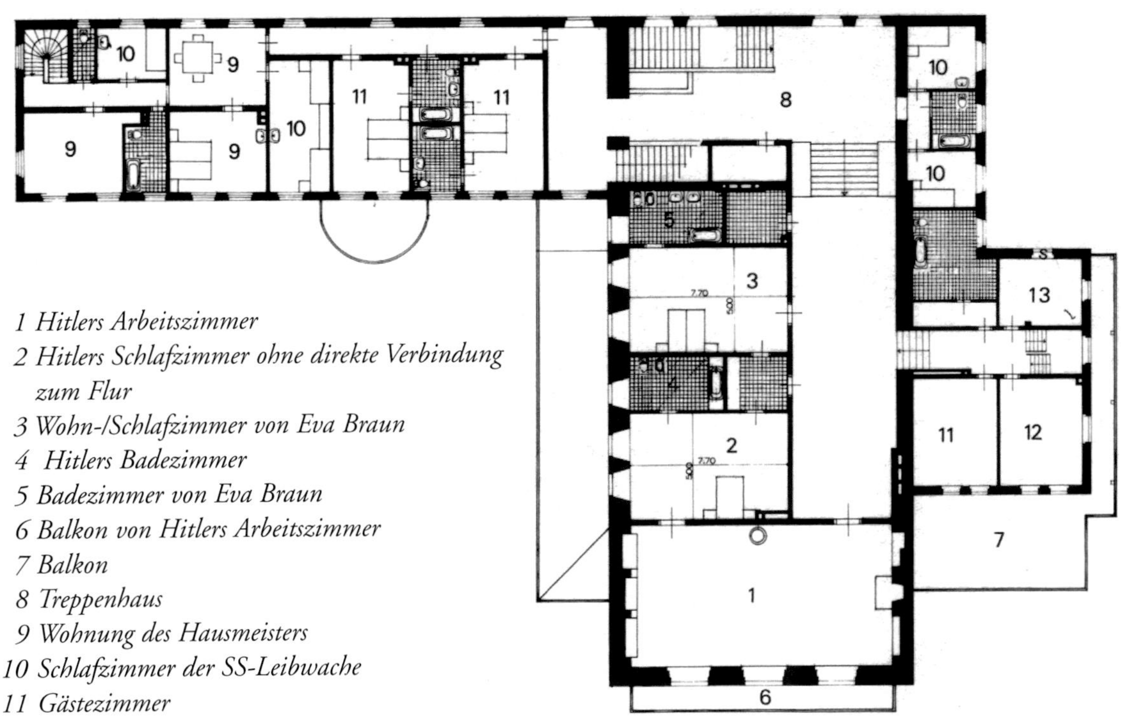

1 Hitlers Arbeitszimmer
2 Hitlers Schlafzimmer ohne direkte Verbindung zum Flur
3 Wohn-/Schlafzimmer von Eva Braun
4 Hitlers Badezimmer
5 Badezimmer von Eva Braun
6 Balkon von Hitlers Arbeitszimmer
7 Balkon
8 Treppenhaus
9 Wohnung des Hausmeisters
10 Schlafzimmer der SS-Leibwache
11 Gästezimmer
12 Bibliothek
13 Schlafzimmer Linge

Ein Blick in den großen Konferenzsaal durch das versenkbare Fenster. In der Mitte links ein großer Schrank mit den Ehrenbürgerurkunden zahlreicher deutscher Städte für Hitler. Links der Gobelin, der während der Filmvorstellungen hochgerollt wurde und hinter dem sich die Projektionsöffnungen befanden.

Am Ende der berühmten monumentalen Freitreppe folgte eine Terrasse, die über einer überdachten Galerie lag, an deren Ende sich die Eingangstür zum Berghof befand. Gegenüber der Eingangstür ist die Tür der Filmprojektionskammer zu sehen. Hitler hatte besonders vor dem Krieg die Gewohnheit, sich nach dem Abendessen ein oder zwei Spielfilme anzusehen.

Das Arbeitszimmer befand sich über dem Konferenzsaal und hatte einen großen Balkon mit einer wundervollen Aussicht auf den dem Obersalzberg gegenüberliegenden Untersberg. Auf diesem Balkon saß Hitler nachts oft stundenlang, öfter bis zum Morgengrauen, und starrte tief in Gedanken versunken in den Sternenhimmel und auf die mondbeleuchteten Umrisse des Unterberges, während er neue Pläne ausbrütete." Der zweite Stock des Berghofs hatte ebenso viele Räume wie der erste Stock. Auch hier gab es Zimmer für das Personal und für die Gäste. Von den gut 30 Räumen des Berghofs waren 14 als Schlafzimmer ausgestattet. Die vielen Schränke im Haus enthielten Hunderte von Urkunden, worin Hitler zum Ehrenbürger deutscher und ausländischer Städte ernannt worden war. Auf dem Dachboden lagen haufenweise Geschenke, ein großer Haufen bestickter und mit einem Hakenkreuz versehener Kissen und noch zahlreiche andere Dinge. In den Kellern des Berghofs befanden sich neben der Garage unter der Terrasse eine Kegelbahn, die Zentralheizungsanlage, Wasch- und Trockenräume sowie Vorratskammern, letztere gut gefüllt mit Nahrungsmitteln, Verpflegung und ausgesuchten Getränken.

Auch Traudl Junge, eine von Hitlers vier ständigen Sekretärinnen, war oft auf dem Berghof anwesend, wenn der „Chef" – so nannte man Hitler im Allgemeinen – sich auch dort aufhielt. Traudl: „Damals bat mich Eva eines Morgens, kurz bei ihr in ihrem Apartment auf der ersten Etage vorbeizukommen, das ich bei dieser Gelegenheit zum ersten Mal betrat. Da der Chef noch schlief, bat sie mich, meine Schuhe auszuziehen. Über eine mit einem roten Samtläufer ausgelegte Treppe kam ich zu dem Stockwerk, wo die Apartments des Führers und Evas lagen. Der breite Flur, der

Hitler posierend am Schreibtisch seines Arbeitszimmers im ersten Stock des Berghofs. Nachdem jeder zu Bett gegangen war, zog er sich oft hierhin zurück, um Gebäude, Schlachtschiffe, Bunker usw. zu zeichnen.

Kommode mit Porträt von Hitler am Eingang von Evas Schlafzimmer. Die Tür links führt zum Flur und die Tür rechts zum Korridor zu Hitlers Schlafzimmer.

an seinem Ende zu Hitlers Arbeitszimmer führte, war nicht weniger beeindruckend als der Konferenzsaal unten. Es hingen überall Malereien, und hie und da standen große Vasen und Statuen. Als ich den Gang entlanglief, sah ich die zwei Foxterrier von Eva, den schwarzen Negus und die weiße Stasi, vor der Tür sitzen, als hielten sie dort Wache. Wie auf Kommando drehten sie ihre Köpfe nach mir um, aber schlugen glücklicherweise nicht an. Evas Zimmer erinnerte mich ein wenig an die „Chambres separées" aus einer Operette von Franz Lehár, abgesehen von dem grässlichen Porträt von Hitler.
Ich selbst hatte ein Zimmer unter dem Dach im zweiten Stock, das über eine Wendeltreppe vom Erdgeschoss aus zu erreichen war. Ich fühlte mich auf dem Berghof eigentlich nie ganz wohl. Es hing dort eine etwas befremdliche, schwierig zu beschreibende Stimmung in der Luft, wodurch ich mich immer etwas unter Druck fühlte und deshalb stets auf der Hut war. Als den einzigen gemütlichen Raum empfand ich die Bibliothek im ersten Stock, die in Hitlers altem Haus Wachenfeld einst dessen Schlafzimmer gewesen war. Sie war rustikal möbliert, mit allerlei Nippes, den Hitler als Geschenk bekommen hatte, wie Bierkrüge, Figuren, bordürte Kissen, und auch hier hingen wieder einige prächtige Malereien. Dieser Raum war über eine Treppe, die hinter dem kleinen Wohnzimmer im Erdgeschoss begann, zu erreichen. Die für jedermann zugänglichen Bücher waren nicht so interessant. Es gab auch einige in marokkanisches Leder mit Goldaufdruck gebundene Exemplare von Hitlers Buch ‚Mein Kampf'. Obwohl ich den Wintergarten mit seinen Orchideen auch recht gemütlich fand, war für mich doch das Schönste auf dem Berghof die farbenfrohe Terrasse, enorm groß, mit der ganzen Welt als Dekor."

Sitzecke in Evas Wohn-/Schlafzimmer, die regelmäßig umgebaut und mit jeweils neuen Möbeln ausgestattet wurde.

Evas Bettsofa

Evas Schminktisch

Evas Schreibtisch und rechts an der Wand ein Vogelkäfig

Eines der bestgehüteten Geheimnisse des Dritten Reiches war die Existenz und Rolle von Eva Braun, Geliebte und seit kurz vor ihrem gemeinsamen Freitod Ehefrau Hitlers. Auf dem Foto sieht man Hitler und Eva auf der großen Freitreppe des Berghofs vor dem täglichen Spaziergang zum Teehaus auf dem Mooslahner Kopf.

3 Eva Braun: Hitlers heimliche Geliebte

Eines der bestgehüteten Geheimnisse

Eines der bestgehüteten Geheimnisse des Dritten Reiches war die Existenz und Rolle Eva Brauns, der Geliebten und schließlich – unter tragischen Umständen – auch der Frau Adolf Hitlers. In all diesen Jahren wurde sie mit äußerster Sorgfalt von der Öffentlichkeit ferngehalten. Trotz Hunderttausender Fotos, die vom Führer gemacht wurden, fehlen offizielle Fotos von ihm zusammen mit Eva Braun.

Für die Öffentlichkeit blieb Eva Braun eine der Sekretärinnen des Führers. Diese Funktion war auch in ihrem Reisepass und in ihren Zugangspapieren sowohl zum Obersalzberg als auch zur Berliner Reichskanzlei angegeben. In dieser Rolle reiste sie auch einige Male im offiziellen Gefolge des Führers bei dessen Besuchen in Italien und Österreich mit. Niemand erkannte sie auf diesen Reisen als die tatsächliche Geliebte des Führers. In all den Jahren bemühten sich Hitler und Eva Braun krampfhaft, ja, fast auf lächerliche Art und Weise, die wahre Natur ihrer Beziehung vor der Außenwelt verborgen zu halten. Heinz Linge, neben Karl Krause jahrelang Hitlers Kammerdiener: „Wenn Hitler morgens an die Zimmertür ihres Apartments auf dem Berghof klopfte, fragte er immer: ‚Fräulein Effie, sind Sie angezogen, darf ich hereinkommen?', und wenn man dann bedenkt, dass von Hitlers Schlafzimmer aus eine Tür zum gemeinsamen Badezimmer mit den zwei Marmorbadewannen führte ..."

Albert Speer erklärte später, dass es für ihn immer rätselhaft geblieben sei, warum so krampfhaft alles vermieden wurde, das auf eine intime Freundschaft deuten konnte. (Im kleinen Kreis um Hitler konnte eine derartige Beziehung natürlich nicht geheim bleiben.) Laut Speer war Eva Braun übrigens zu allen anderen Personen in der näheren Umgebung des Führers sehr auf Distanz: „Als wir uns im Lauf der Jahre besser kennenlernten, bemerkte ich, dass ihre reservierte Haltung, die auf viele einen arroganten Eindruck machte, lediglich Verlegenheit war."

Den vielen Besuchern des Berghofs jedoch – sogar denjenigen, die regelmäßig auf dem Obersalzberg verweilten – blieb diese Beziehung immer ein Geheimnis. Dr. Blaschke, ein waschechter, schlagfertiger Berliner, war in den Jahren 1933–1945 der Zahnarzt von sowohl Hitler als auch von Eva Braun. Nach dem Krieg wurde Blaschke von den Alliierten vernommen. Auf die Frage, ob Hitler und Eva Braun ein Verhältnis hatten, antwortete er: „In all diesen Jahren habe ich nicht einmal bemerkt, dass er (Hitler) diese Frau lieb hatte. Das muss man als Mann doch bemerken." Erst nach dem Zweiten Weltkrieg sind Hunderte von Fotos und Briefen aufgetaucht, woraus deutlich wurde, dass diese junge Frau aus München jahrelang in Hitlers Nähe gelebt und sein unbegrenztes Vertrauen genossen hatte. Kurz vor seinem Selbstmord im Bunker der Reichskanzlei in Berlin sagte er über sie: „Fräulein Braun ist neben meinem Hund Blondie die Einzige, auf die ich mich absolut verlassen kann."

Beschütztes Milieu

Eva wurde 1912 geboren. Mit ihren Schwestern Ilse und Gretl wuchs sie sehr behütet auf. Ihr Vater war Schullehrer in München. Eva war ein lebenslustiges Kind, das es liebte, alles auf den Kopf zu stellen, ihre Hausaufgaben oft vernachlässigte und sich beim Turnen auszeichnete. Neben Schwimmen und Skifahren war Eva versessen auf Schlittschuhlaufen. In ihrer Fantasie war sie Olympiasiegerin. Die drei Schwestern bekamen Musik-, Mal-, und Tanzunterricht. Eva liebte besonders Jazzmusik und

Familie Braun von links nach rechts: Ilse, die älteste Tochter, Vater Fritz Braun in der Uniform eines Majors der Wehrmacht, Mutter Franziska Braun, die jüngste Tochter Gretl und Eva. Ilse war leidenschaftliche Gegnerin der Nationalsozialisten und hielt diese so gut wie möglich auf Abstand.

Ende 1929 begann Eva beim Fotografen Heinrich Hoffmann in München als Assistentin im Laden und auch im Labor. Dort traf sie bald Hitler, der Hoffmann als „Hoffotografen" auserwählt hatte.

amerikanische Musicals. Zusätzlich war sie eine leidenschaftliche Schauspielerin, wobei sie sich dem Verkleiden und Schminken mit knallrotem Lippenstift hingeben konnte. 1928 entschlossen sich ihre Eltern, die damals sechzehnjährige Eva auf eine Klosterschule in der Nähe des Städtchens Simbach am Inn zu schicken. Am anderen Ufer des Flusses auf österreichischem Gebiet liegt das kleine, verschlafene Dorf Braunau. Dort erblickte vor gut 39 Jahren ein Kind das Licht der Welt, mit dessen Schicksal Eva Brauns innerhalb nicht allzu langer Zeit unauflöslich verbunden sein sollte. Der Altersunterschied zwischen Hitler und Eva betrug 23 Jahre. Nachdem sie nur ein Jahr der zweijährigen Ausbildung an der Klosterschule mitgemacht hatte – keine Jungen und eiserne Disziplin waren nichts für sie – kehrte Eva nach München zurück und beschloss, sich eine Stelle zu suchen. Ihr erster Arbeitgeber war ein Arzt, aber nach einiger Zeit mochte sie nicht mehr in einer Krankenschwesternuniform im Wartezimmer sitzen und die Geschichten der Patienten anhören. Später stellte sie es so dar, dass die medizinische Welt keine Geheimnisse mehr für sie hatte, und Hitler glaubte es. Auch ihre zweite Stelle als Stenotypistin gefiel ihr nicht, und nach einigen Wochen kündigte sie wieder. Gegen Ende des Jahres 1929 bewarb Eva sich anlässlich einer Zeitungsannonce um eine Stelle als Assistentin in einem Fotogeschäft. Der Inhaber war Heinrich Hoffmann, zu jener Zeit schon „Hoffotograf" Adolf Hitlers. Eva wurde als Mädchen für alles eingesetzt. Laut Henriette Hoffmann, der ebenfalls 1912 geborenen Tochter Heinrich Hoffmanns und späteren Henriette von Schirach, arbeitete Eva am liebsten in der Dunkelkammer.

Die Eltern Eva Brauns waren anfänglich völlig gegen die Beziehung ihrer Tochter mit dem beinahe 23 Jahre älteren Hitler. Aber Eva – dickköpfig wie sie war – setzte sich doch durch, und letztendlich fanden sie sich damit ab. Vor dem Auto v.l.n.r. Reichsleiter Bormann, Vater Fritz Braun, eine SS-Ordonanz und Hitler, während Eva (in weißem Kleid) zusieht.

Hitler begrüßt Eva, die mit ihren Eltern auf dem Berghof angekommen ist. Vater Braun steht links, während Mutter Braun zwischen Eva und Hitler zu sehen ist. Das kleine Mädchen ist Uschi, die Tochter von Herta Schneider, Evas bester Freundin, die oft auf dem Berghof zu Gast war.

Aufblühende Liebe

Nachdem sie einige Wochen im Fotogeschäft von Heinrich Hoffmann tätig gewesen war, fand die erste Begegnung zwischen Adolf Hitler und Eva Braun statt. Eva in einem Brief an ihre Schwester Gretl: „Ich war nach Ladenschluss noch geblieben, um einige Sachen aufzuräumen, und stand auf der Leiter, um etwas im obersten Schrankfach wegzustellen. In diesem Moment hörte ich, wie die Tür aufging, und ich sah den Chef mit einem etwas älteren Mann eintreten, der einen großen Filzhut in der Hand hatte. Ich versuchte, ihn mir anzuschauen, ohne dass es auffiel. Ich hatte am Morgen meinen Rock gekürzt, und es war mir peinlich, weil ich bemerkte, dass der Mann nach meinen Beinen schaute. Außerdem war ich mir nicht sicher, ob der Saum gerade war. Du verstehst, dass ich Mutter nicht gebeten hatte, mir bei diesem Rock zu helfen. Einmal von der Leiter herunter, stellte der Chef uns vor. Er sagte: ‚Herr Wolf, das ist unser kleines Fräulein Eva.' Danach sagte Hoffmann, ich solle Bier und Würstchen holen in der Wirtschaft um die Ecke." Nachdem Hitler, alias Herr Wolf, weg war, fragte Hoffmann Eva: „Wussten Sie nicht, wer das war? Schauen Sie sich unsere Fotos denn nicht an? Das war Adolf Hitler." Worauf Eva antwortete: „Wer ist Adolf Hitler?" Zu Hause stellt Eva ihrem Vater, der inzwischen zum Studienrat aufgestiegen war, die gleiche Frage. Vater Braun sah seine Tochter verärgert an und sagte: „Das ist dieser Kerl von neunerlei Handwerk, achtzehnerlei Unglück, ein Idiot, der denkt, dass er alles besser weiß, und die ganze Welt schlagartig verändern will." Trotzdem wurden die Begegnungen zwischen Eva und Hitler häufiger; besonders nach dem Selbstmord von Hitlers Nichte Geli 1931. Allmählich wuchs bei Eva die Zuneigung für diesen Mann mit dem „witzigen Charlie-Chaplin-Schnurrbart." Illustrativ ist die Notiz aus dem Jahr 1931 der inzwischen neunzehnjährigen Eva: „Lieber Herr Hitler, ich möchte Ihnen danken für den gemütlichen Abend im Schauspielhaus. Es war unvergesslich. Ich werde Ihnen immer dankbar bleiben für Ihre Freundlichkeit. Ich zähle die Stunden bis zum Augenblick, wenn wir uns wiedersehen werden."

Als 1932 die Politik Hitler immer mehr in Anspruch nahm, hatte er immer weniger Zeit für Eva. Sie saß und wartete Abend für Abend sehnsüchtig auf ein Zeichen ihres Liebhabers, der jedoch kaum mehr etwas von sich hören ließ. Völlig verzweifelt versuchte sie, sich am 1. November 1932 mit der Pistole ihres Vaters eine Kugel durch den Kopf zu schießen. Es war keiner zu Hause, Ilse fand sie als Erste. Die Kugel war jedoch neben der Schlagader stecken geblieben und konnte von einem Arzt leicht entfernt werden. Hitler eilte in die Münchner Klinik, wo Eva lag. Er nahm sich vor, „dies nicht wieder geschehen zu lassen", wie er zu Hoffmann sagte. Aber Hitler fühlte sich trotzdem geschmeichelt durch diesen Beweis von Evas Liebe. Was er besonders an ihr schätzte, war ihre Uneigennützigkeit, denn sie bat ihn nie um die geringste Gunst. Überdies schätzte er sie wegen ihrer Diskretion – eine Tugend, die eine Frau nach Hitlers Meinung unbedingt besitzen sollte. Eva wusste ihre Eltern zu überzeugen, dass sie beim Anschauen der Pistole aus Versehen abgedrückt hatte.

Wie üblich begrüßte Hitler Damen mit einem galanten österreichischen Handkuss. So auch Eva; im Hintergrund Margarete Speer, die Frau von Hitlers Lieblingsarchitekten Albert Speer.

Eva beim Blumenpflücken auf einem Feld nahe dem Berghof.

Hitler und Eva auf der Terrasse des Berghofs.

Nachdem Hitler 1933 Reichskanzler geworden war, besuchte Eva öfter den Obersalzberg. Evas Eltern hatten sich damit abgefunden, dass ihre unverheiratete Tochter die Geliebte des Führers war. Da Eva auf den Obersalzberg kam, wurde das Verhältnis von Hitler zu seiner Halbschwester Angela, der Mutter von Geli, erheblich kühler. Gegen Herbst 1936 waren die Spannungen so stark geworden, dass Angela beschloss, ihre Stelle als Haushälterin im Haus Wachenfeld aufzugeben. Kurz darauf heiratete sie einen Professor aus Dresden. Laut der offiziellen Pressemeldung war der Führer zu beschäftigt, um bei der Hochzeit anwesend zu sein. Eva wurde durch Angelas Abreise die unumstrittene Hausherrin, zunächst noch im Haus Wachenfeld und später auf dem Berghof. Die Angestellten auf dem Berghof nannten sie „Chefin". Eva war eine der wenigen, die neben dem üblichen „mein Führer" Hitler mit dem vertraulichen „Du" anredeten. Hitler redete Eva abwechselnd mit „gnädiges Fräulein", „Schnaksi", „Patscherl" oder „Tschapperl" an. Dieser letzte Wiener Ausdruck bedeutete so etwas wie „Kleines". Später verwendete Hitler oft die österreichische Variante von Eva:

Die sportliche Eva beim Turnen am Königssee bei Berchtesgaden.

„Effie“ oder „Feferl“. In Gesellschaft verkehrten Hitler und Eva nach wie vor äußerst formell miteinander. Nur streichelte Hitler ihr ab und zu die Hand. Heinz Linge: „Es geschah hin und wieder, dass Hitler mit Eva noch eine kurze Weile in seinem Arbeitszimmer im ersten Stock blieb und mit ihr redete, bevor sie ins Bett gingen. Eva trug dann meistens nur noch einen Morgenrock und trank etwas Wein, während Hitler eine Tasse Tee bevorzugte. Eines Abends kam ich herein, ohne zu klopfen, und sah, wie Hitler und Eva innig umarmt mitten im Zimmer standen. Mit rotem Kopf drehte ich mich um und machte die Tür zu. Für uns, die Hitlers Verhältnis zu Eva aus persönlichen Wahrnehmungen kannten, galt bis zum 29. April 1945 die Devise: Nichts sehen, nichts hören und nichts sagen.“

Eva im Urlaub in Rimini, Italien.

Eva beim Wasserspaß mit Freundinnen am Königssee.

Eva im Badeanzug auf der Terrasse des Berghofs.

Eva posierend vor der Filmkamera ihrer Freundin Herta Schneider.

Eva war verrückt nach Schmuck; hier typische NS-Juwelen.

Unten: Evas Wohnzimmer im ersten Stock des Berghofs.

Hitler begrüßt seine Sekretärin Gerda Daranowsky auf der Terrasse des Berghofs. Ganz links steht Hanni Morell, die Frau von Hitlers Leibarzt.

Ein Schlaraffenleben

Eva hatte oft ihre Mutter, ihre Schwester und Freundinnen auf dem Berghof zu Besuch. Ihre beste Freundin, Herta Schneider geb. Ostermayer, und ihre Schwester Gretl hatten sogar ein eigenes Zimmer auf dem Berghof. Eva gab oft Feste, vor allem wenn Hitler nicht anwesend war. Dann wurde manchmal bis tief in die Nacht hinein getanzt, und eine SS-Wache spielte Akkordeon. Auch beim Karneval in München war sie immer dabei, und auf dem Berghof wurden zur Vorbereitung ausgelassene Maskenbälle abgehalten.

Eva war außerordentlich sportlich. Mit ihrer Freundin Anni Brandt, der Frau von Hitlers Chirurgen und ehemaliger Olympiasiegerin im Schwimmen, ging sie oft im Königssee schwimmen. Mit Speer und seiner Frau unternahm sie mehrmals lange Skifahrten außerhalb des Sperrgebiets am Obersalzberg. Speer: „Einmal gab ihr Hitler sogar acht Tage Urlaub, selbstverständlich in einer Periode, als er selbst nicht auf dem Berg war. Sie ging mit uns ein paar Tage nach Zürs, wo man sie nicht erkannte und sie bis in den frühen Morgen leidenschaftlich mit jungen Offizieren tanzte.“ Die sportliche Eva war jedoch auch eine Kettenraucherin – was Hitler mit Sicherheit nicht wusste, denn er verabscheute Rauchen. In seiner Umgebung galt dann auch ein absolutes Rauchverbot, und wehe demjenigen, der dagegen verstieß: Er lief Gefahr, für immer aus seiner näheren Umgebung verbannt zu werden. Auf dem Berghof waren alle Aschenbecher entfernt worden. Zu Gretl, Evas Schwester, sagte er einmal: „Bevor ich mich zurückziehe, werde ich den Befehl erlassen, dass auf jede Schachtel Zigaretten, die in Europa verkauft wird, ein Streifen gedruckt wird, auf dem mit feuerroten Buchstaben steht: Gefahr, Rauchen verursacht Krebs und führt Ihren Tod herbei.“ Wenn Hitler wieder einmal gewohnheitsmäßig gegen den Tabakgenuss wetterte, summte Eva oft das damals populäre Lied „Smoke gets in your eyes“. Dies erregte in der Gesellschaft oft große Heiterkeit, während der Führer, der dieses Lied nicht kannte, leicht erstaunt war.

Ein bemerkenswertes Hobby von Eva Braun war die Fotografie. Als Angestellte bei Hoffmann hatte sie hierin gute Kenntnisse erworben. Sobald sie die Gelegenheit hatte, filmte und fotografierte sie. Weil die von ihr gemachten Fotos und Filme strikt für den Privatgebrauch bestimmt waren, hatte sie das Privileg, Hitler und dessen Mitarbeiter zu verewigen. Sie konnte oft die ungezwungensten Bilder machen, denn Hitler sah kaum auf, wenn Eva mit Foto- oder Filmkamera um ihn

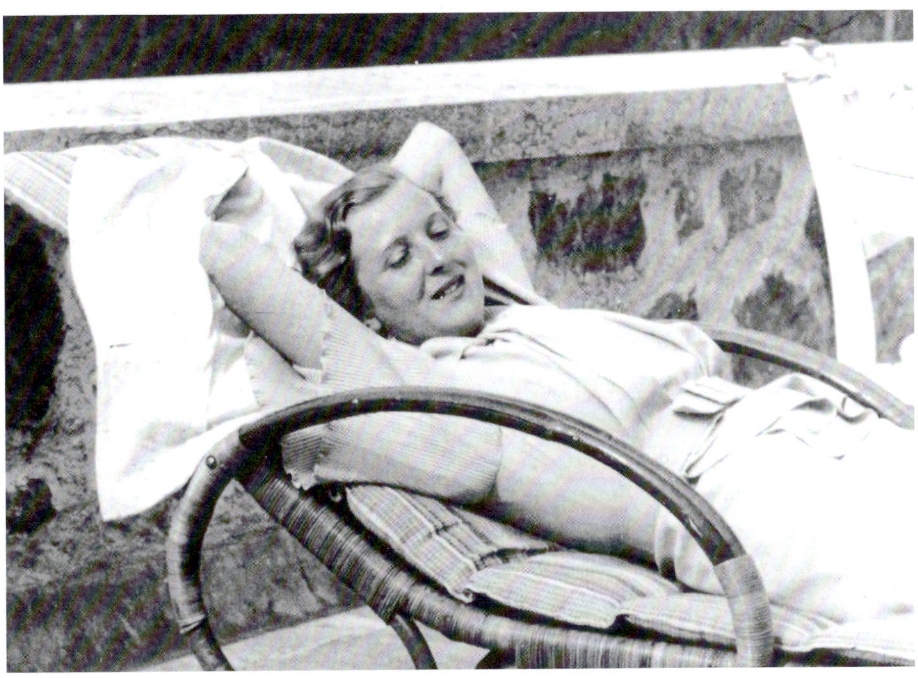

Eva hatte ein schönes Leben auf dem Berghof, wo es ihr an nichts fehlte. Das Sonnen auf der großen Terrasse gehörte, wie Sport und Filmen, zu ihren größten Hobbys.

Als überzeugter Nichtraucher hatte Hitler das Rauchen in seiner Umgebung strikt verboten. In manchen seiner Monologe am Kaminfeuer forderte er, dass man auf die Zigarettenpäckchen Hinweise wie „Rauchen verursacht Krebs" aufdrucken solle. Hier schien er also eine gute Vorahnung gehabt zu haben. Trotz Hitlers Tiraden rauchte Eva heimlich weiter und nahm, wenn er in die Nähe kam, schnell einen Schluck Mundwasser.

ein guter Freund Evas wurde, unterstreicht ihre Offenheit und Natürlichkeit: „Eva war keine richtige Dame, sondern eine einfache Frau aus dem Volke. Ich mochte sie besonders gern. Sie hat während all dieser Jahre ihre natürliche Art bewahrt. Und was sehr wichtig war, sie ist an ihrer Position nicht zugrunde gegangen. Sie blieb immer im Hintergrund und hat sich in politischen Angelegenheiten nie in den Vordergrund gestellt. Der Einzige, den sie nicht gern sah, war Bormann, denn für den Reichsleiter war jeder, auch eine Geliebte, ein nicht zu duldendes Hindernis in seinem unverkennbaren Streben nach Macht."
Dennoch war Eva nicht länger das verschämte, fast schüchterne Mädchen aus Hoffmanns Geschäft. Das Luxusleben hatte auch auf sie Auswirkungen, und manchmal konnte sie sich wie eine unausstehliche Filmdiva benehmen. Ilse Braun: „Manchmal erkannte ich meine eigene Schwester gar nicht herumlief. Nach dem Krieg wurden viele ihrer Fotoalben und Filme gefunden, die einen Schatz an Informationen über Adolf Hitlers Privatleben liefern. Ohne dass sie sich dessen bewusst war, hatte Eva wertvolle, historische Reportagen über das Dritte Reich und seine Anführer gemacht, die zugleich ein gutes Bild vom Leben auf dem Berghof vermitteln.

Die First Lady des Berghofs

Im Lauf der Jahre wurde Eva immer mehr die – wenn auch inoffizielle – Hausherrin auf dem Berghof. Weil Hitler ihr eine großzügige jährliche Zuwendung gewährte, konnte Eva einem ihrer liebsten Hobbys frönen: dem Kaufen von Kleidung und Schuhen. Schon bald war Eva die bestgekleidete Frau im kleinen Kreis des Berghofs. Sie trug ihre Kleidung selten zweimal. Sie liebte dunkle Unifarben, besonders Schwarz. Traudl Junge, eine von Hitlers Sekretärinnen, beschrieb ihre erste Begegnung mit Eva wie folgt: „Außer dass sie so gut gekleidet und gepflegt war, fiel es mir auf, dass sie so natürlich und offen war. Sie war überhaupt nicht das Ideal des deutschen Mädchens, wie man es auf Propagandaplakaten und in den Zeitschriften sah. Ihre gut sitzende Frisur war blond gefärbt, und ihr hübsches Gesicht war geschmackvoll geschminkt. Sie war nicht groß (1,63 m), aber sie hatte eine sehr schöne Figur und dabei noch eine gute Haltung. Sie wusste sich stilvoll und geschmackvoll zu kleiden. An jenem Abend trug sie ein nilgrünes Kleid aus dicker Wolle mit einem eng anliegenden Leibchen. Der Glockenrock war mit einem breiten Streifen Leopardenpelz abgesetzt." Auch Speer, der im Lauf der Zeit

Hitler und Eva in einer ungezwungenen Pose auf der großen Terrasse des Berghofs. Darüber, wie tief das Verhältnis zwischen den beiden wirklich war, wird bis heute viel spekuliert. Jüngste Dokumente legen nahe, dass die Beziehung rein platonisch geblieben ist und dass Eva ab und zu Affären mit Männern aus Hitlers engster Umgebung hatte, u. a. mit SS-General Hermann Fegelein, dem Ehemann von Evas Schwester Gretl.

Neben Sport, Filmen, Fotografieren und Tanzen war Eva verrückt nach Kleidung und Schuhen, womit ihre Kleiderschränke auch überquollen. Hier zeigt Eva auf der großen Terrasse ihr neuestes Outfit inklusive passender Schuhe und ledernem Beautycase.

wieder. Eva war arrogant, tyrannisch und gefühllos uns gegenüber ... Der Umgang mit den Großen der Welt macht einen Menschen egoistisch, grausam sogar ... Sie benahm sich wie eine Königin." Derjenige, der sie bestimmt nicht als Königin betrachtete, war Hitler. Eva durfte zwar im engen Kreis für die First Lady des Berghofs gehalten werden, die wirkliche First Lady des Reiches war jedoch Emmy Göring, die Frau von Hitlers offiziellem Nachfolger. Eva durfte zwar anwesend sein, wenn alte Parteigenossen Hitler besuchten, aber sie wurde unerbittlich auf ihr Zimmer verbannt, wenn andere Würdenträger aus dem In- und Ausland den Berghof besuchten. Sogar wenn die Görings zu Besuch kamen, sollte Eva auf ihrem Zimmer bleiben. Emmy Göring: „Angesichts Hitlers Charakter durfte ich Eva Braun einfach nicht kennenlernen, trotz der von mir gemachten Versuche. Als ich bei einem Besuch auf dem Berghof Adolf Hitler einmal fragte, ob ich alle Damen des Berghofs zum Tee einladen dürfe, wusste er schon, was los war. Er errötete und stotterte: ‚Natürlich, selbstverständlich, lassen Sie sich nicht davon abhalten.' Am nächsten Tage brachte General Bodenschatz

Eva war fanatische Amateurfilmerin, die fast immer eine Foto- oder Filmkamera zur Hand hatte. Von den Kodak-Werken bekam sie die modernsten Kameras und auch Farbfilme, die damals noch sehr selten waren. Auf dem Foto sieht man Eva mit einer neuen Schmalfilmkamera, links Frau Speer und rechts Herta Schneider, Evas Busenfreundin, die sogar ein eigenes Apartment auf dem Berghof hatte.

Eva hatte immer eine Foto- oder Filmkamera zur Hand, wie auch hier auf der Terrasse des Berghofs, wo sie Hitler filmt, der im Gespräch ist mit u. a. Hermann Esser (ganz links), einem alten Kampfgefährten aus München, der auch Vizepräsident des Reichstags und Chef der Staatskanzlei Oberbayerns war.

Bei hohem Besuch wurde Eva von Hitler, im krampfhaften Versuch, ihre Existenz geheim zu halten, auf ihr Zimmer im ersten Stock des Berghofs verbannt. Von dort machte sie oft heimlich Aufnahmen der Besucher, wie auch hier von der Ankunft des Grafen Ciano, Mussolinis Außenminister und notorischem Schürzenjäger.

Eva war sehr sportlich und tat alles, um eine gute und schlanke Figur zu behalten. Hier zeigt sie am Ufer des Königssees ihre akrobatischen Künste, festgehalten von ihrer Schwester Gretl mit der Filmkamera.

Graf Ciano, der mit der Tochter Mussolinis verheiratet war, wusste von seinem Schwiegervater über Eva Bescheid und war stets sehr neugierig auf sie. Hier ist sich Ciano (im Vordergrund rechts) der fotografierenden Eva wohl bewusst. Neben Ciano steht Dr. Paul Schmidt, der deutsche Chefdolmetscher.

Eva (hinten) und ihre Schwester Gretl (vorn) im Schwimmbad am Königssee. Die beiden gingen oft zu diesem See, der bekannt für sein kühles Wasser ist. Eva hatte von Hitler nicht nur eine Villa in München, sondern auch einen roten Mercedes bekommen, mit dem sie gern herumfuhr.

Eva in bayerischer Tracht beim Tee auf der Terrasse des Berghofs. Rechts oben ist noch ein Teil der Unterkante des Balkons von Hitlers Arbeitszimmer im ersten Stock zu sehen. Dieses befand sich oberhalb des großen Konferenzsaals mit dem berühmten versenkbaren Fenster.

Eva posiert vor der Kamera am Rand der Terrasse. In der Mitte des Fotos ist Hitlers Spazierweg zum Teehaus auf dem Mooslahner Kopf zu sehen.

(Görings Adjutant) die Einladungen zum Berghof, und alle Damen, einschließlich Eva und ihren Schwestern, versprachen zu kommen. Sehr spät an diesem Abend – wir schliefen schon – wurde mein Mann per Telefon gebeten, sich beim Führer zu melden. Erst um drei Uhr nachts kam Hermann zurück und erzählte mir den Grund seines Besuches bei Hitler. ‚Weißt du Emmy, weshalb er mich rufen ließ? Es war wirklich eine höchst seltsame, durchaus private Angelegenheit. Er wollte doch nicht, dass Eva Braun zu dir zum Tee kommt. Seiner Meinung nach hat Eva Angst vor dir.' Später erfuhr ich, dass Eva sehr gern mit den übrigen Damen mitgekommen wäre, aber dass Hitler es ihr verboten hatte." Mit Margarethe Speer und Gerda Bormann stand Eva jedoch auf sehr freundschaftlichem Fuß. Sie fragte immer alles Mögliche über die Kinder, und sie verbrachte viel Zeit beim Spiel mit den Kindern der Familien Bormann und Speer. Politik war für Eva ein Thema, worüber sie nicht sprechen durfte, aber sie duldete nicht die geringste Art der Kritik an ihrem Geliebten. Es war für sie todsicher, dass Deutschland den Endsieg erringen würde. Das hatte der Führer ihr ja gesagt. Eine Niederlage war einfach undenkbar. Christa Schröder, eine der Privatsekretärinnen Adolf Hitlers: „Man kann ohne zu übertreiben sagen, dass Eva in politischer Hinsicht ebenso unwissend wie auch teilnahmslos war. Wenn sie an den entsetzten Gesichtern von Hitlers Mitarbeitern bemerkte, dass etwas Schlimmes passiert war, versuchte sie immer von uns zu erfahren, was los war. Sie beklagte sich häufig, dass keiner sie über den Stand der Dinge informierte. Wenn dann irgendeine schlechte Nachricht mitgeteilt wurde, rief sie immer aufrichtig aus: ‚Aber Kinder, ich weiß doch absolut nichts von diesen schrecklichen Sachen.' Worauf sie gleich hinzufügte: ‚Wäre es eigentlich nicht besser, dass ich nicht weiß, was anderswo geschieht? Schließlich kann ich daran doch nichts ändern.'" Durch Hitlers viele Arbeit geriet das Liebesidyll auf dem Berg immer mehr in den

Eva mit ihren zwei Hunden, den Foxterriern Stasi und Negus. Nachdem die weiße Stasi gestorben war, schaffte Eva sich einen neuen schwarzen Foxterrier an, der auch Stasi genannt wurde.

Evas Hunde fühlten sich wie die Herren des Berghofes und duldeten Hitlers Schäferhündin Blondie eigentlich nicht oder kaum in ihrer Umgebung, mit der Folge, dass Blondie meist im Haus bleiben musste.

Hintergrund. In ihrem Tagebuch beklagte Eva sich oftmals darüber, dass Hitler so wenig Zeit für sie hatte und sie nur noch richtig liebte, wenn es ihm passte. Aber auch wenn Hitler nicht auf dem Obersalzberg war, vergaß er seine Effie nicht. Linge: „Jeden zweiten Tag telefonierte er mit ihr. Wenn seine Adjutanten oder Bormann nach München flogen, gab er ihnen Briefe für Eva mit ... Wenn der Berghof während eines Aufenthalts von Hitler wieder zum Führerhauptquartier wurde, dann blühte das alte Idyll wieder auf." Die Periode 1938–1942 war die glücklichste Zeit in Evas Leben. Mit Gretl, Herta Schneider und ihrer Mutter machte sie in jener Zeit Reisen ins befreundete Italien Mussolinis; meistens nach Rom, Florenz oder Venedig. Daneben suchte Hitler in diesen Jahren mehr denn je Ruhe und Inspiration auf dem Obersalzberg. Hitler schätzte Eva immer mehr. Er machte ihr öfter als vorher allerhand Komplimente und gab ihr immer

Eine weitere Herzensfreundin Evas war Marion Schönmann, die ebenso wie Herta Schneider oft zu Gast auf dem Berghof war. Auf diesem Foto vom 7. August 1937 ein etwas stoischer Hitler bei der Hochzeit Marions mit dem Geschäftsmann Fritz Schönmann.
Sitzend v.l.n.r.: Sofie Storck, eine Freundin Evas; das Brautpaar Marion und Fritz Schönmann; Gretl Braun.
Stehend v.l.n.r.: Hoffotograf Heinrich Hoffmann, Hanni Morell, Erna Hoffmann, die Gattin des Fotografen; Eva Braun; Frau Diesbach; Prof. Morell; Herta Schneider; unbekannt; Dr. Helmut Scheiber; Hitler; unbekannt; Maria Almas-Dietrich.

Eva war verrückt nach Partys und genoss in vollen Zügen ihren inoffiziellen Status als Mätresse des Führers. Hier ist sie (2. von links) mit ihrer Mutter (Mitte) und Schwester Gretl (3. von rechts) im mondänen Hotel Vier Jahreszeiten während des Faschings in München 1938 zu sehen.

Eva, hier einmal nicht herausgeputzt, posierend auf der Terrasse des Berghofs.

teurere Geschenke. Ihre Eltern behandelte er respektvoll. Eva lud ihre Eltern immer öfter auf den Berghof ein. Die Familie verweilte sogar so häufig auf dem Berg, dass Göring einmal zu seinen Freunden sagte: „Es gibt genauso viele Brauns auf dem Obersalzberg, wie es Braunhemden in München gibt. Hitler soll doch den Berghof in Braunhaus umtaufen." (Das braune Haus war das offizielle Hauptquartier der NSDAP in München, das braune Hemd ein Teil der Parteiuniform.)

Hitlers Lieblingsfoto von seinem „Tschapperl", wie er Eva ab und zu liebevoll nannte. Es stand auf dem Schreibtisch seines Arbeitszimmers in seiner Wohnung am Prinzregentenplatz in München.

Eva als inoffizielle First Lady des Berghofs. Hier trägt sie das schwarze Kleid ihrer Großmutter, in dem sie eigentlich heiraten wollte. Als es dann so weit war, befand es sich in ihrer Garderobe auf dem Berghof und konnte angesichts der vorrückenden Alliierten nicht mehr geholt werden. Dennoch sollte sie kurz vor ihrem Selbstmord am 30. April in einem schwarzen Kleid heiraten.

Göring, der zweite Mann in NS-Deutschland, besaß eine kriminelle Mentalität, die, kombiniert mit grenzenloser Macht und moralischer Schwäche, viel Unheil hervorbrachte. Einerseits ein äußerst intelligenter Mann mit einer bewundernswerten Energie, Durchsetzungsfähigkeit und Organisationstalent, andererseits drogenabhängig und lethargisch. Er verbrachte seine Freizeit mit Fressgelagen und Jagdgesellschaften, überall im besetzten Europa suchte er nach Kunstwerken. Hier steht er mit einem Jagdmesser vor seinem Haus auf dem Obersalzberg.

4 Villa mit Schwimmbad für Reichsmarschall Göring

Jovial und skrupellos

Wie sich in früheren Zeiten die Paladine in der Nähe ihrer Herrscher niederließen, so zogen jetzt auch Hitlers privilegierteste Vertraute, die er zu seiner Intimsphäre rechnete, zum Obersalzberg. Der Erste, der eine dauerhafte Residenz erwarb, war Hermann Göring. Als alter Kämpfer und Kamerad Hitlers – Göring war schon seit 1922 Mitglied der NSDAP – besaß er schon vor 1933 ein schlichtes Landhaus in unmittelbarer Nähe von Haus Wachenfeld, dem späteren Berghof. Der 1893 geborene Göring war einer der engsten Mitarbeiter des Führers. Es gab niemanden im Reich, der die Positionen mit den dazugehörigen Uniformen und Medaillen besser zu sammeln wusste als der 140 kg schwere Reichsmarschall. Hitlers offizieller Nachfolger hatte das höchste Ansehen aller Parteibonzen, sowohl in Deutschland als auch im Ausland.

Als Reichsmarschall, Schöpfer und Leiter der Luftwaffe, Luftfahrtminister, Reichsjagdmeister, Reichsforstmeister, Reichstagspräsident, Bevollmächtigtem für den zweiten Vierjahresplan und damit Herrn über die deutsche Wirtschaft, Vorsitzendem des Ministerrates für die Reichsverteidigung, Mitglied des geheimen Kabinettsrates, Oberhaupt der Reichswerke Hermann Göring, preußischem Innenminister, Chef der preußischen Polizei, Gründer der Geheimen Staatspolizei (Gestapo) und einer ganzen Reihe von Konzentrationslagern war Göring einer der mächtigsten, intelligentsten, schillerndsten, aber auch korruptesten Figuren des Dritten Reiches. Und wie kein anderer verkörperte er das doppelte Gesicht des Regimes: ein jovialer, populärer Haudegen, der sich gern unter die Menschen mengte, und der eiskalte, skrupellose, morphiumsüchtige Verbrecher, der immer mehr Macht und Reichtum an sich zu raffen verstand. Als einer von Hitlers ältesten Kampfgenossen hatte er ihn in die besseren Kreise eingeführt und mit dazu beigetragen, dass Hitler an die Macht kam. Der hochdekorierte Fliegerheld des Ersten Weltkrieges – er war der letzte Kommandant der berühmten Staffel von Richthofen und Träger des höchsten deutschen Ordens – war einer von Hitlers wichtigsten Stützpfeilern auf dem Weg zur Macht. In Krisenzeiten war es Göring und nicht Hitler, der die Zügel in die Hand nahm und das Land tatsächlich regierte. Das galt vor allem bei unerwarteten Ereignissen, bei denen Hitler nicht mehr wusste, was zu tun war, und endlos abwägen konnte, während Göring dann in bester Manier einen kühlen Kopf behielt und blitzschnelle Entscheidungen treffen konnte. Der intelligente Göring kannte diese fundamentale Charakterschwäche Hitlers und verstand es, sie geschickt zu seinem Vorteil zu nutzen. Er wusste, dass Hitler strategisch die Angelegenheit meist bis ins Detail durchdacht und letztendlich eine Richtung festgelegt hatte, von der er nicht mehr abzubringen war. Aber gerade bei unerwarteten Ereignissen, die nicht in Hitlers Strategie passten, wusste der Führer nicht mehr weiter und überließ die Initiative fast völlig seinem treuen Paladin Hermann Göring.

Der eiserne Dicke

Bis kurz vor Ausbruch des Zweiten Weltkrieges 1939 galt Göring nach Hitler als der mächtigste Mann in Deutschland. Im Gegensatz zu Goebbels wurde er nicht von innerer Überzeugung über den Nationalsozialismus angetrieben, sondern aus purer Machtgier. Er kämpfte auf kriminelle Art und Weise verbissen um Ämter, Titel und Vermögen, die er ausgiebig genoss. Von all seinen Funktionen war der Aufbau und Ausbau der Luftwaffe sein Lieblingskind. Er war eingebildet, angeberisch, habgierig und eitel, aber durch sein Auftreten doch der populärste von Hitlers Vasallen. Die

Der Reichsmarschall zu Besuch bei seinen Männern auf einer Luftwaffenbasis im besetzten Frankreich.

Es gab niemanden im Reich, der mehr Ämter mit zugehörigen Uniformen und Medaillen an sich ziehen konnte als der 140 kg schwere Reichsmarschall. Hitlers formeller Nachfolger genoss von allen NS-Bonzen das größte Ansehen, sowohl in Deutschland als auch außerhalb. Göring war einer der mächtigsten, intelligentesten, farbenfrohsten, aber auch korruptesten Figuren des Dritten Reiches.

Menschen mochten den farbenfrohen, herzlichen, knapp 140 kg schweren „dicken Hermann“ mit seinen gut 300 (!) verschiedenen Uniformen. 1903 sagte seine Mutter mit Hinblick auf den egoistischen Charakter ihres Zehnjährigen: „Hermann wird entweder einmal ein großer Mann oder ein großer Verbrecher.“ Wie kein anderer verstand er es, während der Jahre 1933–1945 eine beachtliche Anzahl von Ämtern und Funktionen an sich zu reißen – mit den dazugehörigen Besitzungen, Einkünften, Titeln, Uniformen und Medaillen. Insbesondere wegen seiner Jovialität betrachteten die Deutschen und auch ausländische Diplomaten Göring in der Zeit des Dritten Reiches mit einer Mischung aus Ehrfurcht, Bewunderung und einer gewissen Anhänglichkeit. Er, Hitlers formeller Nachfolger, der Mäzen des Reiches, der „letzte Renaissance-Mann", wie er sich selbst gern nannte, war durch seine Fröhlichkeit und seinen Umfang ein dankbarer Stoff für zahlreiche Witze.

Der „eiserne Dicke“ meint es gar nicht so schlecht, sagte man in Deutschland, wenn wieder unpopuläre Maßnahmen bekanntgegeben wurden. Im Berliner „Kabarett der Komiker“ war Göring eine der beliebtesten Zielscheiben des Komikers Werner Finck. Von Finck stammt auch die Geschichte des Baby-Elefanten Jumbo, der während einer Zirkusvorstellung Göring in der ersten Reihe sitzen sah und ihm zutrompetete: „Tag, Papa; Tag, Papa.“ Göring hat Finck nie verklagt. Er konnte, wenn er wollte, ein zuvorkommender und einnehmender Gastgeber sein. Durch seine vielen Gesellschaften und Feste hatte er sich bei ausländischen Diplomaten und Journalisten zudem einen guten Ruf erworben. So schrieb Nevile Henderson, der britische Botschafter in Berlin während der Jahre 1937–1939: „Von allen nationalsozialistischen Führern war Hermann Göring mir am sympathischsten; ich muss rundheraus sagen, dass ich wirklich eine persönliche Sympathie für ihn hatte. Ich mochte Frau Emmy Göring genauso gern wie ihren Ehemann. Absolut ungekünstelt war sie und ganz und gar Freundlichkeit und Einfachheit.“ Auch erwähnte Sir Nevile Henderson einen der Witze, die umgingen: „Es war einmal ein Motorradfahrer, der an einem dunklen Abend gegen Hermann Görings Auto prallte und wegen leichtsinnigen Fahrens unter Anklage gestellt wurde. Der Motorradfahrer führte jedoch zu seiner

Neben anderen Funktionen war Göring auch Oberbefehlshaber der Luftwaffe und hochdekorierter Fliegerheld des Ersten Weltkrieges. Er war der letzte Kommandant der berühmten Staffen von Richthofen und Träger des höchsten deutschen Ordens. Um seine fliegerischen Fähigkeiten zu üben, flog er anfangs noch oft selbst. Im Lauf der Dreißigerjahre, als sein Interesse an der Luftwaffe abzunehmen begann, setzte er sich immer seltener an den Steuerknüppel.

Verteidigung an, dass es nicht sein Fehler war, sondern Görings. Dieser hatte vergessen, seine Ritterorden auszuknipsen, sodass sie den Motorradfahrer blendeten. Der Mann wurde freigesprochen." Aber Henderson erkannte durchaus, dass hinter der Maske der Herzlichkeit und hinter allen angenehmen Eigenschaften eine Rücksichtslosigkeit und Brutalität steckten, die Göring vor nichts Halt machen ließen, wenn er einem Befehl zu folgen oder ein Ziel zu erreichen hatte.

Göring zu Besuch bei Hitler auf dem Berghof. Als einer von Hitlers engsten Mitarbeitern war Göring einer seiner wichtigsten Stützpfeiler auf dem Weg zur Macht.

Hitler und Göring während einer Besprechung am Tisch vor dem großen Fenster des Konferenzsaals im Berghof. In Krisenzeiten war es Göring und nicht Hitler, der die Zügel in die Hand nahm und das Land tatsächlich regierte.

Die Mentalität eines Verbrechers

Göring besaß eine kriminelle Mentalität, die – verbunden mit unverhältnismäßig großer Macht und moralischer Feigheit – viel Unheil hervorgebracht hat. Auf der einen Seite war er ein Mann mit Respekt einflößender Energie, Ausdauer und Organisationstalent. Er hatte im Ersten Weltkrieg als Jagdflieger und letzter Kommandant der bekannten Jagdstaffel von Richthofen viel persönlichen Mut bewiesen. Andererseits war er ein drogenabhängiger, lethargischer Mann, der sich häufig an Fressgelagen und Jagdpartien ergötzte und das ganze besetzte Europa auf der Suche nach Kunstwerken abklapperte, die er sich dann in unglaublichen Mengen anzueignen wusste. Göring war als einer der fünf höchsten Führer auf der berüchtigten Hossbachkonferenz (1937) anwesend, auf der Hitler seine Kriegspläne bekanntmachte. Er war es auch, der 1935 die berüchtigten Nürnberger Rassengesetze ausfertigte, durch welche die Juden in Deutschland mehr oder weniger für vogelfrei erklärt wurden.

Trotz seiner mächtigen Position und seiner Fähigkeiten fehlte es Göring an Mut, um Hitler in entscheidenden Punkten zu widersprechen. Er wusste, dass er Hitler alles verdankte und dass dieser ihn von einem auf den anderen Moment völlig ausschalten konnte. So gab Göring einmal zu, dass ihn, sobald er Auge in Auge mit Hitler stand, aller Mut verließ.

Hitler und Göring auf der Bank am Teehaus auf dem Mooslahner Kopf. Bei unerwarteten Ereignissen, wenn Hitler nicht wusste, was zu tun war, und endlos wiegen und wägen konnte, war Göring in Hochform. Er behielt einen kühlen Kopf und traf blitzschnell Entscheidungen. Der intelligente Göring kannte diese Charakterschwäche Hitlers und wusste sie für sich einzusetzen.

Göring mit Hitler auf der Terrasse von Haus Wachenfeld vor dem Umbau zum repräsentativen Berghof.

Göring in Lederhosen beim Bogenschießen vor seinem Haus auf dem Obersalzberg. Hitler schaut zusammen mit Emmy, Görings Frau, interessiert zu. Im Hintergrund und von Bäumen umgeben der „Göringhügel“, wo der Reichsmarschall während des Zweiten Weltkrieges bei schönem Wetter oft Lagebesprechungen mit der Führung der Luftwaffe abhielt.

Göring zusammen mit seiner Frau Emmy vor ihrem Haus auf dem Obersalzberg. Emmy wurde nach ihrer Heirat mit Göring die offizielle First Lady Deutschlands, da Hitler nicht verheiratet und Göring der zweite Mann im Staat war. Emmy musste mit dem altgermanischen „hohe Frau" angesprochen werden. Sie sollte ihren Mann überleben und bis zu ihrem Tod 1973 mit ihrer Tochter Edda in einer Zweizimmerwohnung in München leben.

Während ihres Aufenthalts auf dem Obersalzberg machten die Görings gern Autofahrten in die Umgebung. Bei diesen Gelegenheiten fuhr Göring meist selbst, wie auf diesem Foto.

Göring und seine Frau Emmy beim Einkaufen in Berchtesgaden.

In seiner Funktion als Bevollmächtigter des Vierjahresplanes war er letztendlich verantwortlich für die Ausplünderung der eroberten Gebiete. Und es war schließlich Göring, der die Luftwaffe zu einer beeindruckenden und gnadenlosen Waffe im Blitzkrieg verwandelte. Obwohl er prinzipiell gegen den Krieg und die Vabanque-Politik Hitlers war, gehorchte er doch uneingeschränkt seinem Führer, gebrauchte seine Luftwaffe als Vernichtungswaffe im Blitzkrieg und führte unbarmherzige Bombardierungen gegen Städte wie Warschau, Coventry, Rotterdam und Belgrad durch.
Er war auch derjenige, der die Gestapo ins Leben rief und die ersten Konzentrationslager bauen ließ. Auch beim Reichstagsbrand hatte er seine Finger im Spiel und war der wichtigste Organisator der Mordkomplotte während der „Nacht der langen Messer" 1934, in der die gesamte SA-Spitze ermordet wurde. Göring gehörte – zusammen mit Joseph Goebbels – zweifellos zu den intelligentesten NS-Führern. So erkannte er sehr schnell die Gefahr eines Krieges, der – falls er verloren ging – das Ende des Dritten Reiches bedeuten würde und damit auch seines Imperiums und seines Luxuslebens, dass er gern noch viele Jahre fortsetzen wollte. Göring wollte viel lieber am Konferenztisch Gebiete für Deutschland erobern statt mit Waffen. Mit Österreich war das schließlich geglückt, und es glückte auch mit der Tschechoslowakei. Als die Spannung 1939 hochkochte, hatte er ein eindringliches Gespräch mit Hitler. Göring sagte damals: „Mein Führer, wir wollen doch nicht mit diesem

Görings Haus mit Schwimmbad auf dem Obersalzberg. Das Haus hatte mit Abstand die beste Lage und eine herrliche Aussicht. Göring verfügte als einziger Bewohner des Obersalzbergs über ein eigenes Schwimmbad. Im Sommer wurde es – zumindest wenn Göring nicht da war – oft von den Kindern der anderen Parteibonzen benutzt, aber auch von seinen Adjutanten und Sekretärinnen. Und im Winter spielte Göring gern Curling auf dem gefrorenen Wasser.

Vabanque-Spielen weitermachen?", woraufhin dieser antwortete: „Ich habe mein Leben lang immer schon Vabanque gespielt." Göring klagte kurze Zeit später gegenüber einem seiner Generäle: „Es ist schrecklich. Hitler ist verrückt geworden!" Und doch fehlte dem Reichsmarschall der moralische Mut, Hitler wirklich Einhalt zu gebieten und ihn abzusetzen.

Persische Teppiche und kostbare Gemälde

Göring, der zunächst ein schlichtes Landhaus auf dem Obersalzberg besaß, erhielt Hitlers Zustimmung, dieses Haus zu vergrößern. Obwohl Göring genau aufpasste, dass sein Haus nicht größer als der Berghof wurde, war er in seinen Wünschen für den Umbau sehr anspruchsvoll. Das Haus wurde geschmackvoll und nicht protzig wie sein palastartiges Landgut Carinhall in der Schorfheide in der Nähe von Berlin eingerichtet. Weil Göring helle, weiche Farben sehr gern mochte, ließ er die Decken in weichen Pastelltönen streichen. Hierauf wurden – wie im Palast des Kaisers Nero – Blumen, Pflanzen, Blätter, Schmetterlinge und Vögel naturgetreu nachgemalt. Robuste und massive Eichenmöbel, Tische mit Marmorplatten, Beleuchtungselemente aus reinem Messing oder kostbarem Schmiedeeisen, Schiebewände, wertvolle persische Teppiche, seltene Gemälde und vor allem alle Arten von Geweihen und andere Trophäen der Jagd gab es dort in reichem Maße. Das Haus wurde mehrmals umgebaut; zum letzten Male im Jahr 1941. Dieser letzte Umbau erforderte allein in Bezug auf die Löhne der Maurer und Zimmerleute und anderer am Bau beteiligter Fachleute schon über 250.000 Reichsmark. Aber über Geld machte Göring sich, wie üblich, gar keine Sorgen. Für all

Görings Arbeitszimmer im ersten Stock seines Hauses auf dem Obersalzberg. Auf seinem Schreibtisch stehen drei Fotos mit Rahmen: seine Frau Emmy, seine verstorbene erste Frau Carin und – das größte – ein Foto von Hitler.

Göring auf dem Obersalzberg mit Tochter Edda und seinem Hauslöwen. Göring war verrückt nach Löwen und brachte diese in den Berliner Zoo, sobald sie fast erwachsen waren. Seine Tochter Edda, 1938 geboren, war für ihn eine Prinzessin.

seine Projekte, ob es nun seine Landhäuser, seine Kunstsammlung oder seine Jagdgeräte betraf, hatte er immer ein Extrakonto. Für das Haus auf dem Obersalzberg hieß dieses Extrakonto „Sonderbaukonto Hermann Göring". Das Göringhaus war durch eine asphaltierte Straße mit der Adjutantur verbunden. Hier wohnte Görings Adjutant, General Bodenschatz. Zahlreiche die Luftwaffe betreffende Befehle wurden von dieser Adjutantur aus ins Reich gesandt.

Göring mit Edda und einer Freundin auf der Einfahrt vor seinem Haus auf dem Obersalzberg. Göring liebte seine Tochter abgöttisch. Die frühere Krankenschwester lebt jetzt im Ruhestand und immer noch in jener Zweizimmerwohnung in München, in der auch ihre Mutter bis zu ihrem Tod 1973 gewohnt hatte.

In typischer Haltung inspiziert der stolze Vater eines der vielen Geschenke, die seine Tochter Edda zu ihrem Geburtstag bekommen hatte. Schon Monate vor ihrem Geburtstag ließ Göring – übrigens genau wie bei seinem eigenen und dem Emmys – ausführliche Listen zirkulieren, die teure Geschenkvorschläge enthielten. So bekam Edda z. B. zu ihrem ersten Geburtstag (1939) von der deutschen Luftfahrtindustrie ein komplett eingerichtetes „Puppenhaus", inklusive Stilmöbeln, das eine exakte Kopie des Schlosses Sanssouci in Potsdam im Maßstab 1:10 darstellte, wo Friedrich der Große einst residierte. Das „Puppenhaus" hatte eine Länge von 50 Metern, war ca. 3,5 Meter hoch und 7 Meter breit (!).

Ein seltenes Foto: Hitler mit Edda und Emmy in der Halle des Berghofs. Emmy kam nicht allzu oft auf den Obersalzberg, da sie die dünne Luft dort nicht gut vertrug und sie als echte Hamburgerin die Nordsee ohnehin viel lieber mochte als die Berge. Und wenn sie auf dem Obersalzberg war, besuchte sie Hitler selten auf dem Berghof. Im Hintergrund Linge, Hitlers persönlicher Diener.

Emmy Göring (4. von links) mit alten Kollegen (Emmy war vor ihrer Heirat mit Göring Schauspielerin) auf dem Plateau am Eingangstor zum Kehlsteinhaus.

Um abzunehmen sollte Göring auf ärztliche Anordnung hin Sport treiben. Schwimmen war eine der Möglichkeiten, und so wurde vor dem Haus ein großzügiges Schwimmbecken angelegt. Dieses einzige Schwimmbad auf dem ganzen Berg wurde sowohl von Görings Tochter Edda (geboren 1938) als auch von den anderen Kindern auf dem Obersalzberg viel und gern genutzt. Es herrschte dort oft ein reges Treiben, vor allem wenn Frau Göring oder ein Kindermädchen den Kindern Süßigkeiten spendierte. Edda Göring: „Ja, wir haben eine herrliche Zeit erlebt dort oben auf dem Berg. Nur war es schade, dass wir dort nicht so oft waren, weil meine Mutter oft kränkelte und die dünne Luft nicht vertragen konnte." Auch Hitlers Sekretärinnen und Eva Braun gingen bei schönem Wetter oft zum Schwimmbecken. Christa Schröder, eine von Hitlers Lieblingssekretärinnen: „Es war ein sehr schönes und großes Schwimmbecken. Wenn es warm war und der Chef es uns erlaubte, eilten wir zum Schwimmbecken der Görings. Es lag in einer fast unnatürlich schönen Umgebung, und man konnte sich dort herrlich sonnen." Sobald sein überfüllter Terminkalender ihm die Gelegenheit gab, flüchtete Göring aus der Großstadt und sputete sich, um ein paar Tage bei seiner Familie zu sein, die einen Teil des Jahres auf dem Obersalzberg wohnte. Während einer derartigen Fahrt zum Obersalzberg ereignete sich folgende kleine Geschichte: Es war Winter, und wie immer machte „Wegmacher" Hansei, ein durch einen Unfall leicht behinderter damals Sechzigjähriger, seine Runde im Obersalzberggebiet. Hansei war kein Unbekannter im Berchtesgadener Land. Mit Feuereifer erfüllte er seine Alltagspflicht. Er machte sich weder etwas aus Politik noch aus den Männern, die Politik machten. Sogar Hitler kannte er kaum. Wenn er „amtierte", mit Besen und Stoßhacke bewaffnet, und die Autokolonne des Führers vorbeifuhr, tat er so, als ob ihm das egal wäre. Er wäre nie auf den Gedanken gekommen, dass er beim Anblick von Hitlers persönlicher Standarte auf einem seiner schwarzen Mercedesse die rechte Hand zum Heil-Gruß erheben oder dass er etwa für die hohe Gesellschaft den Hut ziehen sollte. Es hatte an diesem Tag ordentlich geschneit. Der steile Weg war zwar geräumt worden, aber am Wegesrand lagen hohe Schneewälle. In einer Kurve geriet Görings Wagen auf der glatten Straße ins Schleudern und landete mit der Nase tief in einen Schneewall. Alle Versuche von Göring und seinem Fahrer, das Auto aus dem Schnee herauszufahren, scheiterten. Es mangelte ihnen einfach an den für das Schneeräumen notwendigen Geräten. Hansei hatte diese zwar dabei, aber er lehnte sich in einer Entfernung von kaum 20 Metern in aller

Ab und zu spielte Göring auch eine Partie Tennis, wie hier auf seinem Landgut Carinhall. Diese Fotos durften nicht veröffentlicht werden und waren nur für das umfangreiche Fotoalbum Görings bestimmt.

Göring liebte die Geselligkeit. Wenn er guter Laune war, nahm er gern sein Akkordeon in die Hand, wie hier vor seinem Haus auf dem Obersalzberg.

Wegen seines guten Gedächtnisses war Göring auch ein hervorragender Kartenspieler und verlor höchst selten eine Partie.

Seelenruhe auf seinen Besen und beobachtete den Vorfall ungerührt. Göring und sein Fahrer sahen Hansei und riefen ihn, ihnen zur Hilfe zu kommen. Da Hansei sich kaum vom Fleck rührte, schrie Görings Fahrer ihn an, dass er sich ein bisschen beeilen sollte. Hansei, der Göring nicht kannte, regte sich auf und fuhr die gestrandeten Autofahrer in unverfälschter Berchtesgadener Mundart an: „Ear Nedsnoats, bleibt doch z' Haus, wenn d' niet woast, wie d' im Winter Auto fahren muast.“

Trotzdem half er mit, und nach kurzer Zeit stand das Auto wieder auf der Straße. Göring nahm den Vorfall mit Humor und lachte laut über Hansei. Er bot ihm eine dicke Zigarre an und dankte ihm für die Hilfe. Als Hansei am nächsten Tag eine Einladung erhielt, zu Görings Landhaus zu kommen, schien er nicht sehr beeindruckt zu sein. Er wusste immer noch nicht, wer Göring war. Göring bewirtete ihn mit einer ausgezeichneten Brotmahlzeit und überraschte ihn weiter mit einer Flasche Wein und einer Kiste guter Zigarren. Allmählich wurde es Hansei klar, mit wem er es zu tun hatte. Als der Reichsmarschall ihm beim Abschied auch noch einen Fünfzigmarkschein in die Hand drückte, bedankte Hansei sich mit den Worten: „I hob ja net g'wusst, dass du da Göring bist, i hob gmoant, ös seid's a paar von dene Marktstempen. Also nix für unguat und Vergelts Gott, pfüad di.“ Und Hansei verschwand wieder in der Anonymität.

Göring fuhr gern Ski. Sein Haus auf dem Obersalzberg lag dafür hervorragend, denn direkt von dort aus konnten schöne Ski- und Langlauftouren unternommen werden. Auf dem Foto sehen wir Göring mit seinem Haus im Hintergrund.

Albert Speer, Hitlers Lieblingsarchitekt und späterer Herrscher über die deutsche Kriegswirtschaft, mit Eva Braun auf der Einfahrt zum Berghof. Speer hat sein ganzes Leben lang jede direkte Beteiligung an den Untaten des NS-Regimes verneint, aber nach seinem Tod 1981 tauchten Dokumente auf, u. a. aus russischen Archiven, die unumstößlich seine große Mitschuld beweisen. Durch geschicktes Verhandeln und ein indirektes Schuldbekenntnis gelang es Speer, der Todestrafe zu entkommen. Neben Göring und Bormann hatte Speer als einziger NS-Führer eine Wohnung auf dem Obersalzberg. Obendrein wurde dort noch ein Atelier gebaut, sodass er auch während seines Aufenthalts an seinen großen Bauaufträgen arbeiten konnte.

5 Haus und Atelier für Hitlers Architekten Speer

Erstes Treffen

Speer wurde am 19. März 1905 in Mannheim geboren und wuchs im gutbürgerlichen Milieu einer süddeutschen Familie mit drei Söhnen auf. Wie sein Vater und sein Großvater wollte er Architekt werden. Während der wilden Zwanzigerjahre, die durch Inflation und schwere Wirtschaftskrisen gekennzeichnet waren, studierte er an den Technischen Hochschulen von Karlsruhe, München und Berlin. In Berlin wurde er ab 1927 für drei Jahre Assistent des berühmten Professors für Architektur, Tessenow. Daneben hatte er eigentlich kein großes Interesse an der Politik, bis seine Studenten ihn zu einer Veranstaltung mitnahmen, bei der Hitler sprechen sollte. Nach Ende der Versammlung war Speer recht beeindruckt: „Der Mann war gemäßigt, redlich und konnte mit seiner sanften Stimme alle Fragen gut beantworten und, wo es nötig war, auch parieren. Ich hatte einen Fanatiker im braunen Hemd mit Hakenkreuzband um den Arm erwartet. Aber hier stand ein unauffälliger Mann im ordentlichen blauem Anzug, dessen Zungenschlag ihn deutlich als Österreicher verriet." Wenig später wurde Speer Mitglied der NSDAP mit der Nummer 474.481 und erledigte mit seinem Auto diverse Kurierdienste. 1932 verlor er seine Arbeit und zog mit seiner Frau nach Mannheim, wo er versuchte, eine Stelle zu finden – ohne Erfolg. Aber durch Zufall bekam er von der NSDAP einen kleinen Umbauauftrag, den er dankbar annahm. Sein erstes Treffen mit Hitler fand Anfang 1934 in dessen Wohnung in München statt, als jener bereits Reichskanzler war und Speer ihm einige seiner Entwürfe für das Parteitagsstadion in Nürnberg vorlegte.

Lichtdom

Nach dem ersten Treffen in München bekam Speer von Hitler seinen ersten großen Bauauftrag. In Nürnberg sollte für die Reichsparteitage mit ihren vielen Hunderttausend Teilnehmern ein gigantischer Komplex aus Stadien, Hallen, Galerien, Paradestraßen usw. entstehen. Das gesamte Areal sollte eine Fläche von 16,5 Quadratkilometern umfassen. Allein die Haupttribüne des Freiluftstadions sollte 390 Meter lang und 24 Meter hoch sein. Die Treppenkonstruktion sollte durch eine lange Säulenhalle am oberen Ende abgeschlossen werden, flankiert von zwei massiven Türmen. Während des Baus des Reichsparteitagsgeländes entwickelte Speer seine sogenannte Ruinenwert-Theorie. Diese besagte, dass Gebäude, die entsprechend dieser Theorie errichtet wurden, sogar noch nach Jahrtausenden als Ruine – so wie die ägyptischen Pyramiden – noch deutlich erkennbar sein sollten. Dazu mussten spezielle, dauerhafte Materialien wie Granit und besondere statistische Berechnungen angewendet werden. Hitler legte fest, dass alle wichtigen Gebäude des Dritten Reiches auf der Basis dieser Theorie erbaut werden sollten. Zu Speers Frau sagte Hitler einmal: „Ihr Mann soll für mich Bauwerke errichten, wie sie seit viertausend Jahren nicht mehr entstanden sind ..." In Nürnberg organisierte Hitler die größten Spektakel der Massenhysterie in der deutschen und vielleicht in der gesamten europäischen Geschichte. Hier wurden Hunderttausende, ja Millionen durch eine äußerst raffinierte Propaganda bis zur Raserei hochgepeitscht, die sich schließlich im totalen Krieg und dessen Schrecken entladen sollte. Nicht nur in Nürnberg, sondern auch in Berlin und in

Der stolze junge Architekt mit seinen Entwürfen für die Kulissen der Reichsparteitage der NSDAP in Nürnberg. Während seines ersten Treffens mit Hitler in dessen Privatwohnung in München legte Speer dem Führer diesen Entwurf vor. Von dem Moment an ging es mit der Karriere Speers steil bergauf, denn Hitler sah in ihm die Personifizierung seines eigenen Traums, einmal der größte und berühmteste Architekt Deutschlands zu werden.

Auch international hatte Speer bald seinen Durchbruch. 1937 erhielt er sogar eine goldene Medaille für seinen Entwurf des deutschen Pavillons für die Weltausstellung in Paris. Er zeigt einen von hohen Säulen umgebenen Kubus, über dem ein großer Adler mit goldenem Hakenkreuz in seinen Klauen steht.

Hitler besucht das im Bau befindliche gigantische Reichsparteitagsprojekt in Nürnberg. Hinter Hitler v.l.n.r. Chef-Adjutant Brückner, Hess, Speer und Reichsleiter Bormann. Das Besichtigen von Bauprojekten gehörte zu Hitlers Lieblingsbeschäftigungen.

Neben dem Zeppelinfeld befand sich die riesige Luitpoldarena, wo das alljährliche Totengedenken während der Reichsparteitage abgehalten wurde. Hier ein Blick zur Haupttribüne mit den typischen gigantischen Hakenkreuzflaggen.

weiteren deutschen Städten gingen die Massenveranstaltungen nach einer straffen Regie vonstatten: Da marschierten bei Anbruch der Dunkelheit Hunderttausende Anhänger in akkuraten Formationen mit ihren Flaggen und Zehntausenden Hakenkreuzen voraus, beleuchtet durch flackernde und geisterhafte Fackeln, raffiniert aufgestellte Scheinwerfer und untermalt von aufpeitschender Marschmusik. Speer führte in Nürnberg als Erster den sogenannten Lichtdom vor: Rund um das riesige Stadion wurden 130 Flak-Scheinwerfer aufgestellt, die sechs bis acht Kilometer hoch in den nächtlichen Himmel strahlten. Die hintreibenden Wolken ließen das Ganze dann äußerst surreal, gruselig und unwirklich erscheinen. Neben dem geisterhaften Effekt hatten die Scheinwerfer auch noch

In seinem Atelier auf dem Obersalzberg entwickelte Speer den „Lichtdom" über dem Zeppelinfeld in Nürnberg, mit dem er Hunderttausende Zuschauer zu beeindrucken verstand.

eine deutliche politische Wirkung, nämlich indem sie die hohen ausländischen Militärs, die zu den Feierlichkeiten eingeladen waren, beeindruckten. In den Berichten dieser Vertreter an ihre jeweiligen Regierungen schrieben sie mit großem Entsetzen über die unübersehbare Stärke dieses neuen Deutschlands, das allein zur Verzierung eines Stadions in Nürnberg 130 Scheinwerfer der Luftwaffe aufgestellt habe. Sie wussten dabei allerdings nicht, dass dies in der Tat sämtliche Scheinwerfer waren, über die Deutschland zu diesem Zeitpunkt überhaupt verfügte.

Hitlers geheime Skizzen

Als einen von Wenigen ließ Hitler Speer seine ängstlich geheim gehaltenen Skizzenbücher mit Zeichnungen von Bauplänen sehen, die größtenteils noch aus den Zwanzigerjahren stammten. Es fiel damals schon auf, dass beinahe alle Architekturskizzen von Waffen- und Kriegsschiffskizzen begleitet waren. Hitler bevorzugte deutlich einen aufgeblasenen Neobarock, eine Art Empire-Stil, der an das untergehende Römischen Reich und das napoleonische Imperium erinnerte. Einen echten „Führerstil" gab es jedoch nicht, so sehr die Nationalsozialisten diesen auch propagierten. Was zum offiziellen Stil des Dritten Reiches erhoben wurde, war ausschließlich ein neo-klassizistischer Stil, der später verändert, übertrieben und bis ins Lächerliche überhöht wurde. Mit Hitlers zunehmender Macht nahm auch die Großspurigkeit in seinen architektonischen Plänen zu. In seinem Berghof hatte er nach eigener Aussage das „größte versenkbare Fenster Europas". Sein ganzes Leben lang war er darauf versessen, Rekorde zu brechen. Das von ihm geplante Museum im österreichischen Linz sollte den „größten plastischen Fries des ganzen Kontinents" haben. So ließ er die größten Kuppeln, die höchsten Bauwerke, die gigantischsten Triumphbögen, die gewaltigsten Tribünen und die größten Stadien entwerfen. Er erhob das Riesige zur Norm. Diese kindliche Sucht nach Rekorden verband die megalomane Architektur des Dritten Reiches mit dem alten „Pharaokomplex" des Diktators, welche die Vergänglichkeit der in seiner Person begründeten Herrschaft durch die Errichtung gewaltiger Bauwerke verhindern sollte. Auf dem jährlichen Reichsparteitag der NSDAP in Nürnberg verkündete Hitler 1937: „Da wir an die Ewigkeit dieses Reiches glauben, müssen auch diese Bauwerke ewig sein, das heißt, … dass sie nicht gedacht sind für das Jahr 1940, auch nicht für das Jahr 2000, sondern sie sollen genau wie die Pyramiden noch tausend Jahren in der Zukunft stehen."

Frau Speer mit einigen ihrer Kinder auf der Terrasse des Berghofs. Sie verstand sich gut mit Eva Braun und wurde von dieser dann auch oft auf den Berghof eingeladen.

Hitler war besessen von der Architektur. In Speers Atelier auf dem Obersalzberg saßen beide Männer oft stundenlang, ja gelegentlich auch nächtelang gebeugt über gewaltige Bauprojekte. Hitler konnte es nicht lassen, regelmäßig in die Entwürfe Speers einzugreifen.

Atelier im Alpenstil

Speer, der als Architekt immer mehr die Gunst des Führers erlangte, wurde von Hitler eingeladen, auch auf den Obersalzberg umzuziehen. Speer: „In einem abgelegenen hohen Tal der Bayerischen Alpen, dem Ostertal, hatte ich ein kleines Jagdhaus entdeckt, das groß genug war, um Reißbretter aufzustellen und einige Mitarbeiter und die Familie mit etwas Tüftelei beherbergen zu können. Dort zeichneten wir im Frühjahr 1935 an meinen Berliner Plänen (großen Neubauplänen für die Reichshauptstadt). Es waren glückliche Zeiten für die Mitarbeiter und meine Familie. Aber eines Tages machte ich einen entscheidenden Fehler: Ich erzählte Hitler von diesem Idyll. ‚Aber das können Sie bei mir viel schöner haben. Ich stelle Ihrer Familie das Bechsteinhaus zur Verfügung. Dort in der Glasveranda ist für Ihr Büro reichlich Platz.' Auch aus diesem Haus zogen wir Ende Mai 1937 in ein Ateliergebäude um, das Bormann auf Geheiß Hitlers nach meinen Entwürfen bauen ließ. So wurde ich neben Hitler, Göring und Bormann der vierte Obersalzberger." Das Holzhaus, von dem Speer spricht, steht ein wenig außerhalb des eigentlichen Zentrums des Obersalzbergs und mutet ziemlich altmodisch an. Früher, vor der Hitlerzeit, war es eine kleine Pension gewesen, die ruhebedürftigen Kurgästen Platz bot. Nachdem Hitler 1933 an die Macht gelangt war, hatte er die Pension samt dem dazugehörigen Grundstück aufkaufen lassen. Das Atelier, das direkt bei Speers Holzhaus steht, ist ein schlichtes Steingebäude mit einem auffallend großen Fenster. Es ist im typischen Alpenstil errichtet, ein Stil, den Hitler übrigens für fast alle Gebäude auf dem Obersalzberg anordnete. Hinter dem großen Werkstattfenster befand sich das Arbeitszimmer von Hitlers Leibarchitekten. Es passierte öfter, dass der Führer unangekündigt bei Speer zu Besuch kam; oftmals in Gesellschaft eines Adjutanten, der eine Mappe mit Bauzeichnungen bei sich trug. Hitler wollte diese dann mit Speer durchsprechen. Die zwei Männer standen dann oft stundenlang über die großartigen Bauplänen gebeugt. Sie wollten das Reich in ein Land verwandeln, dessen riesige Gebäude die Macht und Pracht des Führers, der Partei

Schon Anfang der Zwanzigerjahre (!) hatte Hitler Skizzen von seinem riesigen Triumphbogen im Stil des Arc de Triomphe in Paris gemacht, der einmal im Zentrum Berlins entstehen sollte. Während der Erstellung der zahlreichen Entwürfe für Germania in Speers Atelier auf dem Obersalzberg gab Hitler ihm diese Skizzen, nach denen der Bogen 170 Meter breit, 119 Meter tief und 117 Meter hoch werden sollte. Ziel war, dass der 50 Meter hohe Arc de Triomphe dagegen winzig aussehen sollte.

Hitler gab Speer den Auftrag, Berlin zum gigantischen Germania umzubauen, voller Bauwerke, wie sie die Menschheit seit den alten Ägyptern nicht mehr gesehen hatte. Kernstück dieser Pläne war die gigantische Kuppelhalle mit einer Kuppel von 320 Metern Höhe, in welche die Kuppel des Petersdoms in Rom etwa 17-mal hereinpassen würde! Das Gebäude sollte 21 Milliarden Kubikmeter umfasssen und Platz bieten für ca. 50.000 Menschen. Die Kuppel sollte durch einen 15 Meter hohen NS-Adler mit der Erdkugel in seinen Klauen gekrönt werden. Auf dem Foto des Modells sehen wir die Kuppelhalle über dem Brandenburger Tor und dem Reichstag aufragen, die fast unter den kolossalen Abmessungen der Halle verschwinden. Speer und Hitler sprachen in Speers einsamem Atelier auf dem Obersalzberg oft nächtelang über die Pläne für Germania.

und der Nation widerspiegeln sollten. Architektur war mehr als nur eine Liebhaberei des Führers, er war davon besessen. Bis tief in den Krieg hinein, als sogar schon die Russen die Grenzen des Dritten Reiches überschritten hatten, befasste Hitler sich noch mit zahlreichen Bauprojekten. Am Anfang empfand Speer es als eine besondere Ehre, dass er so deutlich in den Kreis von Hitlers Vertrauten aufgenommen wurde. Aber schon bald musste er feststellen, dass es nicht gerade ein günstiger Tausch gewesen war. Speer: „Aus dem einsamen Hochtal kamen wir in ein Gelände, das mit einem hohen Drahtzaun abgegrenzt war und nur nach Kontrollen an zwei Toren betreten werden konnte. Es erinnerte an ein Reservat für wilde Tiere; immer versuchten Neugierige, einige der prominenten Bewohner des Berges zu beobachten."

Speers neue Reichskanzlei in Berlin, die 1939 fertig gestellt war. Das gut 420 Meter lange Gebäude erstreckte sich längs der gesamten Vossstraße bis zur Ecke Wilhelmstraße. Auf dem Foto einer der zwei monumentale Eingänge an der Vossstraße. Die 9 Meter hohen stilisierten, typischen „Speer-Säulen" wurden von je einen großen NS-Adler mit Hakenkreuz und einer Spannweite von 8 Metern gekrönt. Am Fuß der Säulen zwei ständige Wachtposten der SS-Leibstandarte Adolf Hitler.

Speer und seine Frau waren oft Gäste auf dem Berghof, wo sich der innere Kreis bei gutem Wetter auf der Terrasse versammelte, wie hier v.l.n.r. Speer (links hinten), Leibarzt Morell, Eva Braun, Gretl Braun, Frau Speer (im Liegestuhl vorne), Herta Schneider, Hitler mit Albert Speer jr. und Adjutant Schaub (ganz rechts).

Die Kinder von Speer und Bormann zu Besuch bei Hitler, hier mit Eva Braun und Frau Speer, mit dem Rücken am Kachelofen, im kleinen Wohnzimmer des Berghofs, dem ehemaligen Wohnzimmer von Haus Wachenfeld.

Megalomane Baupläne

Schon lange bevor er an die Macht kam, hatte Hitler Pläne, Berlin als eine gigantische Metropole neu zu erschaffen mit breiten Alleen, riesigen Bauwerken, Triumphbögen, Kuppeln, Bahnhöfen, Veranstaltungshallen und Paradeplätzen. Wieder und wieder erklärte er, dass Berlin Städte wie London, Paris und Wien übertreffen und nur noch mit dem alten Theben, Babylon oder Rom vergleichbar sein sollte. Das neue „Germania" von „imperialer Größe" sollte von einer riesigen Versammlungshalle mit einer kupfernen Kuppel dominiert werden. Das Gebäude, das mit einer Höhe von gut 300 Metern weit in die Wolken hineinragen würde, sollte das größte der Welt werden und eine vage Ähnlichkeit mit dem Pantheon in Rom aufweisen. Am 30. Januar 1937, genau vier Jahre nach Hitlers Machtübernahme, erhielt der 32-jährige Architekt Albert Speer seinen größten Bauauftrag aus den Händen des Führers. Er bekam von Hitler

Ab und zu durften Speers Kinder „Onkel Hitler" und „Tante Eva" besuchen. Auf dem Foto ein Sohn und eine Tochter Speers bei Hitler auf der Terrasse des Berghofes, ganz rechts Eva Braun, welche die Szene mit einer Schmalfilmkamera festhält. Im Hintergrund ist ein Teil des Adjutantenflügels zu sehen.

Wenn sich Hitler auf dem Obersalzberg aufhielt, machte er täglich einen dreißigminütigen Spaziergang zum dem Berghof gegenübergelegenen Teehaus auf dem Mooslahner Kopf, von wo man eine fabelhafte Aussicht auf das Tal und die umliegenden Berge hatte. Auf dem Foto v.l.n.r. Eva Braun, Hitler, dessen Schäferhund Blondie, SS-General und Kommandant der SS-Leibstandarte Sepp Dietrich und Speer.

freie Hand, um innerhalb von 15 Jahren Berlin in ein repräsentatives Monument „imperialer Größe" und passend zum „Tausendjährigen Reich" umzubauen. Berlin sollte in „Germania" umbenannt werden. Speer erhielt dazu den Titel eines Generalbauinspektors für die Neugestaltung der Reichshauptstadt – eine Position, die vergleichbar war mit derjenigen eines Staatssekretärs.

Es besteht kein Zweifel, dass Hitler Speer von der ersten Minute an geblendet hat. Und der Führer seinerseits fühlte sich von dem gut aussehenden, gut 1,80 m großen, etwas introvertierten jungen Architekten angezogen und sah in ihm einen „Mitkünstler", einen „musischen Menschen", was für Hitler das größte Lob bedeutete. Hitler schien in Speer die Erfüllung seiner eigenen unbefriedigten Wünsche, Architekt zu werden, zu sehen. Die Entwürfe des jungen Hitlers, der in Wien Architektur studieren wollte, waren von den Dozenten der dortigen Kunstakademie abgewiesen worden – eine fatale Entscheidung, die später die Welt in ihren Grundfesten erschüttern sollte. Es scheint beinahe unglaublich, aber wir wissen nun von Speer, dass der militärische Oberbefehlshaber Deutschlands auch während des Krieges mindestens ebenso lange über Bauzeichnungen wie über Militärkarten gebeugt saß. In der Vorkriegszeit standen täglich rund zwei Stunden für Staatsgeschäfte zur Verfügung. Die meiste Zeit verbrachte Hitler mit Spaziergängen zu Bauplätzen, Ateliers, Museen, Cafés, Restaurants, Theatern und Konzertsälen. Abends sah er sich Spielfilme an und hielt endlose Monologe vor immer dem gleichen Kreis, der die ständig wiederkehrenden Themen bestens kannte und mit Mühe die Müdigkeit und Langeweile unterdrückte. Nach Speer verstand Hitler es, jemanden zu faszinieren, aber zum Geben menschlicher Wärme war er nicht in der Lage. Speer: „Im Kern, an der Stelle, wo das Herz schlagen sollte, war bei Hitler eine große Leere. Wir waren alle mehr oder weniger nichts anderes als Projektionen seines gigantischen Ichs, und das war auch jedes Gebäude, das ich für ihn entwarf." Nach Speer war die Architektur Hitlers der Schlüssel, um ihn zu begreifen. In der Architektur äußerte Hitler sein wahres, menschenverachtendes Gesicht schon lange vor dem Ausbruch des Weltkrieges. Speer: „Die Architektur war für Hitler kein Hobby: Er war einfach davon besessen."

Lange vor dem Ende sah Speer ein, dass Hitler nicht vernichtete, um zu bauen, sondern baute, um zu vernichten. Während des Nürnberger Prozesses 1945/46, bei dem die wichtigsten NS-Verbrecher verurteilt wurden, bekam Speer

Speer (vorn auf dem Geländewagen stehend) mit u.a. Hitler und Porsche (in zivil mit schwarzem Hut) bei der Besichtigung von neuen Waffen in der Nähe von Hitlers Hauptquartier, der Wolfsschanze in Ostpreußen.

Einige der zahlreichen Zwangsarbeiter, die in Speers Kriegsindustrie arbeiten mussten, bis sie tot umfielen. Besonders in der zweiten Hälfte des Krieges wurden die KZ-Häftlinge immer öfter in der Rüstungsindustrie eingesetzt. Die SS – welche die Lager verwaltete – fungierte dabei wie eine riesige Zeitarbeitsfirma und verdiente mit diesem Sklavenhandel viele Millionen Reichsmark. Man nannte dies zynisch „Vernichtung durch Arbeit". Es interessierte Speer nicht, wer die Arbeit verrichtete und wie viele Menschen dabei ums Leben kamen. Das Einzige, was für diesen kühlen Bürokraten zählte, waren seine Produktionsziffern, die er ständig in die Höhe schraubte – trotz der zunehmenden Bombardierungen deutscher Städte und Industrieanlagen. Es war Speer, der den Krieg letztendlich um zwei Jahre (!) verlängerte, mit allen schrecklichen Folgen.

Die berüchtigte „Todestreppe" im KZ Mauthausen bei Linz im Norden Österreichs. Täglich ackerten hier Tausende Häftlinge unter unmenschlichen Umständen in den Steinbrüchen, um den Granit für Speers gigantische Bauprojekte zu gewinnen. Die Gefangenen mussten die ungeheuer schweren Brocken mit bloßen Händen die endlose steile Treppe mit ihren unregelmäßigen Stufen hochschleppen, die vom Steinbruch nach oben führte. SS-Bewacher machten sich einen Spaß daraus, wenn die Reihe der Gefangenen beinahe oben war, den ersten zurückzustoßen, sodass alle wie Dominosteine umfielen. Tausende Menschen kamen in Mauthausen, das für seine drakonische Strenge berüchtigt war, ums Leben. Ab und zu besuchte Speer das KZ, um sich persönlich davon zu überzeugen, ob die Produktion noch intensiviert werden konnte.

eine zwanzigjährige Gefängnisstrafe auferlegt, die er im Gefängnis Berlin-Spandau (inzwischen abgerissen) absaß. Dabei nutzte er die Chance, seine Memoiren zu schreiben, die später ein Bestseller werden sollten. 1961 kam er frei; er war damals 61 Jahre alt. Er kehrte zurück in sein Elternhaus in Heidelberg, wo er bis zu seinem Tod 1982 wohnte. Dort gab er in Gesellschaft seines treuen Bernhardiners zahlreiche Interviews.

Hitler und seine Entourage auf dem Weg, um neue Waffen zu inspizieren. Auf dem Foto v.l.n.r. Botschafter Hewel, der ständige Vertreter des Außenministeriums bei Hitler, Leibfotograf Hoffmann, Göring, Hitler, Großadmiral Raeder, Speer und im Hintergrund Hitlers Leibarzt Morell.

Ein seltenes Foto: Speer zu Besuch beim berüchtigten SS-General und Chef des Reichssicherheitshauptamtes Reinhard Heydrich in Prag. Heydrich war der Organisator der Judenvernichtung. Es war Heydrich, der kurz zuvor die berüchtigte Wannsee-Konferenz leitete, bei der offen über die Vernichtung der Juden gesprochen wurde und bei der Vertreter aller wichtigen Ministerien und Partei-Instanzen zugegen waren. Speer sollte während des Krieges die SS mit den benötigten Baumaterialien für zusätzliche Gaskammern, KZs und unterirdische Fabriken versorgen.

Bis zu seinem Tod 1981 empfing Speer gern Besucher und gab Interviews. Speer: „Hätten die Alliierten in einm früheren Stadium des Krieges die deutsche Rüstungsindustrie und Ölraffinerien systematisch bombardiert, dann wäre der Krieg viel eher beendet gewesen." Hier Speer und seine Frau im Gespräch mit Autor Dr. A. P. van de Bovenkamp während eines der Interviews, welche die Autoren dieses Buches mit ihm in Heidelberg führten.

Speer und Göring auf der Außentreppe des Berghofs. Durch schlaue Intrigen und wegen Görings zunehmender Morphiumsucht und Apathie konnte Speer sich viel von Görings Macht aneignen, insbesondere das Sagen über die deutsche Kriegswirtschaft.

Erst einige Jahre nach seinem Tod 1981 kamen Dokumente zum Vorschein (vor allem aus der Sowjetunion und der DDR), die unumstößlich die enorme Schuld und Beteiligung Speers an den NS-Verbrechen nachwiesen. Der liebenswürdige Speer hat seine direkte Beteiligung stets verneint. Auf dem Foto Autor Dr. H. van Capelle (r) bei Filmaufnahmen in Speers Villa in Heidelberg im Gespräch mit Speer (m), während Frau Speer zusieht.

6 Reichsleiter Bormann auf dem Obersalzberg

Der „Herrgott" des Obersalzbergs
Als im Sommer 1935 auf Hitlers Anordnung die aufwändigen Bautätigkeiten anfingen und sich das Gebiet des Obersalzbergs in eine große Baustelle verwandelte, wurde Martin Bormann zum eigentlichen Herrn des Berges. Der 1900 geborene Bormann wurde in den Zwanzigerjahren Mitglied der NSDAP und war schon bald einer der engsten Mitarbeiter von Rudolf Hess, dem Stellvertreter des Führers. 1933 wurde Bormann zum Reichsleiter, einem der wichtigsten Posten innerhalb der NSDAP, ernannt. Mit viel Geschick und Schläue wusste er immer weiter in Hitlers nähere Umgebung vorzudringen. 1936 gehörte er zu den engsten Mitarbeitern des Führers, und von dieser Zeit an wich er nicht mehr von dessen Seite. Enthaltsam, berechnend, fleißig und immer einsatzbereit, gelang es ihm letztendlich, nach Hitler der mächtigste Mann Deutschlands zu werden. Immer mehr wurde er zum „Gewissen" der Partei, zur „braunen Eminenz", die Hitler in nahezu jeder Angelegenheit in Anspruch nehmen konnte. Hitler sagte einmal zu Giesler, zusammen mit Speer einer von Hitlers Lieblingsarchitekten: „Giesler, ich brauche Bormann. Mit seinem unermüdlichen Fleiß entlastet er mich; er ist beharrlich, nüchtern, sachlich, unbeirrbar und willensstark, ich kann mich ganz auf ihn verlassen. Seine Unterschrift sieht genauso aus wie der Hohe Göll (ein Gebirgsmassiv, das über den Obersalzberg hinausragt)." Nachdem Hess im Jahre 1941 verschwunden war, wurde Bormanns Macht grenzenlos. Er wurde nun, neben seiner Stellung als Chef der Parteikanzlei und der Kanzlei des Führers (Hitlers persönlicher Kanzlei), zum Sekretär des Führers. Dieser gedrungene stiernackige Mann ließ alle Bemerkungen Hitlers, ob sie nun bei Spaziergängen, Mahlzeiten oder auf Konferenzen gemacht wurden, aufschreiben oder zeichnete sie selbst in seinem kleinen roten Notizbuch auf. Je nachdem, wie es ihm passte, machte er daraus „Führerbefehle", die mehr bewirkten als die Verordnungen welcher Instanzen auch immer. Jeder Brief, jede Weisung, jedes Telegramm, jeder Anruf und später sogar jeder Besucher, ob sie nun alte Kameraden oder Minister waren, mussten zunächst an Bormann vorbei. Er entschied, was oder wen der Führer sehen durfte. Bormann hatte nur ein Ziel vor Augen: Es war sein Leben, die riesenhafte Parteimaschinerie aufrechtzuerhalten, wie Hitler es wollte. Damit er schnell Kontakt mit dem „braunen Haus" in München, dem Hauptquartier der NSDAP, aufnehmen konnte, beschloss Bormann, dass auch auf dem Obersalzberg eine Parteikanzlei gebaut werden sollte. Er hatte dazu eines von Hitlers Gästehäusern ins Auge gefasst. Dieses nahe am Berghof liegende Gebäude gehörte früher zur Pension Moritz. Die Umbaukosten beliefen sich auf über 100.000 Reichsmark. Anstatt der Ruhe suchenden Kurgäste gab es dort jetzt die mit Silber und Gold betressten Parteibonzen. Bormann hatte keine richtigen Freunde. Albert Speer, der wie fast jeder einen mächtigen Widerwillen gegen ihn hatte: „Ich ging Bormann aus dem Wege; von Anfang an mochten wir uns nicht. Wir verkehrten korrekt miteinander, wie es die private Atmosphäre auf dem Obersalzberg erforderte ... Er begleitete Hitler auf den Berghof, war auf Reisen bei ihm, wich in der Reichskanzlei nicht von seiner Seite ... Es war ihm gelungen, unbemerkt eine Position zu erobern und seine Macht heimlich zu erweitern. Sogar inmitten vieler skrupelloser Machthaber fiel er auf wegen seiner Unverschämtheit und Brutalität."

1933 wurde der 33-jährige Bormann zum Reichsleiter ernannt, eines der höchsten Ämter in der NSDAP. Mit großer Schlauheit und Durchsetzungsvermögen verstand er es, zunehmend in die unmittelbare Umgebung Hitlers vorzudringen. 1936 gehörte er zu den engsten Mitarbeitern des Führers, und von da an wich er eigentlich nicht mehr von dessen Seite. Nüchtern, berechnend, eifrig und stets bereit gelang es ihm schließlich, nach Hitler einer der mächtigsten Männer Deutschlands zu werden. Immer mehr wurde er das „Gewissen der Partei", zur „braunen Eminenz", auf die Hitler sich in fast allen Angelegenheiten verlassen konnte.

Oben: Das Hauptquartier der NSDAP befand sich im „braunen Haus" in München. Rudolf Hess war hier als Stellvertreter Hitlers in dessen Funktion als Führer der NSDAP, der höchste Funktionär. Hess überließ immer mehr Angelegenheiten dem eifrigen Bürokraten Martin Bormann, der nur eines wollte: Macht. Von hier aus spann er sein Netz über Deutschland.

Schon in den Zwanzigerjahren wurde Bormann Mitglied der NSDAP und gehörte bald zu einem der engsten Mitarbeiter von Hess, dem Stellvertreter Hitlers in der Partei. Da der etwas exzentrische Hess gewiss kein Bürokrat war, überließ er den Papierkram immer mehr seiner rechten Hand Bormann, der dadurch immer mächtiger wurde. Auf dem Foto eröffnet Hess in der Luitpoldhalle, einem Teil der Anlage für die Reichsparteitage in Nürnberg, den jährlichen Parteikongress der NSDAP. Hitler sitzt rechts in der erste Reihe.

Unten: Schon bald zog Bormann den Juristen Heim als seinen Adjutanten heran und ließ ihn Hitlers Monologe aufzeichnen. Dr. Heim, im Rang eines SS-Standartenführers, war schon bald nicht mehr aus der Umgebung des Führer wegzudenken. Wegen seiner langsamen Art zu sprechen nannte jeder ihn „Heimchen". Nach dem Krieg wohnte Heim bis zu seinem Tod in einem Keller, wo er eine Art Kopierservice für Studenten betrieb. Auf dem Foto die Autoren Dr. A. P. van de Bovenkamp und Dr. H. van Capelle mit Heim in dessen Keller in München.

Unten: Im „braunen Haus" war anfänglich auch die zentrale Mitgliederverwaltung untergebracht. Auf dem Foto das Herz des Hauses, die zentrale Kartei mit den Unterlagen von Millionen NSDAP-Mitgliedern.

SS-Wache am Eingang zu Bormanns Parteikanzlei auf dem Obersalzberg. Dieses Gebäude diente als Verbindungszentrale mit dem „braunen Haus" in München. Von hier aus gab Bormann die Führerbefehle weiter. Auf der ersten Etage waren einige Gästewohnungen untergebracht. Gegenwärtig ist in dem ausgebauten Haus die ständige Ausstellung über den Obersalzberg 1933–1945 untergebracht.

Luxuriöse Villa nahe am Berghof

Weil Bormann wegen seiner Arbeit fast täglich auf dem Berghof erschien, hatte er auch ein Anrecht auf eine eigene Wohnung auf dem Obersalzberg. Es gelang dem Reichsleiter, ein ehemaliges Kindersanatorium für sich zu beanspruchen, das einige hundert Meter vom Berghof entfernt war. Es kostete ein Vermögen, das robuste, zweistöckige Landhaus zu einer Luxusvilla umzubauen. Mit Hitlers Berghof konnte es sich in Bezug auf die Pracht gut messen. Der Haushalt dieser Villa wurde nach dem neuesten Stand eingerichtet. Wenn man nach der ziemlich schlichten, hölzernen Außenseite urteilte, hätte man nicht erwartet, dass es drinnen so großzügig ausgestattet war. Aber nirgendwo auf dem Berg gab es prachtvollere Möbel, Kamine, Öfen, Beleuchtungselemente und Badezimmer. Besonders die Kinderzimmer waren märchenhaft. Für die Kinder gab es ein Badezimmer mit einer kostbaren Marmorbadewanne von 2,5 x 3,5 Metern. Sogar bis tief in den Krieg hinein ließ Bormann für die Innenausstattung seines Hauses spezielle handgeknüpfte, schwere Teppiche anfertigen. Von den Kellern bis zum Dachfirst strömte das Haus einen unwahrscheinlichen Luxus aus. Dieser Aufwand passte eigentlich nicht zu einem richtigen Nationalsozialisten. Man sollte ein einfaches Leben inmitten seiner Volksgenossen führen. Sogar ein Minister durfte monatlich nicht mehr als 1.000 Reichsmark verdienen. Das hielten die Nationalsozialisten der Bevölkerung jedenfalls vor.

Bormanns luxuriöses Landhaus auf dem Obersalzberg. Es stand dem Berghof in nichts an Prunk und Exklusivität nach. Das Haus war mit den allerneuesten technischen Vorrichtungen ausgestattet. Für die zahlreichen Kinder gab es ein eigenes Bad mit einer kostbaren Marmorbadewanne von 2,5 x 3,5 m.

Die allgegenwärtige „braune Eminenz“ Bormann vor der Filmkamera Eva Brauns auf der Terrasse des Berghofs.

Aber wenn sie erst einmal an die Macht gelangten, pfiffen die Herren auf all diese Wahlversprechen und Anordnungen und lebten wie richtige Fürsten in fast unvergleichlicher Pracht. So tat es auch Bormann. Andererseits ließ es sich nicht leugnen, dass die Angehörigen der Familie Bormann sehr überzeugte Anhänger des Nationalsozialismus waren. Dass Bormanns Frau beinahe noch fanatischer in ihrer Weltanschauung war als ihr Mann, zeigt sich aus den folgenden Auszügen aus einem Briefwechsel zwischen Bormann und seiner Frau.

Bormann: „Liebes Mutti-Mädchen. Du sagtest, dass M. (seine Geliebte Marja Behrens, eine Schauspielerin) ein unglaubliches Mädchen sein muss. Aber mein Liebes, sie ist nicht das unglaubliche Mädchen, ich bin der unglaubliche Kerl! Du weißt, dass M. und ich zunächst nichts miteinander hatten; ich fand sie nur reizvoll, weil sie von einem guten Schlage ist. Als ich ihr nach Jahren im Oktober wieder begegnete, habe ich mich einfach unbändig gefreut, ja, ich war außer mir vor Freude. Du kannst dir nicht vorstellen, wie entzückt ich war. Ich fühlte mich sehr von ihr angezogen. Ich küsste sie ohne Umschweife und steckte sie an mit meiner brennenden Freude. Ich war wahnsinnig verliebt in sie. Ich arrangierte es so, dass ich ihr noch oftmals begegnete, und darauf nahm ich sie, trotz ihres Sträubens. Du kennst meine Willenskraft, der M. selbstverständlich bei Weitem nicht gewachsen ist. Sie ist nun mein, und ich – glücklicher Kerl, der ich bin – bin jetzt, oder lieber fühle mich jetzt zweifach und unglaublich glücklich verheiratet. O Liebste, du kannst dir nicht vorstellen, wie glücklich ich mich mit euch beiden fühle!“ Frau Bormann antwortete ihrem Mann umgehend: „Mein liebster Papi. Ich liebe M. so sehr, dass ich dir einfach nicht böse sein kann. Auch die Kinder lieben sie sehr. Du musst dafür sorgen, dass M. das eine Jahr ein Kind bekommt und ich das andere Jahr ...“ Deutsche Frauen sollten als gute Nationalsozialistinnen so viele arische Kinder wie möglich gebären, damit das Herrenvolk in der Zukunft so zahlreich sein würde, dass es über die Untermenschen – insoweit diese noch nicht ermordet waren – herrschen könnte.

Strenger Vater

Bormann war ein strenger Vater. Es passierte öfter, dass er einem seiner Kinder in aller Öffentlichkeit eine ordentliche Tracht Prügel verpasste. Dass seine „Erziehungsarbeit“ sich nicht nur auf seine eigenen Kinder beschränkte, zeigt sich aus der Geschichte von Friedl Voss.

Hitler begrüßt am Morgen beim Betreten der Terrasse wie üblich zunächst Eva Braun. In der Mitte schaut Bormann kritisch zu. Eva und Bormann konnten einander nicht ausstehen, mussten aber wohl oder übel miteinander auskommen, da Hitler keinen der beiden missen wollte.

Auch während der Gespräche Hitlers mit Mitarbeitern war Bormann oft anwesend, damit seiner Aufmerksamkeit nichts entging. Auf dem Foto v.l.n.r. Hitler, Bormann und Göring auf der Aussichtsplattform am Teehaus auf dem Mooslahner Kopf.

Frau Gerda Bormann neben Hitler ermutigte die außereheliche Beziehung ihres Mannes.

Ganz selten gönnte sich Bormann einen Ausflug, wie hier mit Mitarbeitern der Abteilung Versicherugen des „braunen Hauses". Bormann posiert zwischen Schönheiten in Trachtenkleidern in einem Dorf am Bodensee in Süddeutschland.

Voss, 1933 auf dem Obersalzberg geboren, verbrachte seine Jugend auf dem Berg. Sein Vater arbeitete als Beamter bei der Verwaltung des Obersalzbergs. Auf dem Berg spielte er oft mit den Kindern Bormanns und Speers. Einer seiner besten Spielkameraden war Martin, der älteste Sohn Bormanns. Voss: „An einem Nachmittag waren Martin und ich dabei, mit selbst gemachten Pfeil und Bogen zu schießen. Wie es genau geschah, weiß ich nicht mehr, aber ich schoss, und mein Pfeil streifte Martins Bein. Es war keine tiefe Wunde, aber sie blutete doch. Martin rannte weinend nach Hause. Ich war inzwischen auch nach Hause gegangen. Plötzlich klingelte es bei uns. Meine Mutter öffnete die Tür. Es war jemand von der Gestapo da, der nach mir fragte. Ich kannte ihn schon vom Sehen; er war sehr groß und sah mit einer Narbe im Gesicht ziemlich bedrohlich aus. Ich sollte mit ihm gehen. Er sagte nicht, wohin. Wir gingen an der SS-Kaserne vorbei zu dem für uns verbotenen Hoheitsgebiet. Die SS-Wache öffnete das Holztor, und wir bogen gleich darauf nach rechts ab. Ich hatte schon ein banges Vorgefühl, denn wir liefen geradewegs zum Haus des Reichsleiters Bormann. Es war ein großes, eckiges Haus. Ich war schon ein paar Mal mit Martin da gewesen. Der Gestapomann klingelte, eine Frau

Bormann während einer Feier im Speisesaal des Berghofs. V.l.n.r. Evas Freundin Herta Schneider, Martin Bormann, Eva Braun, Reichspressechef Dr. Otto Dietrich, Marion Schönmann, die Wiener Freundin Evas, Hitlers Arzt Dr. von Hasselbach, Gretl Braun, Chirurg Dr. Karl Brandt, dessen Gattin Anni Brandt und Hoffotograf Hoffmann.

Familie Bormann im Speisesaal des Berghofs. Vorn sitzt Mutter Gerda mit ihrem ältesten Sohn in der Mitte, Martin jr., der, nachdem er viele Jahre lang Priester gewesen war, vor einiger Zeit das Zölibat abgelegt hat und gegenwärtig regelmäßig Interviews gibt.

Die Kinder von Speer und Bormann mit ihren Müttern und zwei Kinderfrauen zu Besuch bei Hitler und Eva Braun im kleinen Wohnzimmer des Berghofs.

machte die Tür auf. Es war nicht Martins Mutter, die war sehr nett, und ich hätte sie sicherlich erkannt. Ich sollte mit der Frau nach oben kommen. Sie klopfte an die Tür, und eine Stimme rief, dass wir hereinkommen sollten. Ich sah, wie Martins Vater von seinem Schreibtisch aufstand und auf mich zuschnellte. Bevor ich wusste, was los war, gab er mir eine schallende Ohrfeige. Bormann sagte jedoch nichts, und einige Sekunden später stand ich wieder draußen. Der Gestapomann hatte auf mich gewartet und ging mit mir, bis ich aus dem Sperrgebiet heraus war. Dann bin ich nach Hause gerannt ..."

Paratyphusbakterien als Waffe

Es gelang Bormann immer wieder, unwichtige Zwischenfälle so aufzubauschen, dass es für die Beteiligten gravierende Folgen haben konnte. Eines Tages berichtete die Deutsche Nachrichtenagentur über einen Bauern, der zu zwei Monaten Haftstrafe verurteilt worden war, weil er für den eigenen Bedarf einen Liter Milch pro Tag unterschlagen hatte. Hitlers Leibfotografen und Freund Heinrich Hoffmann, der selbst einen Bauernhof besaß, entfuhr die Bemerkung, dass er dann auch eine Haftstrafe verdient hätte; nach einem Besuch auf seinem Bauernhof nahm er nämlich immer fünf Liter Milch mit. Bormann, dem diese Bemerkung durch einen seiner Spione zu Ohren kam, griff zur Feder, um Hoffmann im Namen des Führers mitzuteilen, dass auch er vorschriftsmäßig auf nur einen halben Liter Milch pro Tag Anspruch habe. Einige Zeit später erhielt Hoffmann einen Telefonanruf von Bormann. Bormanns Nachrichtendienst verdächtigte ihn, dass er Träger von Paratyphusbakterien sei. Besuche beim Führer wären von nun an ausgeschlossen. Hoffmann, der sehr erschrocken war, begab sich ein halbes Jahr lang in Behandlung der fähigsten Mediziner. Es wurde kein Paratyphus gefunden. Als Hoffmann Anfang 1945 zufälligerweise doch mit Hitler in Berührung kam, empfing der Führer ihn kühl und reserviert. Mit drohender Stimme fragte er Hoffmann, ob er nun wirklich geheilt war. Hoffmann gab ihm das Ergebnis der Untersuchung. Dennoch mied Hitler seinen Leibfotografen nach wie vor. Später hörte eine von Hitlers Sekretärinnen, dass Bormann unterstellt hatte, Hoffmann hätte seinen Sohn, der genau den gleichen Namen trug, zu den Spezialisten geschickt. Das Attest, worin stand, dass Hoffmann nie Träger der Paratyphusbazillen gewesen sei, wäre Bormann zufolge für seinen Sohn vorgesehen. Trotz der Beschwerden über das Benehmen des Intriganten Bormann und seines unersättlichen Hungers nach Macht hielt Hitler immer die Hand über die „braune Eminenz". „Ich weiß, dass Bormann brutal ist. Aber was er anfasst, hat Hand und Fuß, und ich kann mich unbedingt und absolut darauf verlassen, dass meine Befehle sofort und über alle Hindernisse hinweg durch Bormann zur Ausführung kommen ... Bormanns Vorträge sind so präzise ausgearbeitet, dass ich nur ja oder nein zu sagen brauche. Mit ihm erledige ich in zehn Minuten einen Haufen Akten, für den ich mit einem anderen Herrn Stunden brauchen würde. Wenn ich ihm sage ‚Erinnern Sie mich in einem halben Jahr an diese oder jene Sache', dann kann ich sicher sein, dass dies auch wirklich geschieht."

Im Lauf der Dreißigerjahre verwandelte sich der gesamte Obersalzberg in das Führersperrgebiet, bewacht von speziell trainierten Beamten des Reichssicherheitsdienstes und des SD. Die Wachtruppen für dieses Gebiet nahmen in den Jahren so stark zu, dass eine komplette SS-Kaserne gebaut werden musste.

Unten: Der Kommandant der Leibstandarte Adolf Hitler, SS-General Sepp Dietrich, inspiziert hier eine Kompanie angetretener SS-Wachtruppen seiner Leibstandarte.

7 Der Obersalzberg wird Führersperrgebiet

Rücksichtsloser Bauherr

Bei den zahllosen Baufirmen und Zulieferbetrieben, die an den Bautätigkeiten auf dem Obersalzberg beteiligt waren, galt Bormann als der „Herrgott vom Obersalzberg". Was Bormann wollte, geschah auch – vor allem, als Hitler sich in immer höherem Maße mit der internationalen Politik beschäftigte oder als ihn während des Krieges militärische Tätigkeiten völlig beanspruchten. Durch verschiedene Druckmittel – die SS machte aufmuckenden Hausbesitzern das Leben zur Hölle, indem sie z. B. Stromkabel oder Fernsprechkabel durchschnitt – kaufte Bormann jahrhundertealte Bauernhöfe in der Nähe des Berghofs auf, um sie dann abreißen zu lassen. Erich Kempka, Hitlers Privatchauffeur: „An einem sonnigen Nachmittag standen Hitler, Bormann und ich auf der Terrasse des Berghofs. Hitler genoss die wunderschöne Aussicht. Es sei schade, bemerkte der Führer, dass die herrliche Fernsicht von jenem alten Bauernhof auf der Alpenweide vor dem Berghof unterbrochen würde. Ich fuhr später mit Hitler nach München. Als wir kaum 24 Stunden später auf den Berghof zurückkehrten, traute ich meinen Augen nicht: Der Bauernhof vor dem Berghof war ganz verschwunden. Stattdessen weideten dort jetzt Kühe. Bormann hatte in dieser kurzen Zeit für die Bewohner des Hofs eine andere Unterkunft gefunden und hatte noch in der gleichen Nacht, mit der Hilfe einiger Hundert eilig zusammengetrommelter Arbeiter, mit dem Abriss des Bauernhofs angefangen." Um das Wild zu schützen, verbot Hitler durch seinen Reichsleiter der Nachbarschaft im weiten Umkreis, Haustiere zu halten. Auch erließ man ein Jagdverbot für das ganze Führergebiet. Für das Wild und die zahlreichen Vögel legte man Futterplätze an und stellte Tausende von Nistkästen auf. In den Wintermonaten wurden die Tiere ständig mit Getreide gefüttert, das während des Krieges waggonweise aus der besetzten Ukraine herantransportiert wurde. Auch als gegen Ende des Krieges in den besetzten Gebieten viele Menschen vor Hunger starben, fütterte man auf dem Obersalzberg weiter wie immer ... Genauso kennzeichnend für Bormanns Wunsch, Hitlers Befehle möglichst gewissenhaft auszuführen, war folgendes Ereignis: Hitler hatte die Gewohnheit, manchmal viele Stunden am Stück vor dem Berghof zu stehen, vorbeipilgernde Menschen zu beobachten und zu grüßen. Bei einer derartigen Gelegenheit stand er einmal stundenlang in der prallen Sonne und winkte den vorbeigehenden Leuten zu. Nachher sagte er zu Bormann, dass er todmüde vom langen Stehen in der Sonne sei. Als Hitler sich am nächsten Tag wieder zu seinen festen Platz begab, war er völlig verblüfft: Es stand jetzt ein großer, schattenreicher Baum dort.

SS-Kasernen und unterirdische Schießstände

Weil Bormann jetzt auch anfing, die Staatswälder einzuverleiben, verschwanden alle störenden Neugierigen allmählich aus Hitlers Gesichtskreis. Der Obersalzberg wurde fast völlig zum Eigentum des Führers. Das Führergebiet wurde in drei Zonen, die Sperrkreise, aufgeteilt. Im inneren Kreis befanden sich unter anderem der Berghof und das Hauptquartier des Reichssicherheitsdienstes (RSD). Dieser Kreis war nur mit dem roten Spezialausweis zugänglich. RSD- und SS-

Reichsleiter Bormann war die treibende Kraft hinter den Baumaßnahmen auf dem Obersalzberg. Rücksichtslos und mit Androhung von Internierung zwang Bormann die Eigentümer von Häusern oder Bauernhöfen auf dem Obersalzberg, ihren Besitz für einen Apfel und ein Ei an die NSDAP zu verkaufen. Sobald er dies erreicht hatte, ließ Bormann alles abreißen.

Chef des Reichssicherheitsdienstes (RSD) und verantwortlich für u. a. die Bewachung der innersten Sperrkreise auf dem Obersalzberg war SS-General Rattenhuber, hier ganz rechts. Neben Hitler v.l.n.r. General Schmundt, Porsche, Göring und Dr. Lammers.

Von seiner Luxusvilla aus konnte Bormann den Berghof sehen. In seinem Arbeitszimmer stand ein Teleskop, mit dem er beobachten konnte, wer auf dem Berghof ein- und ausging.

Funktionäre waren mit der Bewachung des inneren Kreises beauftragt. Der zweite Kreis wurde von SS-Männern und örtlichen Polizeibeamten bewacht, die unten im Tal bei den Zugängen zum Führergebiet jeden auf die Gültigkeit des speziellen Passierscheins hin kontrollierten. Besucher oder Vertreter von Baufirmen erhielten Tages- oder sogar Stundenausweise, um den „Heiligen Berg“ zu besuchen. Das ganze Kehlsteingebiet, mit dem Kehlsteinhaus als Mittelpunkt, bildete den dritten Kreis. Die Stärke der Wachmannschaft für das Führergebiet wuchs im Lauf der Zeit so stark, dass man mit dem Bau einer SS-Kaserne anfing. Weil das Gelände hügelig und felsig war und teilweise aus Lehm bestand, war der Bau des SS-Komplexes mit hohen Kosten verbunden. Ein Großteil des Gebietes, in dem man den Komplex geplant hatte, musste abgetragen werden, damit ein quadratisches, ebenes Gelände von einigen hundert Metern entstand. Der Komplex bestand schließlich aus geräumigen Unterkünften für die Mannschaften, einer Exerzier- und einer Turnhalle, einer großen Garage für Dienstwagen, unterirdischen Schießständen, Küchen, Büros, einer Kantine und einem Keller für die reichlichen Getränke- und Lebensmittelvorräte. Das eigentliche

Rattenhubers Hauptquartier befand sich in der ehemaligen Hotel-Pension zum Türken, nicht weit vom Berghof entfernt. Die Gestapo-Beamten arbeiten eng mit dem örtlichen SS-Kontingent zusammen, der SS-Wachkompanie Obersalzberg, einem Teil der SS-Leibstandarte Adolf Hitler.

Oben: Die SS-Leibstandarte Adolf Hitler war u. a. verantwortlich für die Bewachung der inneren zwei Sperrkreise am Obersalzberg. Hier der Kommandant der Leibstandarte, Sepp Dietrich, fotografiert von Eva Braun.

Unten: Ein seltenes Foto, auf dem links die Anlage der SS-Kaserne zu sehen ist, dahinter in der Mitte das fertige Haus Bormanns und rechts davon die Gewächshäuser.

Das Bechsteinhaus (rechts) war Eigentum der steinreichen Witwe des Pianofabrikanten Bechstein. Sie stellte Hitler das Haus zur Verfügung, der es als Gästehaus für u. a. Goebbels, Mussolini und König Boris nutzte. Links ist der etwas höher gelegene Berghof zu sehen.

Hoheitsgebiet wurde von speziell ausgebildeten Gestapo-Männern unter dem Kommando des Inspektors Rattenhuber des RSD bewacht. Rattenhubers Hauptquartier war im ehemaligen Hotel zum Türken untergebracht, etwa 30 Meter vom Berghof entfernt. Die Gestapofunktionäre arbeiteten eng mit dem anwesenden SS-Kontingent zusammen, das der Leibstandarte Adolf Hitler angehörte. Die Leibstandarte bildete neben einer Bewachungseinheit auch eine typische Ehrengarde. Sie war in drei Züge aufgeteilt: die Torwache, die Wache für den Parkplatz und schließlich die eigentliche Leibwache mit dem Beinamen „die Schatten". Außerdem waren die SS-Männer der Leibstandarte als Diener auf dem Berghof tätig, wobei sie auch die Fernsprech- und Fernschreibzentrale bedienten. Eine ehemalige Torwache: „Ja, das Leben auf dem Obersalzberg war für uns gar nicht so übel. Wir hatten unsere Sportplätze, eine Kantine, es gab ein Kino, und wir verfügten über geräumige, neue Unterkünfte. Darüber hinaus durften wir einige Male pro Woche in Berchtesgaden ausgehen. Da hatten wir bei der Bevölkerung einen Stein im Brett, besonders beim weiblichen Teil ..."

Aus Bormanns Tagebüchern der Jahre 1934–1937 geht hervor, dass er in jener Periode fast tagtäglich auf dem Obersalzberg war. So schrieb der Reichsleiter am 1. Juli 1937: „Möglichst viele tägliche Inspektionen des Baugeländes. Anregen, anregen ...!" Giesler bemerkte zu Bormanns Arbeitswut: „Bormann war einer der tüchtigsten Arbeiter, denen ich je in meinem Leben begegnet bin. So war ich einmal bei Hitler auf dem Berghof zu Gast und konnte Bormann ungestört beobachten. Mit unermüdlichem Eifer und unablässiger Aufmerksamkeit ackerte er sich durch Haufen von Akten, Berichten, Fernschreiben und dergleichen mehr. Zwischendurch telefonierte und diktierte er unaufhörlich. Er hatte eine Ausdauer wie ein Stier in der Arena."
Über das Führersperrgebiet hinaus entstand auch noch das wesentlich größere Führerschutzgebiet, das sich während des Krieges nicht nur über die Gemeinden Berchtesgaden und Hallein erstreckte, sondern sogar die Städte Salzburg und Freilassing umfasste, ebenso wie den Mond- und den Wolfgangssee. Im so gesicherten Gebiet wurde von Beamten der Gestapo Salzburg verfolgt, was dort alles geschah und wer in das Gebiet ein- und ausreiste (über das Hotelregister). Obendrein kontrollierten Gestapo-Leute an stark besuchten Orten wie Bahnhöfen, Restaurants, Kinos, Hotels, Einkaufszentren usw. sehr häufig die Papiere der Menschen.

Für die Arbeiter entstand sogar ein großes Kino mit Theater mit einer Kapazität von 2.000 Sitzplätzen. Neben der üblichen Wochenschau und Propagandafilmen wurden dort auch oft Unterhaltungsfilme gezeigt. Hitler wohnte einmal einer Vorstellung bei. Wegen starkem Schneefall im Winter 1943 stürzte die Halle ein, woraufhin sie provisorisch wieder aufgebaut wurde.

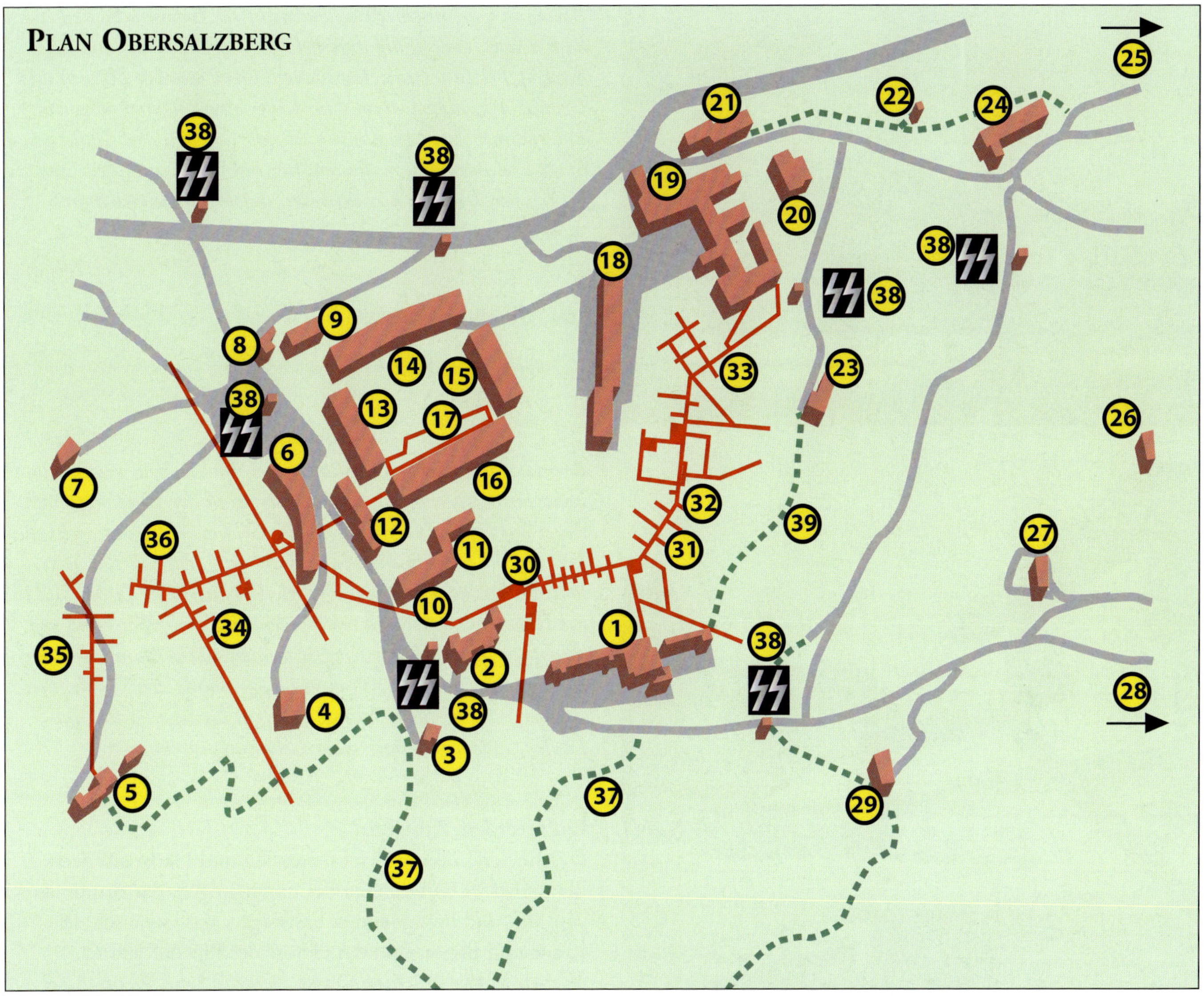

1 Der Berghof
2 Hotel/Pension zum Türken, Sitz des Reichssicherheitsdienstes/Gestapo
3 Haus des SS-Sturmbannführers Spahn, Chef der Verwaltung des Obersalzbergs
4 Haus Bormann
5 Haus + Schwimmbad Göring
6 Gewächshäuser
7 Adjutantur von Göring (General Bodenschatz)
8 Postamt
9 Wohnungen der Chauffeure
10 Kindergarten
11 Filmarchiv + Bunker, Architektur-Modelle
12 Verwaltung Obersalzberg
13 SS-Kaserne + Kantine
14 Tiefgarage + Wohnungen des Personals
15 SS-Exerzier und -Gymnastikhalle
16 SS-Kaserne
17 Unterirdische Schießstände der SS
18 Tiefgarage Hotel Platterhof + Wohnungen des Personals
19 Hotel Platterhof
20 Großer Konferenzsaal Hotel Platterhof
21 Lebensmittelladen
22 Kampfhäusl
23 Bormanns Parteikanzlei + Gästehaus
24 Leitung Hitlerjugend
25 Kino mit Barackenlager (außerhalb des Plans)
26 Haus Speer
27 Atelier Speer
28 Der Gutshof, Bormanns Modellbauernhof (außerhalb des Plans)
29 Bechsteinhaus, Gästehaus für u. a. Mussolini und Goebbels
30 Bunker des Berghofs (darin ein Bad-, Schlaf- und Wohnzimmer für Hitler, Eva Braun, Prof. Morell, Unterkünfte der SS-Wachen, Adjutanten, Personal usw.)
31 Archive Außenministerium
32 Bunker des Oberkommados der Wehrmacht (OKW)
33 Unterirdische Telefon- und Telexzentrale, Unterkünfte für Personal des Platterhofs, Bunker des Oberkommandos der Wehrmacht (OKW)
34 Bunker für Bormann
35 Bunker für Göring
36 Unterirdische Kommunikationszentrale
37 Hitlers Spazierweg zum Teehaus auf dem Mooslahner Kopf (außerhalb des Plans)
38 SS-Wachtposten (7 x)
39 Hitlers Spazierweg zur Parteikanzlei und zum Hotel Platterhof

Bormann war in seiner Bauwut nicht zu bremsen. So ließ er ein kostspieliges, vollständig unterkellertes Gewächshaus unterhalb der Zufahrt zu seinem Haus bauen. Oben wurden Blumen und Gemüse angebaut, während im Keller eine Champignonzucht untergebracht war. Eva Braun war dort oft mit den Kindern von Speer und Bormann zu finden, um Blumen zu pflücken, und zu Ostern wurden dort Eier versteckt, welche die Kinder dann suchen mussten.

Bormann war früher Verwalter auf einem Landgut gewesen und betrachtete sich selbst als einen Experten in der Landwirtschaft. Als er erst einmal über unbegrenzte Geldmittel verfügte, war die Zeit reif für Experimente. So entstand auf dem gut 800 Meter hohen Obersalzberg ein riesiger Modellbauernhof, das Vorbild für die Höfe, die im noch zu erobernden Russland gebaut und von deutschen Bauern bewirtschaftet werden sollten, damit der Osten „germanisiert" würde. Wegen der Höhe wurde dieses Projekt ein völliger Reinfall, aber Bormann hielt es bis zum Schluss am Laufen, indem er immer mehr Geld hineinsteckte.

Foto unten: Ein Blick auf das Hotel Platterhof, links der etwas später angebaute große Versammlungssaal, in dem Hitler ab und zu eine Rede vor seinen Generälen und Leitern der Kriegswirtschaft hielt.

Ein Heer von Arbeitern

Es schien, als ob der Reichsleiter Tag und Nacht auf den Beinen war. Das Dröhnen der Sprengungen, das Brummen von hin- und herfahrenden Lastwagen, das Geräusch der Kräne und Bagger und das Getöse der Presslufthämmer müssen Musik in seinen Ohren gewesen sein. Wenn diese Geräusche aufhörten, war der alarmierte Bormann als einer der Ersten an Ort und Stelle, um festzustellen, was los war. Wenn er sich über einen bestimmten Hergang ärgerte – auch wenn er es sich nur einbildete –, forderte er sofort die Entfernung des Schuldigen, und zwar innerhalb von zwei

Rechts ein steinernes Wachhäuschen für die SS-Wachen, in der Mitte das Postamt, über dem sich Wohnungen für die Leiter befanden, und links die SS-Garagen.

Stunden. Es kam vor, dass ganze Firmen innerhalb kurzer Zeit samt Baumaterialien, Werkzeugen und allen Arbeitnehmern das Baugelände verlassen mussten. Neben den vielen Baufirmen arbeiteten sogar ganze Stein- und Zementfabriken für die Großbaustelle Obersalzberg; ganz zu schweigen von den zahllosen Innenarchitekten, Firmen für die Lieferung von elektrischen Anlagen sowie Strom-, Heizungs- und Wasserversorgungsgeräten. Diverse Steinbrüche, Kies- und Sandgruben lieferten die Materialien für Bormanns Bauwut. Bormann verwaltete auch bis ins Detail die Millionen Reichsmark, die von deutschen Firmen auf das Konto der Adolf-Hitler-Spende der deutschen Industrie überwiesen wurden. Ein stattlicher Teil dieses „freiwillig" überwiesenen Geldes – eine Art politischer Versicherungsprämie – wurde vom Reichsleiter für die Finanzierung zahlreicher ehrgeiziger Bauprojekte auf dem Obersalzberg verwendet. Bormanns Büro stellte einen Bauplan nach dem anderen auf; vor allem in den Jahren nach 1936. Es stellte sich heraus, dass der Bauherr überall anwesend war. Er wählte nicht nur die erforderlichen Materialien selbst aus, sondern kümmerte sich auch um das Tun und Lassen der Abertausenden Arbeiter auf dem Berg, stellte Regeln auf und bestimmte, welche Firmen liefern durften. Dabei war es ein Problem, dass Bormann Zeichnungen nur schlecht deuten oder sich anhand von Modellen ein Bild von der Wirklichkeit machen konnte. Aber wenn ein Detail einer Zeichnung oder eines Modells ihm nicht gefiel, geriet er oft in große Wut und drohte Architekten und Bauunternehmern mit Konzentrationslager und Ostfront. Angetrieben von panischer Angst, wussten Ingenieure und Arbeiter trotzdem große Leistungen zu vollbringen. Direkt bei der SS-Kaserne wurde ein Komplex aus dem Boden gestampft, von dem aus die Verwaltung des Obersalzbergs stattfand. Hier wurden Bormanns zahlreiche Bauvorschriften ausgearbeitet, und der Komplex galt zugleich als das verwaltungstechnische Zentrum des Obersalzbergs.

Auch in der näheren Umgebung von Hitlers „Heiligem Berg" wurde stürmisch gebaut. Nur einen Kilometer vom Berghof entfernt entstand ein ausgedehntes Barackenlager, Antenberg genannt. Dieses Dorf aus Holz diente als Unterkunft für einen Teil der Arbeiter, die an den Bauprojekten auf dem Obersalzberg beteiligt waren. Nach dem Ausbruch des Zweiten Weltkrieges wurden auch Zwangsarbeiter aus den besetzten Ländern auf dem Berg eingesetzt: Polen, Tschechen, Slowaken und später auch Italiener. Für die Arbeiter wurde extra ein Kinotheater mit gleich 2.000 Sitzplätzen gebaut. Friedl Voss, dessen Vater wie bereits erwähnt bei der Verwaltung arbeitete: „Als Kinder durften wir ab und zu ins Kino

Auf 1.837 Metern Höhe erhebt sich das Kehlsteinhaus, Hitlers offizielles Teehaus, früher auch D-Haus („D" für Diplomaten) oder Adlerhorst genannt.

Eva hatte von Hitler eine prächtige Villa im schicken Münchner Viertel Bogenhausen bekommen. Die Villa, in der Eva mit ihrer Schwester Gretl wohnte, lag einige hundert Meter von Hitlers Apartment am Prinzregentenplatz entfernt. Es geschah durchaus öfter, dass Hitler, der gern spazieren ging, abends Eva Braun besuchte. Hitler verabschiedet hier am Auto Eva und Gretl, die für einige Tage nach München fahren.

Pferde, Blumen, Champignons und Honig

Als ehemaliger Landwirt – er war Verwalter eines Landgutes gewesen – hielt sich Bormann für einen Experten auf landwirtschaftlichem Gebiet. Jetzt, wo er über nahezu unbeschränkte finanzielle Mittel verfügte, war die Zeit reif für die Verwirklichung eines alten Ideals. Also entstand auf dem fast 1.000 Meter hohen Obersalzberg ein riesiger Musterhof. Neben landwirtschaftlichen Erzeugnissen und Viehzuchtprodukten, die dieser Musterhof erbringen musste, diente er zugleich als Modell für Hunderte von Bauernhöfen, die nach

gehen. Das war ein großes Erlebnis, vor allem weil dort normale Kinofilme vorgeführt wurden. Außerdem war der Eintritt umsonst. Das Kinotheater war direkt in der Nähe unseres Hauses, und dreimal die Woche gab es vor unserem Haus einen Riesenbetrieb, weil dann Kinoabend war. Man konnte sich dort einige Erfrischungen wie Bier und Würstchen kaufen. Es geschah öfter, dass wir von singenden und lallenden Kinobesuchern geweckt wurden, die ein Gläschen zu viel getrunken hatten." Alle zwei Monate wurde die Halle für Propagandazusammenkünfte genutzt. Es wurden dann Filme vorgeführt, bei denen Parteifunktionäre und Kriegshelden eine Ansprache hielten. Der Unterschied in der Besucherzahl zwischen derartigen Abenden und normalen Kinoabenden war auffallend. 1943 stürzte das Dach des Kinos als Folge heftiger Schneefälle ein. Mit vereinten Kräften wurde das Gebäude mit einem neuen Dach versehen. Bei den Bombenangriffen der Alliierten im Jahre 1945 wurde das Gebäude wiederum schwer beschädigt. Aber in diesen letzten Kriegsmonaten kümmerte sich keiner mehr um das zerstörte Kino. Schließlich schenkten die Amerikaner das Gebäude einer kirchlichen Institution in München, die das Holz für den Bau einer Kirche verwendete.

SS-Wachtposten vor der hohen bronzenen Doppeltür, dem Zugang zu Tunnel und Lift zum Kehlsteinhaus.

Der 124 Meter lange, in die Felsen gehauene Tunnel führte in das Innerste des Bergs zum Aufzug. Der Tunnel ist mit italienischem Naturstein ausgekleidet, ein Geschenk des italienischen Diktators Mussolini.

Teetrinken im Kehlsteinhaus. Eva (rechts) legt ihre Hand auf Hitlers, während Rivalin Magda Goebbels zusieht. Ganz links Anni Brandt, die Frau von Hitlers Chirurgen, Dr. Karl Brandt.

Hitler und Eva Braun in der großen Halle des Kehlsteinhauses. Hitler besuchte – im Gegensatz zu Eva Braun – den Pavillon nur einige Male. Er fürchtete sich vor Anschlägen, und besonders im Aufzug fühlte er sich nicht wohl.

dem Endsieg im ganzen Reich gegründet werden sollten. Hitler zeigte sich begeistert von Bormanns Idee des Musterhofs. Mit leuchtenden Augen konnte er manchmal über eine Zukunft reden, in der die großen Bauernhöfe, die in den endlosen russischen Steppen entstehen sollten, als Zentren der deutschen Zivilisation fungieren würden. Von diesen Bauernhöfen aus sollten die deutschen Kolonisten den russischen Boden bearbeiten, und um diese Bauernhöfe herum sollten deutsche Kolonien entstehen.
Zunächst begann Bormann auf dem Musterhof, dem Gutshof, eine Pferdezucht mit der bekannten Haflinger Gebirgsrasse. Der Reichsleiter besaß insgesamt etwa 70 bis 80 Pferde. Daneben hielt er 80 Milchkühe und etwa 100 Schweine, die in modernen Ställen standen. Zu dem Bauernhof gehörten auch noch etwa 70 Hektar Wiesen und Ackerland. Der Gutshof erwies sich durch die Höhenlage als ein sehr unrentables Unternehmen. Nur der auf dem Gutshof hergestellte Most und Apfelsaft bildeten eine Ausnahme. Das hierzu benötigte Obst kaufte Bormann im ganzen Reich auf. Pro Jahr wurden mehrere Hunderttausend Liter Most und Obstwein produziert. Bevorzugte Parteigenossen hatten die Gelegenheit, die Vorräte gegen stattliche Preise abzunehmen. Sie konnten dann Most und Obstwein vom „Berg des Führers" verschenken.

Das Kehlsteinhaus gehörte zu Evas liebsten Ausflugszielen. Wenn es möglich war und das Wetter mitspielte, zog Eva mit Freunden und Familienangehörigen zum Pavillon. Auf dem Foto sehen wir v.l.n.r. Franziska, Evas Mutter, ihre Schwester Gretl, ihre beste Freundin Herta Schneider und Eva.

Goebbels mit seiner Frau Magda und einigen ihrer Kinder 1938 zu Besuch bei Hitler im Kehlsteinhaus. Nach einer stürmischen Liebesaffäre mit der tschechischen Schauspielerin Lida Baarová, aufgrund derer Goebbels an Scheidung und Rücktritt dachte, zitierte Hitler das Ehepaar Goebbels zum Obersalzberg zu einer gemeinsamen Fotositzung, die alle Gerüchte beenden sollte. Lida Baarová wurde ausgewiesen, und Goebbels sollte sie nie mehr wiedersehen.

Bormann, der wahre Bauherr des Kehlsteinhauses, kam im Gegensatz zu Hitler sehr oft dorthin. Es wurde sogar behauptet, dass er diese Gelegenheit noch für amouröse Seitensprünge nutzte. Angesichts seines Rufs ist dies sicher nicht undenkbar. Auf dem Foto steht Bormann umringt von zwei soeben von Hitler ausgezeichneten U-Boot-Kommandanten.

Auch Speer und seine Frau besuchten regelmäßig das Kehlsteinhaus. Auf dem Foto v.l.n.r. Speer, seine Frau Margarete und Eva Braun. Speer und seine Frau verstanden sich sehr gut mit Eva Braun, die auch in Hitlers Abwesenheit das Ehepaar öfter auf den Berghof einlud.

Damit er die wichtigsten Gebäude des Obersalzbergs täglich mit frischen Blumen versehen konnte, baute Bormann direkt neben seinem Haus ein riesiges Gewächshaus. Eine ultramoderne Heizungsanlage machte es möglich, in dem Gewächshaus exotische Blumen und Pflanzen zu züchten; obwohl im ganzen Reich die Parole galt: „Pflanzt Gemüse statt Blumen." Weil Leibarzt Morell Hitler eine Champignondiät verordnete, begann man im großen Keller des Gewächshauses mit einer großen Champignonzucht. Der Keller erwies sich jedoch als nicht geeignet. Deshalb wurde der Anbau der Champignons in einen ehemaligen Bierkeller in Bad Reichenhall verlegt. Gegen Ende des Krieges wurde das Gewächshaus von einem schweren Hagelschauer zerstört. Alle Fenster waren kaputt, und von den Blumen war nicht viel mehr übrig. Die meisten Bergbewohner glaubten, dass – so lange der Krieg noch andauerte – das Gewächshaus nicht mehr instand gesetzt werden sollte. Glas war sehr knapp, und die Krankenhäuser und Wohnhäuser in den bombardierten Städten brauchten es dringend. Sobald der abwesende Reichsleiter von dem Vorfall hörte, ließ er fernschriftlich wissen, dass das Gewächshaus im Rahmen des Sonderbauprogramms des Führers sofort instand gesetzt werden sollte. Weder Kosten noch Mühe wurden gescheut. Bormann nutzte sogar die Gelegenheit, das zerstörte Gewächshaus enorm zu vergrößern. Es entstand ein Komplex mit zwei Etagen und einer Länge von 120 Metern. Das Gewächshaus wurde mit einer neuen, perfektionierten Heizungsanlage ausgestattet. Der fleißige Bormann wusste, dass Hitler sehr gern Honig mochte. So beschloss er, dass der Führer Honig von seinem geliebten Obersalzberg haben sollte. Es wurde ein Bienenhaus für etwa hundert Bienenvölker errichtet. Man stellte Fachleute ein, um die Bienen zu versorgen. Bormann stellte dem

Im Gegensatz zu den meisten Gebäuden auf dem Obersalzberg wurde die Reichskanzlei bei Berchtesgaden nicht zerstört. Nach dem Krieg fungierte das Haus als Hauptquartier der amerikanischen Truppen in der Region. Kürzlich wurde es zu Luxusappartements umgebaut.

Imker und dessen Mitarbeitern in großen Mengen Zucker – ein in diesen Jahren knapper Artikel – als zusätzliche Nahrung für die Bienen zur Verfügung. Nach einiger Zeit fiel Bormann auf, dass die Bienen auffallend viel Zucker verbrauchten. Misstrauisch, wie er war, verdächtigte er den Imker des Diebstahls. Also trommelte er innerhalb kurzer Zeit einen ganzen Stab von Chemikern zusammen. Er gab ihnen den Auftrag, ein Mittel zu erfinden, das den Bienen den Zucker ersetzte; es durfte jedoch für Menschen nicht zum Verzehr geeignet sein. Es gelang den Chemikern tatsächlich, ein derartiges Produkt herzustellen. Der Stoff, Octosan genannt, wurde später sogar im ganzen Reich benutzt. Der Obersalzberg erwies sich jedoch als völlig ungeeignet für die Bienenzucht; es war zu kalt und zu windig für die Bienen. Überdies benutzten die Bienen tatsächlich auffallend große Mengen Zucker, ohne dass dem eine adäquate Honigproduktion gegenüberstand. Daraufhin entschloss sich Bormann, für die Bienenzucht eine niedrigere Stelle auf dem Berg zu wählen. Er ließ dazu speziell für den Imker und dessen Mitarbeiter eine geräumige Wohnung bauen, die mit allerhand Extras ausgestattet war. So wurde in der Wohnung eine Glaswand eingebaut, hinter der man sich das Treiben der Bienen anschauen konnte. Hitler verabscheute Wespen zutiefst. Wenn er während seines täglichen Spazierganges auf ein Wespennest stieß, ließ er es sofort ausräuchern. Denn, so dozierte er, tue ich das nicht, dann greifen die Wespen meine Bienen an und stehlen den Honig. Auf dem Berghof schützte Hitler sich gegen Wespen, indem er in allen Räumen langhalsige Flaschen aufstellte, deren Böden mit Zuckerwasser gefüllt waren.

Eine Nacht beim Führer im Hotel Platterhof

In den Anfangsjahren des Dritten Reiches pilgerten tagtäglich Tausende Verehrer an ihrem Führer vorbei, der vor seinem Haus auf dem Obersalzberg stand und mit sichtlichem Vergnügen diese Ehrungen entgegennahm. Man winkte, und Frauen vergossen Tränen vor Ergriffenheit. Manchmal mischte sich der Führer auch unter seine treuen Anhänger. Dies geschah oft sehr zum Leidwesen Bormanns, der gerade versuchte, Hitler so viel wie möglich von der Außenwelt abzuschirmen. Aber der Kontakt mit seinen Volksgenossen war für den Führer so wichtig, dass er Bormann 1938 den Befehl gab, das alte Hotel Platterhof zu einem Volkshotel umzubauen. Die NS-Propaganda griff diesen Plan sofort auf. Dem deutschen Volk sollte es ermöglicht werden, für nur eine Reichsmark eine Nacht beim geliebten Führer auf dem Obersalzberg zu verbringen. Begeistert gingen die Arbeiter ans Werk. Manchmal geschah es, dass Hitler selbst sich die Arbeit anschaute. Links und rechts plauderte er dann mit den beteiligten Arbeitern, wobei er andauernd auf den Nutzen eines derartigen Volkshotels hinwies. Aber selbstverständlich hatte der überall anwesende Bormann bei dem Umbau seine Hand kräftig im Spiel. Der Platterhof, der im Lauf der Zeit schon zahlreiche Male umgebaut worden war, wurde nun ein geräumiges und sehr komfortables Hotel. Bormann kümmerte sich nicht nur um den Umbau, sondern war auch für die Einrichtung verantwortlich. Während einer Besichtigung der Fortschritte der Bautätigkeiten fragte Hitler Bormann, wo denn die Bar des Hotels hinkomme; diese fehlte seiner Ansicht nach noch. Beim Bau hatte man jedoch nicht mit einer Bar gerechnet. Im Hinblick auf Hitlers Abneigung gegen Alkohol hatte man gedacht, dass er hiermit nicht einverstanden sein würde. Bormann erfand auf der Stelle, dass die Bar im unterkellerten Hof vorgesehen sei. Somit begann man mit dem Bau einer unterirdischen Bar. Die Keller waren jedoch nicht tief genug, sodass der schwere Betonboden zur Gänze aufgebrochen werden musste. Auch das Kanalisationssystem musste tiefer verlegt werden. Abgesehen von den außerordentlich hohen Kosten, die noch erhöht wurden, weil Bormann bei einem seiner Wutanfälle ein Modell für die Hotelbar im Wert von 10.000 Reichsmark zerbrach, machte die Bar nach wie vor Probleme. Die Stimmung der Arbeiter, der Ingenieure, der Bauunternehmer und anderer an dem Projekt beteiligter Personen wurde durch Bormanns Zutun nicht gerade besser. So mancher Stein wurde mit einem Fluch auf den Lippen gemauert. Sogar Hitler wurde es manchmal zu viel, wenn er die zahllosen Umbauten sah, die nie zu enden schienen. „Wenn ich nicht wüsste, dass schon so unendlich viel Volksvermögen in diesen Steinhaufen gesteckt wurde, wäre ich imstande, noch heute alles in die Luft zu sprengen", sagte Hitler einmal zu einem seiner Besucher des Platterhofs.

Ein seltenes Foto: Dr. Lammers (r), Chef der Reichskanzlei, hier in Uniform eines SS-Generals, begrüßt am Eingang der zweiten Reichskanzlei Generalfeldmarschall Wilhelm Keitel, den Leiter des Oberkommandos der Wehrmacht. Wie Dr. Lammers hatte auch Keitel eine eigene Dependance, die gegenüber dem Gebäude der Reichskanzlei auf dem Obersalzberg lag.

Beim Ausbruch des Zweiten Weltkrieges im September 1939 wurde der Bau des Platterhofs neben anderen Bauprojekten auf dem Obersalzberg zum kriegswichtigen Führerbauprogramm erklärt. Sogar die Wehrmacht, die dringend Menschen und Materialien brauchte, war Bormann gegenüber vollkommen machtlos, sobald es sich um das Führerbauprogramm handelte. Hitler durfte der Kriegsherr sein; Bormann war der alleinige Bauherr des Obersalzbergs. Während des Krieges konnten die Bauarbeiten auf dem Obersalzberg ungestört weitergehen, und der Platterhof wurde, da dem Bau des Hotels Vorrang gegeben wurde, fertig gestellt. Das Hotel bestand aus einem Kellergeschoss, einem Erdgeschoss und einem Berggeschoss. Zu ebener Erde befand sich die geräumige Hotelhalle, mit kostbaren handgeknüpften Teppichen und mit prachtvollen Möbeln und Bildern ausgestattet. Weiter verfügte das 150 Betten zählende Hotel noch über folgende Räume: einen Lesesaal, einen Spiegelsaal, eine Bibliothek, ein großes Restaurant, einen Touristensaal, eine Bierstube, einen Kaffeesaal, dessen Decke allein 20.000 Reichsmark gekostet hatte, das „Dietrich-Eckart-Zimmer", die „Richard-Voss-Stube" (benannt nach dem Romanschriftsteller, der in seinem Roman „Zwei Menschen" die frühere Inhaberin des Platterhofs zur Heldin Judith Platter machte) und die zugleich als Luftschutzkeller dienende Kegelbahn. Dies alles machte den Platterhof zu einem perfekten Luxushotel. Bormann ließ jedes Zimmer bequem einrichten, ohne dass er auch nur irgendwie die Kosten im Auge behielt. In einer Periode, in der die Glocken aus den Kirchtürmen genommen wurden, um eingeschmolzen zu werden, und Göring die deutschen Hausfrauen mit dramatischen Worten zur Abgabe ihres letzten Kupferkessels oder Messingtopfes aufrief, verwendete man beim Bau des Volkshotels Messing und Chrom für die Türklinken, Kupfer für die Bedachung und die Dachrinnen, Marmor für die Badewannen, teure Holzarten für die Decken und Türen. Die Fußböden wurden mit kostbaren Teppichen bedeckt und die Wände mit Gobelins und teuren Gemälden verziert. Die mit Blattgold dekorierten Beleuchtungsornamente gefielen Bormann zunächst nicht. Es sollten neben Gold auch große Mengen Silber verwendet werden. Aber das gefiel ihm dann noch weniger. Also wieder Gold ...

Das Aushängeschild des Hotels war eine Geschichte für sich: Monatelang hatte ein ganzes Team von Fachleuten an dem gut zwei Meter hohen Aushängeschild mit dem Namen „Gasthaus Platterhof" gearbeitet. Es wurden große Mengen Gold verarbeitet. Das Ergebnis war ein Meisterwerk, auf das die verschiedenen Goldschmiede stolz waren. Aber Bormanns Würdigung für diese Leistung war weniger groß. Das Schild verschwand in der Rumpelkammer. Bormann beschloss jetzt, dass der Name „Der Platterhof" in Buchstaben an der Seitenmauer des Hotels befestigt werden sollte. Das Befestigen und Vergolden der Buchstaben erforderte monatelange konzentrierte Arbeit. Zum Platterhof-Komplex gehörte auch noch eine Hotelgarage mit einer Länge von 130 Metern. Das Erdgeschoss bestand aus einer riesigen Halle mit Parkplätzen und einer Werkstatt für die Dienstautos des Obersalzbergs sowie für die Autos der Hotelgäste. Im Obergeschoss der Garage lagen die Zimmer des etwa 160 Mann zählenden Hotelpersonals. Ein richtiges Sorgenkind war der an den Platterhof gebaute Saal. Beim Bau des Platterhofs hatte man

Über dem Eingang der zweiten Reichskanzlei hängt noch immer der stilisierte Adler, bei man nur das Hakenkreuz in dessen Klauen entfernt hat.

Etwas außerhalb Berchtesgadens stand die zweite Reichskanzlei, die in direktem Kontakt mit der Berliner Reichskanzlei stand, von der alle Regierungseinrichtungen gesteuert wurden. Hitler hielt sich, insbesondere vor dem Krieg, oft länger auf dem Obersalzberg auf und regierte das Land dann von seinem Berghof aus. Schon bald ließ Dr. Lammers, der Chef der Reichskanzlei, eine Dependance in der Nähe von Hitler bauen, um schnell und effizient alle Führerbefehle von Berchtesgaden nach Berlin zu leiten. Hitler hatte hier auch ein eigenes Arbeitszimmer, das sich im ersten Stock befand, im runden Turm mit anschließenden Balkon.

diesen geplanten Saal zunächst vergessen, und so geschah es, dass ein Teil der Toiletten und der Badezimmer des Hauptgebäudes abgerissen werden musste, um dem großen Saal Platz zu machen. Hinzu kam auch noch, dass Bormann und die Bauunternehmer sich nicht einigen konnten. Das Endergebnis war, dass die Halle in der Hitler-Zeit nie ganz zu Ende gebaut wurde und nicht weniger als dreimal (!) bis auf die Grundmauern abgerissen werden musste. Sogar der Unterbau aus Beton musste mit Dynamit und Hochdruckkompressoren etliche Male entfernt werden.
Nach der Fertigstellung war ein Aufenthalt im Hotel für den schlichten Volksgenossen unerschwinglich geworden. Es wurde zum Paradies für Parteibonzen. Zahlreichen Arbeitern, die am Projekt mitgearbeitet hatten, wurde bewusst, dass das Hotel seiner ursprünglichen Funktion gar nicht gerecht wurde. Das Murren erreichte schließlich auch Bormann. Dieser ließ die Arbeiter wissen, dass das Hotel für Volksgenossen reserviert werden sollte, die sich an der Front verdient gemacht hatten. Um dem Murren endgültig ein Ende zu setzen, gab Bormann eine neue Weisung bekannt. Es sollte mit sofortiger Wirkung und beschleunigtem Tempo an den laufenden Bauprojekten gearbeitet werden. Der Krieg könnte schnell zu Ende sein. Dann wollte der Führer nicht mehr von den Bauarbeiten behindert werden, damit er sich ungestört seinen Friedensplänen widmen könnte. Der Platterhof war also kaum fertig, da arbeiteten die Bagger und drehten die Betonmischer schon wieder bei einem neuen Bauprojekt. Neben dem Platterhof entstand die Bergschenke, eine einfache Wirtschaft für Passanten. Die meisten Besucher des Bergs erschraken beim Anblick des riesigen, teuer aussehenden Platterhof-Komplexes und wagten es nicht, einen Blick auf die Speisekarte des Hotels zu werfen. Die Bergschenke sollte diese Menschen auffangen. Dass der Platterhof ein Bonzenhotel blieb, lag natürlich auf der Hand. 1943 wurde er für Gäste geschlossen und Teil des Berchtesgadener Krankenhauses. Die Bergschenke war nun das einzige Gasthaus auf dem Obersalzberg.

Postämter, Chauffeurswohnungen und ein Kindergarten
So entstand ein Gebäudekomplex nach dem anderen. Ein Postamt, das zugleich als Geschäft fungierte, wurde gebaut. Dort konnte man Süßigkeiten und Erfrischungen kaufen. Schon bald stellte sich heraus, dass das Postamt zu klein war, also baute man ein zweites. Direkt in der Nähe befanden sich die Wohnungen der Fahrer des Obersalzbergs und des Personals, etwa das Zimmer von Walter Frenz, Hitlers Privatkameramann. Nicht weit entfernt vom Berghof befand sich der „Kindergarten". Diese Bezeichnung war jedoch nicht ganz richtig. Der weitaus größte Teil des Gebäudes wurde als Archiv genutzt. Fast alle maßstabsgetreuen Modelle der wichtigsten Parteibauten im Reich lagerten hier. Auch Kinofilme, Propagandamaterial und Dokumentarfilme, die abends im Berghof oder anderswo auf dem Obersalzberg (z. B. in der SS-Kaserne) vorgeführt wurden, bewahrte man hier auf. Für die Sicherung des Filmarchivs baute man ein ausgedehntes und sehr kostspieliges Bunkersystem. Einige Zimmer dienten als Kindergarten; namentlich für die Kinder der prominenten Bergbewohner Bormann und Speer. Speer: „Dann und wann lud Hitler Bormanns Kinder und meine Kinder ein, zu ihm zu Besuch zu kommen. Er bewirtete sie dann mit Limonade, Schokolade, Gebäck und Süßigkeiten. Die Kinder wurden vor ihrem Besuch beim ‚Onkel Adolf' gut gewaschen, sonntäglich gekleidet und ermahnt, sich nur ja freundlich und ruhig zu verhalten. Meistens machten sie sich nur sehr wenig aus unseren Ermahnungen und benahmen sie sich ganz natürlich und ungezwungen. Sie fühlten sich nicht zu Hitler hingezogen, der nunmal nicht sehr gut mit Kindern umgehen konnte. All seine Versuche, sich den Kindern zu nähern, schlugen völlig fehl, sogar wenn er sich besondere Mühe gab. Einmal ließ er sich an einem Tisch die ersten Schreibversuche meiner Tochter demonstrieren. Anfangs schaute mein Sohn interessiert zu, aber er lief nach einiger Zeit einfach weg, als Hitler auch ihn zu sich holen wollte. Die Kinder versuchten, so schnell wie möglich unter sich zu sein, eine normale Reaktion natürlich, aber für Hitler eine ungewohnte Erfahrung."

Nahe Berchtesgaden, in Richtung des Königssees, hatte der Reichsführer SS Heinrich Himmler für wenig Geld von Bormann das Landgut Schneewinkellehen für seine heimliche Geliebte Hedwig Potthast gemietet. Das Landgut, dessen jüdischer Eigentümer ins Ausland verzogen war, hatte in den Zwanzigerjahren lange als Ferienhaus des berühmten Psychoanalytikers Sigmund Freud gedient, der dort mehrere Bücher schrieb.

Spektakulärer Pavillon

Von allen Gebäuden im Gebiet des Obersalzbergs war der Pavillon auf der Spitze des 1.834 Meter hohen Kehlsteins wahrscheinlich das Bemerkenswerteste. Die Idee für diesen hoch auf den Felsen liegenden „Adlerhorst" stammte von Bormann. Es war seine Absicht, dass der Führer dort in aller Ruhe Könige, Präsidenten und andere Diktatoren empfangen könnte. Zugleich könnte er dann in dieser einsamen Höhe, wo ab und zu Raubvögel vorbeischwebten und nur das ewige Rauschen des Windes zu hören war, seine „großen und weltweiten" Entscheidungen treffen. Es wurde jedoch auch unterstellt, dass es Bormanns eigentliche Absicht war, dort einen isolierten Ort zu schaffen, an dem er sich ungestört mit dem Führer beraten könnte – was auf dem belebten Berghof fast ein Ding der Unmöglichkeit war. Wieder eine andere Meinung war, dass Bormann den Adlerhorst als Geschenk zu Hitlers fünfzigstem Geburtstag bauen ließ, um sich bei ihm einzuschmeicheln. Der noch immer existierende Pavillon liegt einige Meter unter der Spitze des Kehlsteins und ist ein architektonisches Wunderwerk. Bormann finanzierte das Projekt, das etwa 30 Millionen Reichsmark kostete, zum größten Teil mit Geldern aus der Kasse der NSDAP. Vom Obersalzberg aus ist das „Eagles' Nest" (Adlerhorst), wie die Amerikaner den Pavillon nach dem Krieg nannten, über eine ausgezeichnete Asphaltstraße zu erreichen, die sich über 7 Kilometer an Schluchten und senkrechten Felswänden vorbei emporschlängelt. An diesem Weg hatte man gut zwei Jahre gearbeitet, wobei mindestens 20 Menschen ums Leben kamen. Der Weg endet auf einem Parkplatz unter der Spitze des Kehlsteins. Von diesem Parkplatz aus gelangt man zu einem 3 Meter hohen und 130 Meter langen Tunnel, der von großen Bronzetüren verschlossen ist. Der Tunnel wurde in den massiven Felsen gesprengt; die Wände sind mit italienischen Natursteinen bekleidet. Am Ende des Tunnels gelangt der Besucher in eine geräumige, kuppelförmige Halle. Dort befindet sich der Aufzug. Dieser ist ausgestattet mit kupfernen Türen, einer Heißluftanlage, einer Musikanlage und grünen Ledersofas, die an den messingbekleideten Wänden stehen. Man hatte am Pavillon eine wunderschöne Sonnenterrasse angelegt, die im Winter beheizt werden konnte. Die Kosten waren so gigantisch, dass Speer schrieb: „Spötter in Hitlers Umgebung meinten: ‚Es geht zu wie in einer Goldgräberstadt. Nur dass Bormann keines findet, sondern hinauswirft.'" Als man Hitler auf Bormanns verschwenderische Projekte aufmerksam machte, lautete die Antwort Speer zufolge: „Das macht Bormann, da will ich mich nicht hineinmischen. Wenn alles fertig ist, suche ich mir ein stilles Tal und baue dort wieder ein kleines Holzhaus wie das Erste." Der Aufzug, der 120 Meter überbrückt, führt den heutigen Besucher in ein kleines Vestibül zu einem Raum, der einmal das Esszimmer war. Fast alle Räume haben Steinwände, von denen die meisten mit Holz bekleidet sind. Die Maße des Zimmers sind bescheiden, mit Ausnahme des Teesalons. Dieser geräumige und zentral liegende Raum ist aus Marmor und hat einen großen Kamin mit Bronzeplatten. Durch die großen Fenster hat der Besucher eine prächtige Aussicht auf die deutsche Alpenlandschaft. Der Lieblingsraum von Eva Braun bietet eine Aussicht auf Österreich. Weiterhin gehören zum Gebäude ein Arbeitszimmer mit Bibliothek, zwei Zimmer mit Bad, zwei Küchen, ein Dienstzimmer und Speisesäle für die SS-Wachen und die Angestellten, ein großer Keller und eine Fernsprechzentrale. Das Gebäude wurde mit Heißluft geheizt und hatte eine eigene Stromversorgung; später versorgte ein U-Boot-Dieselmotor das Kehlsteinhaus mit Strom. Hitler besuchte das Kehlsteinhaus nicht sehr oft. Vor allem im Aufzug fühlte er sich nie wohl. Er hatte Angst vor technischen Störungen oder Anschlägen. Nur einige Male empfing Hitler Gäste im Teehaus. So auch am 18. Oktober 1938, als der französische Botschafter François Poncet Hitler einen Abschiedsbesuch abstattete, weil er zum Botschafter in Rom ernannt worden war. Hitler fuhr mit seinem Gast per Auto zur steilen Felswand, worin der Aufzug zum Teehaus war. Als sie oben angekommen waren, wurde Tee serviert und eine Silberschale mit Windbeuteln, Hitlers Lieblingsgebäck. Außer Hitler war auch von Ribbentrop, der deutsche Außenminister, bei der Unterredung zugegen. Am Ende des Besuchs verlieh Hitler dem scheidenden Botschafter das Großkreuz des Verdienstordens des Deutschen Adlers, eine Auszeichnung, die oft Politikern der deutschen Satellitenstaaten verliehen wurde (Tschechoslowakei, Bulgarien, Rumänien usw.).

Jahre später, im Juni 1944, sollte in diesem Felsenpavillon eigentlich ein großes Fest anlässlich der Hochzeit von Eva Brauns Schwester Gretl mit dem SS-General Hermann Fegelein stattfinden. Drei Tage vorher klingelte ganz früh am Morgen das Telefon auf dem Berghof. Eine erregte Stimme erklärte am Apparat, dass alles darauf hindeute, dass die Invasion der Alliierten begonnen habe ...

Eine zweite Reichskanzlei

Nicht nur auf dem Obersalzberg, sondern auch in der näheren Umgebung entstand eine Reihe von Gebäuden, in denen diverse Staats-, Partei- und Wehrmachtsinstanzen untergebracht wurden. Denn wenn Hitler längere Zeit auf dem Obersalzberg blieb, mussten die verschiedenen Staats- und Parteiapparate weiterarbeiten können. So ordnete Hitler an, dass neben der eigentlichen Reichskanzlei in Berlin eine zweite errichtet werden sollte. Diese Kanzlei (Dienststelle Berchtesgaden) stand in direktem Kontakt mit der Berliner Dienststelle, und so konnten Befehle schnell und effizient weitergegeben werden. Chef beider Kanzleien war Reichsminister und (Ehren-)SS-Obergruppenführer (General) Dr. Hans Heinrich Lammers. In der Berchtesgadener Reichskanzlei verfügte Hitler auch über ein eigenes Arbeitszimmer inklusive Bibliothek, die er aber selten benutzte. Wie üblich zitierte er seine wichtigsten Mitarbeiter zum Berghof, wo im großen Saal oder bei schönem Wetter auf der riesigen Terrasse getagt wurde und Hitler den Zuständigen seine Beschlüsse mitteilte, die dann zu ihren Dienststellen gingen, um die Befehle weiterzugeben. Lammers war bei Staatsangelegenheiten das Gegenstück zu Bormann, der verantwortlich für alles war, das mit der NSDAP zu tun hatte. So regelte Bormann die Parteiangelegenheiten über die Parteikanzlei auf dem Obersalzberg, die wiederum in engem Kontakt mit dem „braunen Haus“ stand, der Parteizentrale in München.

1936 gab Hitler dem Architekten Degano, der den Berghof entworfen hatte, den Auftrag, die Reichskanzlei in Berchtesgaden zu entwerfen. 1938 wurde das Gebäude zur größten Zufriedenheit Hitlers übergeben. Die Inneneinrichtung war ganz nach Hitlers Wünschen und bestand aus großen Gewölbehallen mit massiven Säulen, Hakenkreuzemblemen in den Natursteinböden, mit Holzpaneelen verkleideten Wänden, Kassettendecken aus Holz, Malereien mit Darstellungen von Bauern und Soldaten und einer Büste von Bismarck des Bildhauers von Lenbach. Über dem Haupteingang war ein großer Adler mit dem Hakenkreuz in seinen Klauen angebracht. Von außen ähnelte das Gebäude einem großen zweiflügeligen Bauernhof, wie er in Bayern oft vorkommt. Auf dem Gelände der streng bewachten Reichskanzlei standen verschiedene großzügige Landhäuser, von denen zwei von Generalfeldmarschall Wilhelm Keitel, dem Leiter des Oberkommandos der Wehrmacht, und General Alfred Jodl, dem Leiter des Wehrmachtsführungsstabes, benutzt wurden. Von hier aus wurden die militärischen Befehle an die verschiedenen Wehrmachtsinstanzen in Berlin weitergegeben. Der Komplex verfügte über ultramoderne Telefon- und Fernschreibeinrichtungen sowie einige bombensichere Schutzkeller.

Kürzlich wurde General Jodls Landhaus abgerissen, um Platz für einen Neubau zu schaffen, während Keitels Haus jetzt privat genutzt wird. Die Reichskanzlei hat den Krieg weitestgehend unbeschädigt überstanden und diente bis in die Neunzigerjahre des 20. Jahrhunderts als Armed Forces Recreation Center der US-Armee. Gegenwärtig befinden sich in dem Gebäude Luxusappartements.

Himmler war offiziell verheiratet, aber hatte schon jahrelang ein heimliches Verhältnis mit seiner ehemaligen Sekretärin, mit der er auch zwei Kinder hatte. Auf dem Foto sehen wir Himmler mit seiner Mätresse Hedwig Potthast. Es ist eine der wenigen bekannten Abbildungen des Reichsführers SS mit seiner Geliebten.

Wenn Himmler auf dem Obersalzberg war, verbrachte er seine Zeit meistens mit seiner Geliebten. Hier überreicht Himmler seinem Führer ein Geschenk aus den SS-Porzellanfabriken in Allach bei München, bestehend aus Porzellansoldaten in Uniformen aus der Zeit Friedrich des Großen. Die Gesellschaft steht vor dem großen Marmortisch nahe dem großen Fenster im Konferenzsaal des Berghofs.

Das Liebesnest des Reichsführers SS

Heinrich Himmler (geboren 1900) war Reichsführer SS, Leiter der gesamten deutschen Polizei, darunter auch der berüchtigte Sicherheitsdienst (SD) und die Gestapo (Geheime Staatspolizei), Innenminister und schließlich auch noch Befehlshaber der Waffen-SS und des Heimatschutzes – kurzum, ein Mann, dessen Name schon zu seinen Lebzeiten den Mythos teuflischer Bösartigkeit erhielt. Er war eine der finstersten Figuren des Dritten Reiches. Als Hitlers wichtigster Vollstrecker des Holocaust ist sein Name verbunden mit Tod und Vernichtung Millionen unschuldiger Menschen. Er glaubte sklavisch an seinen Führer und an die Mission des Nationalsozialismus, den ganzen europäischen Kontinent von „nichtarischen Verunreinigungen" zu säubern und stattdessen sorgfältig ausgewählte blonde, blauäugige „Edelgermanen" hervorzubringen. Während der Besprechungen mit Hitler auf dem Obersalzberg meldete Himmler stets mündlich die neuesten Zahlen zum Fortgang der Mordaktionen sowohl seiner SS-Einsatzkommandos als auch in den Vernichtungslagern. Diese Besprechungen fanden immer unter vier Augen statt und während des Spaziergangs zum Teehaus gegenüber dem Berghof. Schon das Aussprechen seines Namens rief bei manchem kalte Schauer hervor.

Himmler war ein scheuer, recht einsilbiger Mann, der die Öffentlichkeit so gut wie möglich mied, die Angelegenheiten am liebsten von seinem Schreibtisch aus regelte und sich mit seinen geliebten Akten beschäftigte, von denen er gar nicht genug bekommen konnte. Ein typischer Superbürokrat, der nichts, aber auch gar nichts ohne ausdrücklichen Auftrag seines Führers tat. Ein Mann, der spontan protestierte, wenn jemand sich für die Jagd begeisterte und in Ohnmacht fiel, wenn er einer Hinrichtung zusehen musste. Aus seiner Ehe mit der acht Jahre älteren Margarethe Boden hatte er eine Tochter, Gudrun. Die Ehe lief schlecht, und schon kurz nach Gudruns Geburt 1929 lebten die Himmlers getrennt von Tisch und Bett. In den Dreißigerjahren lernte Himmler dann Hedwig Potthast (von ihm „Häschen" genannt) kennen, die als Sekretärin für ihn arbeitete. Hedwig, Tochter eines Unteroffiziers, war zwölf Jahre jünger als der Reichsführer SS. Sie sollte bis zum Ende des Krieges seine heimliche Mätresse bleiben und ihm zwei Kinder schenken, u. a. auch den so heiß ersehnten Stammhalter Helge. Völlig geheim gelang es Himmler, 1943 durch seinen Freund Bormann ein großes Landgut in der Nähe des Königssees bei Berchtesgaden für seine Frau und die zwei Kinder zu mieten, wo er sich, wann immer er konnte, aufhielt.

Das Landgut Schneewinkellehen war früher im Besitz der jüdischen Familie Berliner gewesen, die es u. a. über mehrere Sommer hinweg an den Begründer der Psychoanalyse, Dr. Sigmund Freud aus Wien, vermietete, wo er 1929 sein berühmtes Werk „Das Unbehagen in der Kultur" schrieb. Nachdem der jüdische Eigentümer 1943 in die USA emigriert war, kam das Haus in die Hände von Reichsleiter Martin Bormann. Unter Leitung eines Architekten wurden das Landgut und der Garten von Zwangsarbeitern aus einem der sogenannten Außenlager des Konzentrationslagers Dachau völlig umgebaut und erneuert. Im Garten wurde ein großer Schutzkeller angelegt. Nach Aussage des ältesten Sohnes von Martin Bormann, der als 14-jähriger 1944 zusammen mit seiner Mutter von Hedwig in das Haus eingeladen wurde, standen dort zu ihrem großen Schrecken im Arbeitszimmer Himmlers auf der ersten Etage eine Lampe, deren Schirm offensichtlich aus menschlicher Haut gemacht war, und ein Hocker mit Beinen aus Menschenknochen. 1952 wurde das Landgut wieder an die Familie Berliner zurückgegeben, die es später verkaufte. Das schwer zu findende ehemalige Himmler-Landgut entkam nach dem Krieg der Abrissbirne. Es liegt heute gut verborgen vor neugierigen Blicken und ist gegenwärtig in privaten Händen.

Himmler (r) im angeregten Gespräch mit Göring. Hitlers persönlicher Diener Heinz Linge steht in der Tür des Wintergartens. Im Hintergrund ist Hitlers Fernrohr zu sehen, mit dem er oft das Tal von Berchtesgaden beobachtete.

Flugplatz, Kasernen und ein Bonzenhotel

Nahe bei Berchtesgaden wurde 1934 ein Flugplatz angelegt (Regierungsflughafen Reichenhall-Berchtesgaden), auf dem sogar große Verkehrsflugzeuge jener Zeit landen konnten. Während des Dritten Reiches herrschte dort ein Kommen und Gehen, nicht nur durch Hitler, sondern auch durch zahlreiche hohe Besucher, die auf dem Obersalzberg erwartet wurden. Der Flugplatz wurde nach dem Krieg mit Wohnhäusern bebaut. Wo sich einst die Kommandozentrale des Flughafens befand, hat nun die Polizei ihren Sitz.

Etwas außerhalb Berchtesgadens entstand in den Dreißigerjahren der Kasernenkomplex der Gebirgsjäger. Der Komplex wurde in einem NS-Buch über Kunst beschrieben als ein „Schulvorbild einer perfekt an die Umgebung angepassten harmonischen Militärarchitektur". Nach dem Abzug der Amerikaner in den Neunzigerjahren wurde das Gebäude an das deutsche Heer zurückgegeben. In der Nähe der Gebirgsjägerkaserne entstand in den Dreißigerjahren die riesige Adolf-Hitler-Jugendherberge. 1936 eröffnete Hitler persönlich die Herberge, die seinen Namen trug und als Modell für zahlreiche Jugendherbergen dienen sollte. Der Komplex wurde um einen großen Appellplatz gebaut und bestand aus einem Hauptgebäude sowie aus zwei frei stehenden Nebengebäuden. Bis heute dienen diese Gebäude als Jugendherberge und als Freizeitzentrum für Jugendliche.

Der Bahnhof von Berchtesgaden aus den Dreißigerjahren sieht immer noch imposant aus – ein Gebäude im Stil des Dritten Reiches mit überstehenden Dachbalken, vielen Bögen, massiven Säulen und hohen Fenstern mit Natursteinumrandungen. Der Bahnhof verfügt über einen massiven Turm, in dem sich ein Spezialeingang und Empfangsraum für Hitler und seine Gäste befanden.

Rechts des Bahnhofs liegt ein unnatürlich großes Rangiergelände für die Privatzüge Hitlers und seiner Parteibonzen. Das Rangiergelände verfügte über eine Reihe von Anschlüssen, an welche die Telefon- und Telexapparaturen in den Zügen angekoppelt wurden, um so schnell wie möglich die Führerbefehle weiterleiten zu können. Links vom Bahnhof steht das noch immer in Gebrauch befindliche Postamt von Berchtesgaden, wo über dem Haupteingang im Lorbeerkranz, in dem sich einst das Hakenkreuz befand, noch die vagen Spuren des Reichsadlers, der sich darüber befand, zu erkennen sind. In den Dreißigerjahren kaufte die NSDAP das frühere Grand Hotel Augusta Victoria, das zu jener Zeit von zahlreichen Berühmtheiten besucht wurde. Das Hotel wurde einer teuren Renovierung unterzogen und umbenannt in „Hotel Berchtesgadener Hof". Während des Dritten Reiches fungierte es als offizielles Gästehaus. Es sah zahlreiche illustre Besucher, wie den Herzog und die Herzogin von Windsor, die britischen Ministerpräsidenten Neville Chamberlain und David Lloyd George, den französischen Ministerpräsidenten Daladier, König Boris von Bulgarien und den ungarischen Reichsverweser Admiral von Horthy. Auch Goebbels, Himmler, von Ribbentrop und Ley kamen im Berchtesgadener Hof

Etwas außerhalb Berchtesgadens entstand in den Dreißigerjahren der Kasernenkomplex der Gebirgsjäger. Die Anlage im alpinen Stil wurde in einem NS-Buch über Kunst einmal als ein „Schulvorbild einer perfekt an die Umgebung angepassten harmonischen Militärarchitektur" beschrieben. Nach dem Abzug der Amerikaner in den Neunzigerjahren wurde das Gebäude an die Bundeswehr übergeben.

Hitler und Goebbels auf dem Weg nach Berchtesgaden.

unter, ebenso wie Eva Braun, bevor sie auf dem Berghof einzog, und Hitlers Adjutant Albert Bormann, der Bruder von Reichsleiter Bormann, Generalfeldmarschall Erwin Rommel und Hitlers Schwester Paula unter dem Decknamen „Paula Wolf". Nach dem Krieg bezogen die Amerikaner das Hotel, und nachdem sie es 1995 verlassen hatten, stand der Komplex leer. Der Unterhalt war dermaßen hoch, dass beschlossen wurde, alles abzureißen, um Platz für das neue Museum „Haus der Berge" zu schaffen.

Hitlers gepanzerter Privatzug „Amerika" auf dem Weg nach Berchtesgaden.

Hitlers Zug verfügte über die modernsten Kommunikationsapparate.

Der Führer und sein Adjutant Engel während eines kurzen Zughaltes.

Der Bahnhof von Berchtesgaden aus den Dreißigerjahren sieht immer noch imposant aus. Es ist im typischen Stil des Dritten Reiches gebaut: mit überhängenden Dachleisten, vielen Bögen, imposanten Säulen und hohen Fenstern mit Natursteinumrandungen. Der Bahnhof hat einen massiven Turm (äußerst rechts), in dem sich früher der Sondereingang und Empfangsraum für Hitler und seine Gäste befand.

Bei der Gebirgsjägerkaserne entstand in den Dreißigerjahren die riesige Adolf-Hitler-Jugendherberge. 1936 eröffnete Hitler sie persönlich, die seinen Namen trug und die als Modell für eine Anzahl große Jugendherbergen im ganzen Reich dienen sollte. Der Komplex war rund um einen großen Appellplatz gebaut und bestand aus drei Gebäuden. Bis heute dienen sie als Jugendherberge und Freizeitzentrum für Jugendliche.

Hitler 1936 während der Eröffnung der nach ihm benannten Jugendherberge in Berchtesgaden.

In den Dreißigerjahren kaufte die NSDAP das ehemalige Grand Hotel Augusta Victoria, das damals von zahlreichen Berühmtheiten besucht wurde. Das Hotel wurde einer kostspieligen Renovierung unterzogen und umbenannt in „Hotel Berchtesgadener Hof". Während des Dritten Reiches fungierte es als offizielles Gästehaus der NSDAP. Es sah zahlreiche illustre Besucher, wie den Herzog und die Herzogin von Windsor, die britischen Ministerpräsidenten Neville Chamberlain und David Lloyd George, den französischen Ministerpräsidenten Deladier, König Boris von Bulgarien und den ungarischen Reichsverweser Admiral von Horthy. Auch NS-Bonzen wie Goebbels, Himmler, von Ribbentrop und Ley übernachteten im Berchtesgadener Hof ebenso wie Eva Braun, bevor sie im Berghof einzog. Nach dem Krieg bezogen die Amerikaner das Hotel, und nachdem sie es 1995 verlassen hatten, stand der Komplex leer. Der notwendige Unterhalt war so teuer, dass beschlossen wurde, alles abzureißen, um Platz für das neue Museum „Haus der Berge" zu machen.

Wenn sich Hitler auf dem Obersalzberg aufhielt, spazierte er jeden Tag bei jedem Wetter zum gegenüber dem Berghof gelegenen Teehaus auf dem Mooslahner Kopf. Der Spaziergang dauerte ungefähr 30 Minuten, und die Gäste mussten mit. Auf dem Foto Hitler mit Göring, während Baldur von Schirach, Leiter der Hitlerjugend (l), und Reichsleiter Martin Bormann (r) ihnen folgen.

8 Der Alltag auf dem Obersalzberg

Der Berghof erwacht

Hitler, ein typischer Nachtmensch, ging meistens erst im Morgengrauen ins Bett und schlief immer bis zum späten Morgen. Es herrschte in den Morgenstunden eine Grabesstille auf dem Berghof, jeglicher Lärm war strengstens verboten. So bat Eva Braun ihre Freundinnen, wenn sie im gleichen Trakt des Berghofs schliefen wie Hitler, vor allen Dingen morgens kein Bad zu nehmen. Das Geräusch der sich leerenden Badewanne könnte den Führer wecken. Auch die Arbeiter auf dem Obersalzberg hatten Instruktionen bekommen, morgens so wenig Lärm wie möglich zu machen. Hitler schlief seiner Gewohnheit nach mit verschlossener Tür. Gab es dringende Angelegenheiten, ließ er sich von einem seiner Kammerdiener, Linge oder Krause, um ungefähr 11 Uhr wecken. Die Morgenpost, welche die wichtigsten Zeitungen und Telegramme enthielt, wurde von einem der Kammerdiener sortiert und auf einen Schemel vor Hitlers Schlafzimmer gelegt. Linge: „Um 11 Uhr weckte ich den Führer mit den Worten ‚Guten Morgen, mein Führer, es ist 11 Uhr, die Morgenpost liegt vor der Tür.' Er stand dann auf, öffnete die Tür einen Spalt und nahm die Zeitungen und Telegramme vom Schemel. Manchmal geschah es, dass er in weißem Nachthemd und mit Pantoffeln die Tür schon öffnete, ehe ich die Post auf den Schemel gelegt hatte. Zu Anfang fand ich solche Begegnungen etwas peinlich, aber Hitler sagte, dass es doch nichts ausmache. Die Post las er dann im Bett. Neben seinem Bett stand ein Teewagen, auf dem sich Bücher, Zeitungen, seine Brille und die unvermeidlichen Farbstifte befanden. Was Hitler mir einmal über die Farbstifte sagte, ist vielleicht für Psychologen interessant. Die roten Stifte, so sagte er, gebrauche er für Bemerkungen über den Feind, die grünen für jemanden, der ihm freundlich gesonnen sei, und die blauen, wenn er fühle, dass es ratsam wäre, vorsichtig zu sein." Überall, wo Hitler sich aufhielt, mussten auch seine ständigen Attribute in greifbarer Nähe liegen. Das waren, außer den bereits erwähnten Farbstiften, vor allem seine Brille und sein Vergrößerungsglas. Hitler benötigte eine Lesebrille, aber das durfte das deutsche Volk nicht wissen. Für seine Rapporte und seine Reden wurde eine besonders große Druckschrift verwendet. In privatem Kreise benutzte er seine Brille jedoch oft, ebenso in Besprechungen mit dem Militärstab. Linge hatte dafür zu sorgen, dass stets Extra-Brillen da waren, da der Führer bei Wutausbrüchen manchmal eine Brille zerbrach. Nachdem er die Post gelesen hatte, rasierte er sich, nahm ein Bad und zog die für diesen Tag bestimmte Kleidung an. Wenn der Führer guter Laune war, spielte er das „Anziehspiel". Sein Diener Linge stand dann mit einer Stoppuhr vor der Schlafzimmertür und rief: „Los!" Sobald Hitler mit dem Anziehen fertig war, schrie er: „Fertig!" und rannte aus dem Schlafzimmer, um zu sehen, ob er seinen Rekord gebrochen hatte. Dann folgte das Frühstück. Linge: „Vierzig Minuten nach dem Wecken frühstückte er in der Bibliothek. Das Frühstück war meistens karg. Es gab immer warme Milch oder Tee, Zwieback oder Knäckebrot und einen Apfel. Während des Frühstücks schaute er sich die Speisekarte für das Mittagessen an. Er wählte ein oder zwei für ihn bestimmte vegetarische Gerichte und immer einen Apfel dazu. Erwartete man ausländischen oder anderen hohen Besuch, servierte man Hitlers Gericht immer so, dass es auf den ersten Blick nicht vegetarisch aussah." Nun begrüßte Hitler einen seiner Adjutanten und ging mit ihm die Treppe hinab. Durch die Diele ging er dann in den Konferenzsaal mit den großen Fenstern. Das war meistens gegen 12 Uhr. Seine engsten Mitarbeiter hatten sich

Hitler war ein echter Nachtmensch und schlief morgens meistens bis ca. 11.00 Uhr. Vor dieser Uhrzeit herrschte absolute Stille im und um den Berghof. Auf dem Foto das nebelige Tal von Berchtesgaden, gesehen von dem Platz, an dem sich früher der Berghof befand.

Oben: Das ca. 8 x 4 Meter große elektrisch versenkbare Fenster des Konferenzsaales auf dem Berghof mit der fabelhaften Aussicht auf den verschneiten Untersberg. Nach Hitler hatte sein Berghof das größte versenkbare Fenster Europas.

Links: Hitler und seine „braune Eminenz", Reichsleiter Bormann, auf der Terrasse des Berghofs.

Links unten: Der Speisesaal im Seitenflügel.

Unten: Goebbels, der raffinierte Propagandaminister, auf dem Berghof.

Oben: Gobelin im großen Wohnzimmer des Berghofs mit den dahinter befindlichen Projektoröffungen der Filmkabine. Der Gobelin konnte mit Rollen hochgezogen werden.

Unten: Der Kamin in der großen Wohnhalle, ganz rechts Hitlers Sessel.

Auf dem Berghof durfte vor 11 Uhr morgens von den Anwesenden nicht einmal ein Bad genommen werden, da das ablaufende Wasser den Führer wecken konnte. Das Arbeitszimmer Hitlers befand sich oberhalb des großen Fensters und verfügte über einen geräumigen Balkon, auf dem Hitler oft bis zur Morgenröte saß und auf den Untersberg starrte. Links hinten neben dem Arbeitszimer befand sich Hitlers Schlafzimmer. Rechts, über der großen Terrasse mit der darunter befindlichen Garage, ist noch ein Teil des alten Hauses Wachenfeld zu sehen.

inzwischen im Saal zum Morgenbericht versammelt. Während dieser Besprechung las Hitler flüchtig einige Rapporte und Zeitungsausschnitte, hörte sich Mitteilungen Bormanns und seines Adjutanten an und fasste seine ersten Beschlüsse. Erst um die Mittagszeit, wenn die Sonne schon hoch über dem Kehlstein stand, wurde es lebhafter. Es herrschte reger Autoverkehr und arrogantes Stiefelstampfen auf dem Asphalt vor der Freitreppe des Berghofs. Die Besucher waren, vor allem während des Krieges, in der Mehrzahl hohe Offiziere. Bei schönem Wetter warteten sie meistens draußen auf der Terrasse und rauchten in Erwartung ihres Gesprächs mit dem Führer noch schnell eine Zigarette. Es geschah dann manchmal, dass Speer, der mit Hitlers Privatgästen auf das Ende der Konferenz wartete, einem nervösen General, der etwas von Hitler wollte, noch einen nützlichen Rat erteilte. Er riet ihm dann, das eigentliche Thema zu vermeiden und etwas über Architektur zur Sprache zu bringen. Diese Leidenschaft Hitlers führte dann oft dazu, dass er einen langen Monolog über ein Bauwerk hielt und nach Ablauf der Zeit erschrocken fragte, was eigentlich der Zweck des Besuches sei. Meistens ging er dann auf die Wünsche des Generals ein, und dieser konnte zufrieden abfahren. Auch Linge wurde oft um Rat gefragt, wie Hitler am besten zu behandeln sei: „Nicht nur unbekannte Besucher, sondern auch die Großen des Dritten Reiches fragten mich, wie die Stimmung vom Chef an dem Tage sei, ehe sie die Tür zu seinem Zimmer öffneten. Ich riet

Hitler und sein Kammerdiener Linge, der stets in der direkten Umgebung des Führers verkehrte. Um elf Uhr weckte er Hitler mit den Worten: „Guten Morgen, mein Führer, es ist elf Uhr. Die Morgenpost liegt vor der Tür.“ Nach Linge kam Hitler aus seinem Bett, öffnete die Tür einen Spalt und nahm sich die Zeitungen und Telegramme von einem Hocker. Gelegentlich geschah es, dass er, im weißen Nachthemd und Pantoffeln, die Tür schon öffnete, bevor die Post auf dem Hocker lag. Die Post las er im Bett. Neben seinem Bett stand ein Teewagen, auf dem Bücher, Zeitungen, seine Brille und die unvermeidlichen Farbstifte lagen. Wenn Hitler guter Laune war, spielte er das „Anziehspiel“. Linge stand dann mit einer Stoppuhr vor der Schlafzimmertür und rief „Los!“. Sobald Hitler fertig mit dem Anziehen war, schrie er „Schluss!“ und rannte aus dem Schlafzimmer, um zu sehen, ob er seinen Rekord gebrochen hatte.

Der Treppenabsatz auf der ersten Etage mit Zugang zu den Privatgemächern von Hitler und Eva Braun.

Hitler erschien meistens erst gegen 12.00 Uhr auf der Terrasse des Berghofs. Auf dem Foto ein schlecht gelaunter Hitler, der nicht fotografiert werden will. Im Hintergrund Eva Braun.

ihnen gewöhnlich, dem Führer gerade in die Augen zu schauen ... Dass Hitler sehr viel Wert auf einen festen Händedruck legte, habe ich ihnen nie gesagt." Die Besprechungen fanden meist im Konferenzsaal statt. Es war Hitler ein fast körperliches Bedürfnis, in dem Saal mit den enormen Ausmaßen zu konferieren. Während der Besprechungen lief er unruhig hin und her, und er führte meistens das Wort. Ab und zu ruhte sein Blick auf den mehr oder weniger verschneiten Gipfeln des Unterbergs.

Hitlers Hofstaat

Für Hitlers Privatgesellschaft, die oft schon einige Stunden auf ihn wartete, dauerten die Konferenzen oft endlos lang. Im Sommer vertrieb man sich die Zeit mit Sonnenbaden in den Liegestühlen auf der Terrasse, man spielte eine Partie Tischtennis, oder man machte Spaziergänge in der herrlichen Bergwelt. Der Berghof glich oft einem Ferienort in prächtiger Umgebung. Hitler kegelte manchmal zu seiner Entspannung. Im Erdgeschoss des Berghofs hatte man eine große Kegelbahn angelegt. Dass er gern kegelte, durfte unter keinen Umständen bekannt werden. Hitler: „Stellt euch vor, wenn die Kegelvereine dahinterkommen, dann werde ich Ehrenpräsident aller Kegelbrüder ..." Hitler verglich seinen Berghof manchmal mit einem Gasthof. Es wurde Speer während seiner Gefängniszeit bewusst (er wurde vom Nürnberger Tribunal 1946 zu 20 Jahren Gefängnisstrafe verurteilt), dass er mit seiner Frau mehr Zeit auf dem Berghof verbracht hatte als in seinem eigenen Haus auf dem Obersalzberg. Speer: „Die Atmosphäre war äußerst informell, aber auch ausgesprochen langweilig und ohne jede Abwechslung. Im Lauf der Zeit

Nachdem Hitler gefrühstückt hatte, lief er die Treppe herunter, um durch die große Wohnhalle, das kleine Wohnzimmer und den Wintergarten die große Terrasse zu erreichen, wo schon verschiedene Gäste warteten. Auf dem Foto links Gretl Braun, die Schwester von Eva, und Botschafter Hewel, der Verbindungsmann des Außeninisteriums bei Hitler. Am Tisch sitzen weiter ein Mitglied des Begleitkommonados und zwei Adjutanten.

Geheim!!

Geheim!!

Interne Telefonnummern vom Obersalzberg

BERGHOF:

1 Zentrale
7 Feueralarm (via Türkenzentrale 371)
498 Anbau
401 Adjutant Führer, Schlafzimmer
402 Adjutant Führer, Wohnzimmer
408 Adjutantur, persönliche
409 Adjutantur, persönliche
405 Adjutantur, Wehrmacht
400 Arzt, diensthabender
419 Arzt, Prof. Dr. Morell
417 Braun, Eva
306 Zentraler Heizungskeller
337 Chauffeur Führer
305 Tagesaufenthalt & Speisezimmer Fahrer & Leibwachen
606 Speisezimmer Führer
304 Speisezimmer Dienstmädchen
426 Fotograf Hoffmann, Wohnzimmer
427 Fotograf Hoffmann, Schlafzimmer
501 Führer, Arbeitszimmer
600 Führer, Schlafzimmer
309 Garage Berghof
315 Garage & Chef Dienstwagen
314 Garderobe persönliche Diener Führer
607 Große Halle
301 Hausmeister, Büro
423 Hausmeister, Wohnzimmer
335 Zimmer Dienstmädchen, westlicher Flügel
886 Zimmer Dienstmädchen, westlicher Flügel
319 Zimmer Dienstmädchen, östlicher Flügel
325 Zimmer Dienstmädchen, östlicher Flügel
342 Büro Kuriere
306 Kegelbahn
302 Küchen
344 Kommandant Leibwache
384 Gästezimmer, grün
387 Gästezimmer, rustikal
416 Gästezimmer, altes Gebäude
312 Rehhäusl
418 Salzbergzimmer Prof. Dr. Morell
311 Sekretärinnen Führer
313 Sekretärinnen Führer
403 Zahnarzt
420 Türkenzimmer
419 Untersbergzimmer
306 Waschzimmer
410 Wintergarten

411 Wohnzimmer, Erdgeschoss Hauptgebäude
415 Wohnzimmer, alter Flügel
383 Wohnzimmer, östlicher Flügel

BERGHOFBUNKER:

490 Arzt, Behandlungsraum
366 Braun, Eva
493 Tagesaufenthalt Personal
601 Führer, Schlafzimmer
603 Führer, Arbeitszimmer
379 Gästezimmer
494 Hausmeister
492 Küchen
367 Tresore Gemälde & Kunstwerke
470 Leibwachen & Ordonnanzen
472 Leibwachen & Ordonnanzen
475 Reichsleiter Bormann, Arbeitszimmer
474 Reichsleiter Bormann, Wohnzimmer
476 Reichssicherheitsdienst
477 Reichssicherheitsdienst

WOHNHAUS REICHSLEITER BORMANN:

460 Tagesaufenthalt Personal & Fahrer
450 Dienstmädchen, Schlafzimmer
447 Speisezimmer
448 Speisezimmer, Kinder
434 Gang 2. Stock
449 Garderobe, Erdgeschoss
461 Garderobe, Keller
462 Haushälterin, Dachgeschoss
435 Küchen
452 Kindermädchen
433 Gästezimmer, 1. Stock
455 Gästezimmer, 2. Stock
456 Gästezimmer Berghof, 2. Stock
457 Gästezimmer Zirbel, 2. Stock
432 Schlafzimmer Reichsleiter Bormann
429 Arbeitszimmer Reichsleiter Bormann
431 Wohnzimmer, groß
446 Wohnzimmer, klein

BUNKER REICHSLEITER BORMANN:

406 Dienstmädchen
428 Gästezimmer
404 Küchen
463 Kinderzimmer
395 Schlafzimmer Reichsleiter
457 Wachzimmer Reichsleiter
394 Arbeitszimmer Reichsleiter

KEHLSTEINHAUS:

608 Führer, Arbeitszimmer
441 Große Halle
438 Kriminalpolizei
439 Lift
440 Leibwachen
442 Scharitzkehlzimmer

TEEHAUS MOOSLAHNER KOPF:

445 Garderobe
444 Große Halle
443 Leibwachen
437 Vorzimmer

DIVERSE:

214 Adjutantur Reichsmarschall Göring
342 Bunker Reichsmarschall Göring
348 Büro Reichsleiter Bormann
346 Haupteingang, Wache
341 Kammer, Modell Neubauten
602 Kammer, Modell Neubauten
478 Luftabwehr
479 Luftabwehr
353 Pressebüro
210 Platterhof, Telefonzentrale
398 Prof. Speer, Wohnhaus
209 Reichskanzlei Bischofswiesen
208 Reichskanzlei Bischofswiesen, Dr. Lammers
210 Reichspressechef Dr. Dietrich
207 Telefonzentrale, Techniker

Foto rechts: Während die Schlacht um Stalingrad tobte und die Sechste Armee unterging, hielt sich Hitler auf dem Obersalzberg auf. Während des täglichen Spaziergangs zum Teehaus mit Speer (links) klagte Hitler (rechts) seine Not.

Links: Hitler mit seinem Gast, Außenminister von Ribbentrop, im runden Saal des Teehauses auf dem Mooslahner Kopf.

Links unten: Eine echte Nazi-Kerze für fanatische Parteigenossen. Porzellan mit dem goldenem NS-Adler, das auf dem Berghof verwendet wurde. Es war speziell in der SS-Porzellanfabrik im süddeutschen Allach angefertigt worden.

Unten: Hitler an seinem absoluten Lieblingsfleck, der Aussichtsplattform des Teehauses auf dem Mooslahner Kopf.

Sobald Hitler die Terrasse des Berghofs betrat, überreichte ihm sein Pressechef, Dr. Otto Dietrich (r), Ausschnitte und Berichte über die wichtigsten Ereignisse.

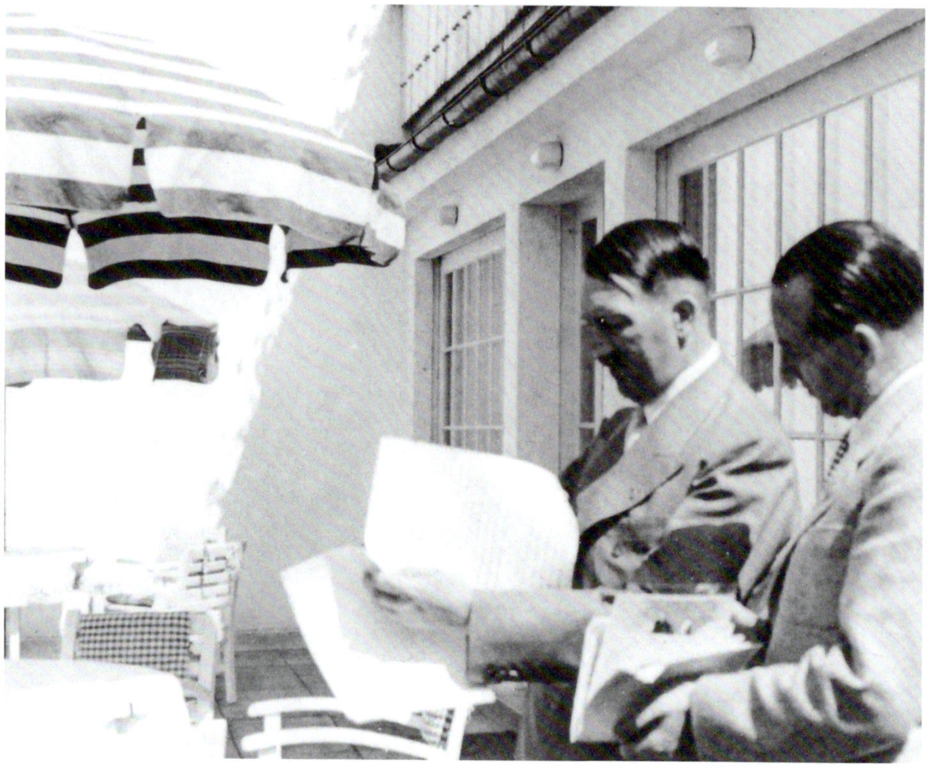

hatte man sich nicht mehr so viel zu sagen. Die meisten Leute der Gesellschaft waren einfache Gemüter, und sie ließen sich selten oder nie auf eine Diskussion mit ihm ein. Sie mussten sich seine Monologe immer wieder anhören und durften sich nicht beschweren, wenn er etwas zum zehnten oder zwölften Mal erzählte. Ich nehme das Hitler nicht übel, denn der Mann hatte in Anbetracht seiner vielen Probleme einfach Leute nötig, die wie blind an seinen Lippen hingen.“ Die Gesellschaft veränderte sich kaum im Lauf der Jahre. Sie bestand aus Dr. Dietrich, Hitlers Pressechef, und dessen Assistenten Lorenz, den Doktoren Brandt, Hasselbach und Morell, den Zahnärzten Blaschke und Richter, dem Architekten Speer, Reichsleiter Martin Bormann und dessen Bruder Albert Bormann (ein Adjutant Hitlers), dem Fotografen Hoffmann, den Adjutanten Schmund und Bruckner, Hitlers Sekretärinnen Johanna Wolff, Gerda Daranowsky, Christa Schröder und Traudl Junge, SS-General Fegelein, Verbindungsoffizier der SS beim Führer, und Botschafter Hewel, politischer Ratgeber Hitlers. Hinzu kamen die SS-Adjutanten Schulze-Kossens und Schneider, die Armee-Adjutanten von Below (Luftwaffe), Engel (Wehrmacht) und von Puttkammer (Marine) und schließlich Eva Braun mit ihrer Schwester Gretl und ihren Freundinnen Herta Schneider, Marion Theißen und Anni Brandt. Daneben gab es ab und zu Gäste von außerhalb des unmittelbaren Kreises wie Werlin, dem Direktor der Mercedes-Benz-Werke, Frau Gerda Troost, Gattin des verstorbenen Architekten Professor Troost, Frau Braun und die Ehefrauen der genannten Herren. Ungefähr um die Zeit, in der man Hitler in der Gesellschaft erwartete, hatten die meisten sich im Wohnzimmer oder bei schönem Wetter auf der Terrasse versammelt. Die Spaziergänger waren zurückgekehrt, und die Tischtennisanlage war verlassen. Die Damen lagen meistens noch in der Sonne in den geflochtenen Liegestühlen. Dann erschien Hitlers Kammerdiener Linge mit der Mitteilung,

Hausregeln Berghof

- Rauchen ist auf dem Berghof strengstens verboten.
- Gäste dürfen nicht mit Bedienten sprechen oder Einkäufe oder Pakete für sie mitbringen.
- Der Führer muss stets mit „Führer“ angeredet werden. „Herr Hitler“ ist nicht erwünscht.
- Weibliche Gäste dürfen nicht zu viel Make-up benutzen.
- Gäste dürfen nicht über ihre Erlebnisse auf dem Berghof berichten.
- Politische Diskussionen sind nicht erlaubt.
- Gäste dürfen kein Tagebuch schreiben.

Neben Johanna Wolff und Traudl Junge verfügte Hitler noch über zwei Sekretärinnen, Gerda Daranowsky (l) und Christa Schröder (r).

Hitler hatte vier ständige Sekretärinnen zu seiner Verfügung, die jeweils zu zweit alle zwölf Stunden Dienst taten und Hitler auf Schritt und Tritt folgen mussten. Auf diesem Foto Hitler mit seiner ältesten Sekretärin Johanna Wolff auf der Terrasse des Berghofs.

Die „Hitler-Clique" posiert zu Hitlers 51. Geburtstag (20. April 1940) im großen Saal des Berghofs. Da auch Fotograf Hoffmann auf dem Foto ist und Speer fehlt, hat dieser aller Wahrscheinlichkeit diese Aufnahme gemacht.
Vordere Reihe v.l.n.r.: Wilhelm Brückner (Hitlers persönlicher Chefadjutant), Christa Schröder (eine von Hitlers Privatsekretärinnen), Eva Braun, Hitler, Gretl Braun (jüngste Schwester von Eva), Adolf Wagner (Gauleiter von München) und Dr. Otto Dietrich (Reichspressechef).
Zweite Reihe v.l.n.r.: Gerda Daranowsky (später Frau Christian, eine von Hitlers Sekretärinnen), Frau Margarete Speer, Reichsleiter Martin Bormann, Frau Gerda Bormann, Dr. Karl Brandt (Hitlers Chirurg) und Heinrich Hoffmann (fester Fotograf Hitlers).
Hinterste Reihe v.l.n.r. : Prof. Morell (Hitlers Leibarzt), Frau Hanni Morell, Kapitän zur See Karl-Jesko von Puttkamer (Hitlers Marineadjutant), Max Wünsche (eine von Hitlers SS-Ordonnanzen) und Dr. Heinrich Heim (Adjutant von Bormann und Protokollant von Hitlers Monologen).

Die vierte, und jüngste Sekretärin war Traudl Junge, die erst im Laufe des Krieges zu Hitler kam und dessen Selbstmord im Berliner Führerbunker miterleben sollte. Sie hat uns bei dem Zustandekommen dieses Buches, übrigens ebenso wie Christa Schroeder, viele nützliche Informationen gegeben.

dass Hitler innerhalb von zehn Minuten erscheinen würde. Dieser hatte sich nach seinen langen Besprechungen kurz auf seine Zimmer im ersten Stock zurückgezogen. Speer: „Nach der Mitteilung über die Ankunft Hitlers wurden die Gespräche gedämpfter, und das Lachen, das hie und da erklungen war, verstummte. Nur die Frauen sprachen noch halblaut über Kleider und Reisen. Eva nahm ihre Filmkamera vom Liegestuhl und bereitete sich vor, begleitet von ihren schwarzen Scotchterriern Stasi und Negus, den Führer bei seinem Erscheinen zu filmen." Etwas später kam dann der meistens gut gelaunte Hitler herein. Er erschien gewöhnlich in einem gut geschnittenen Anzug in einer etwas zu auffälligen Farbe und mit schlecht gewählter Krawatte. Er trug trotz des schönen Wetters wegen seiner Sonnenempfindlichkeit immer einen Veloursgut mit breiter Krempe. Zuerst begrüßte er Eva und küsste ihr die Hand. Danach begrüßte er jeden einzelnen Gast mit ein paar freundlichen Worten, erkundigte sich nach den Kindern, persönlichen Plänen und Umständen und entschuldigte sich für sein spätes Eintreffen. Speer meinte, dass Hitlers familiäres Interesse eher eine Formsache als wirkliches Interesse war; dennoch verhielt er sich auf dem Berghof am ungezwungensten und versuchte fast nie, eine Pose anzunehmen. Speer: „Doch war die Bühne von nun an verändert. Alle Anwesenden strengten sich an und gaben sich sichtbar Mühe, einen guten Eindruck zu machen. Die Unterhaltung kam langsam wieder in Gang. Hitler machte einen Scherz über Evas Hunde. Eva, die Scherze nicht gut vertrug, machte eine Bemerkung über Hitlers Schäferhund Blondie. Evas Hunde waren falsch, und sie sahen scheußlich aus. Hitler verbot die Veröffentlichung von Fotos, auf denen er mit den Hunden stand. Wenn alle sehr guter Laune waren, geschah es, dass Hitler Eva fragte: ‚Ach Effi, darf die arme Blondie nun auch eine halbe Stunde kommen?' Eva lachte dann nachgiebig und winkte einem SS-Diener, der Stasi und Negus einschloss. Etwas später ließ sich die dankbar bellende Blondie zu Füßen ihres Herrn und Meisters nieder, der sich berufen fühlte, die außerordentlichen Vorzüge seines Schäferhundes aufzuzählen."
Nachdem sich diese Szene etwa eine halbe Stunde lang abspielte, kam Heinz Linge auf die Terrasse. Er ging auf eine der Damen zu und teilte ihr mit, dass der Führer sie sogleich zu Tisch geleiten werde. Ein anderer Diener informierte den Rest der Gesellschaft über die Sitzordnung bei Tisch. Dann kündigte Linge mit lauter Stimme an, dass für den Führer aufgetischt sei. Hitler ging zu seiner Tischdame, bot ihr den Arm und brachte sie zum Speisesaal. Ihm folgte Eva Braun, am Arm ihres seit 1938 permanenten Tischherrn Martin Bormann. Dann schloss sich die übrige Gesellschaft an.

An Hitlers Tafel

Das Speisezimmer des Berghofs war eine Kombination aus kunstvoller Rustikalität und städtischer Eleganz, wie man sie häufig in den Landhäusern wohlhabender Städter vorfindet. Wände und Decken waren mit hellem Lärchenholz verkleidet. Die Stühle waren mit hellrotem Saffian überzogen. Das weiße Service war schlicht; das Tafelsilber trug Hitlers Monogramm. Hitler war höchst pingelig, was die Bedienung und die Tischordnung betraf. Öfter inspizierte er vorher, ob richtig gedeckt worden war, und wehe dem Bediensteten, der einen Löffel schief

Auf der Wanderung zum Teehaus: Hitler und seine Gesellschaft bewundern ein neues Auto von Hitler, das soeben vom Fahrer Kempka (ganz rechts) abgeliefert wird. Auf dem Foto neben Hitler mit Hut v.l.n.r. Botschafter Hewel, Dr. Brandt, von Ribbentrop und SA-Gruppenführer Albert Bormann, Adjutant Hitlers und Bruder von Reichsleiter Bormann.

Das Esszimmer des Berghofs, in dem eine Geburtstagsfeier des ältesten Sohns von Bormann, Martin jr. (rechts in der Mitte), stattfindet. Die Wände waren mit hellem Lärchenholz verkleidet und die Stühle waren überzogen mit hellrotem Saffian. Rechts dahinter ist die doppelte Eingangstür zum Vestibül sichtbar.

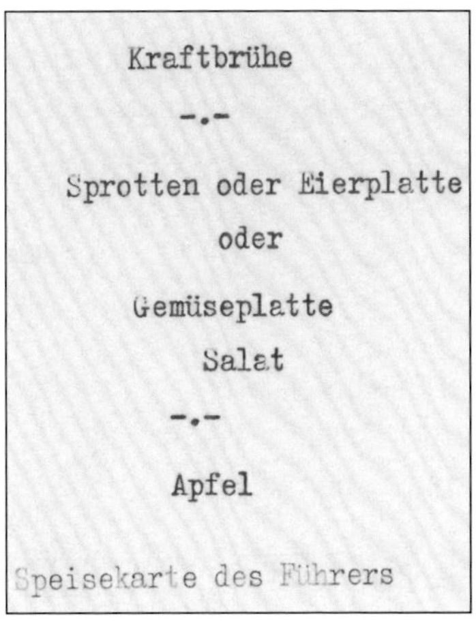

Kraftbrühe

-.-

Sprotten oder Eierplatte

oder

Gemüseplatte

Salat

-.-

Apfel

Speisekarte des Führers

Während des Frühstücks sah sich Hitler stets die Speisekarte für das Mittagessen an. Hieraus wählte er eines von den zwei für ihn bestimmten vegetarischen Gerichten aus, dazu immer einen Apfel. Kamen ausländischee oder andere hohe Besucher, wurden Hitlers Speisen so serviert, dass sie nicht auf den ersten Blick als vegetarisch erkennbar waren. Auf dem Bild eine Speisekarte mit dem von Hitler ausgewählten Menü.

hingelegt hatte. Hitler schickte sogar einen „Spion" in den Kreml, um herauszufinden, wie es um die Tischordnung und die Bedienung bei dem von ihm bewunderten Diktator Stalin bestellt war. Über die bescheidene Blumendekoration sprach der Führer, wenn er gut gelaunt war, oft sein Lob aus. Hitler saß immer in der Mitte des Tisches mit dem Gesicht zum Fenster, während Eva Braun immer links von ihm saß. Dies kennzeichnete eindeutig ihre Rolle als Hausherrin. Gegenüber von Hitler und Eva Braun saß entweder der Ehrengast des Tages oder derjenige, der den höchsten Rang hatte. Die Mahlzeiten begannen meistens mit einer Suppe. Diese wurde glühend heiß aufgetragen, und die Diener durften die Teller erst wegnehmen, wenn sie leer waren; dies auf ausdrücklichen Befehl Hitlers. Dann wurden die Gäste gefragt, was sie zu trinken wünschten. Obgleich Hitler alkoholische Getränke ablehnte, erlaubte er doch, dass Bier oder deutscher Wein eingeschenkt wurden. Selbst trank er gelegentlich Bier, das speziell für ihn in Holzkirch gebraut wurde und nur zwei Prozent Alkohol enthielt. Die Mahlzeiten auf dem Berghof waren gut zubereitet und reichlich, aber einfach. Hitler schätzte schlichte Gerichte, wobei Schnittbohnen, Erbsen und Linsen seine Lieblingsgemüse waren. Die Speisen des Führers waren vegetarisch und daher frei von allem Fleisch und Fett. Er lehnte es sogar ab, Bouillon zu essen. Fleisch war seiner Meinung nach ein toter und verrottender Stoff. Menschen, die Fleisch aßen, seien brutal, mitleidslos und der Natur entfremdet. Eine Lieblingsgeschichte Hitlers während des Essens handelte von seinem Besuch in einem polnischen Schlachthof, wo ihm das Blut bis zu den Knöcheln gestanden hatte. Bemerkte er, dass die unappetitliche Beschreibung besonders bei den Damen der Gesellschaft den gewünschten Eindruck machte, legte er gern noch etwas nach. Gab es Gäste von außerhalb des engeren Kreises, enthielt er sich solcher Kommentare. Auch verfiel er oft in lyrische Beschreibungen darüber, wie die Bestandteile seiner speziellen Speisen entstanden waren. Er schilderte das Bild des Bauern, der mit breiter, majestätischer Geste den Acker bestellt, um nach Ablauf der Zeit einen See goldbrauner, sonnengereifter wogender Halme ernten zu können. Die einzige Ausnahme zu seinem vegetarischen Menü bildete die bayerische Leberknödelsuppe. Als Dessert

Eine seltene Aufnahme: Hitler beim Kegeln in der Kegelbahn unter dem Berghof. Dass Hitler kegelte, war ein gut gehütetes Geheimnis, das im Dritten Reich nie gelüftet wurde, weil der ängstliche Hitler nicht gern von diversen Kegelvereinen zum Ehrenvorsitzenden ernannt werden wollte. Reichsleiter Bormann (2. v.l.) sieht zu.

gab es oft Wiener Gebäck. Hitlers Lieblingsköchin war Fräulein Manzialy. Hitler schätzte die Österreicherin mit italienischem Blut sehr. Da er öfter Magenprobleme hatte, kochte Fräulein Manzialy eine vorgeschriebene Diät, natürlich vegetarisch. Sie tat ihr Bestes, um Hitlers Mahlzeiten so nahrhaft und abwechslungsreich wie möglich zu machen. Da Hitler verrückt nach Süßigkeiten war, versuchte seine Köchin, sich auf diesem Gebiet immer wieder selbst zu übertreffen. Besonders Windbeutel fand Hitler köstlich. Es war für die Gesellschaft manchmal recht peinlich, wenn der Führer sich, ohne ein Wort zu sagen, ganz dem schnellen Verspeisen mehrerer Windbeuteln hingab. Es verging beinahe keine Mahlzeit, ohne dass Hitler die Kochkunst von Fräulein Manzialy pries – oft zum Ärger Eva Brauns, die solche Lobpreisungen doch etwas übertrieben fand. Aber Hitler kümmerte sich nicht darum und lud seine Köchin sogar zum Tee oder zu nächtlichen Kamingesprächen ein. Während des Essens führte Hitler fast ständig das Wort. Die Atmosphäre bei Tisch war meist abhängig von der Art der hereinkommenden Berichte. Die Stimmung des Führers spiegelte sich sehr deutlich in all seinen Worten und Gebärden wider. Einen Tag konnte eine Atmosphäre eisiger Gleichgültigkeit herrschen, einen anderen Tag wiederum ausgelassene Fröhlichkeit. Die Laune des Gastgebers war dafür ausschlaggebend. Das Gespräch bei Tisch ging, neben den bereits erwähnten Geschichten von Hitler über das Essen, über zahlreiche Themen, aber niemals über Politik. Obwohl Hitler keinen Widerspruch duldete, gab es doch einige Gäste, die gelegentlich ein Streitgespräch mit ihm eingingen: Evas Schwestern Ilse und Gretl, aber besonders Evas Freundin Marion Schönmann, eine echte Wienerin.

An einem Sonntag, als Marion und Eva des Morgens in der Kirche in Berchtesgaden gewesen waren, fragte Hitler sie während des Essens: „Und, waren genug Menschen in der Kirche, um deinen neuen Hut zu bewundern?" Marion: „Oh, mein Führer, es war proppenvoll. Seit die Partei die Menschen auffordert, nicht mehr zur Kirche zu gehen, wird es dort stets voller." Bei einer anderen Gelegenheit bemerkte Marion bei Tisch: „Mein Führer, die Menschen klagen, dass man nichts mehr in den Läden bekommen kann. Und warum verjagen Sie arme Nonnen aus ihren Klöstern?" Reichsleiter Bormann versuchte, sie zu warnen, aber Marion fuhr unerschrocken fort: „Ach, Herr Bormann, hören Sie doch auf, mir auf die Füße zu treten, ich finde das lästig … Ja, Exzellenz," so Marion in deftigem Wienerisch weiter, „Die armen Nonnen müssen schon ohne Mann auskommen, und nun berauben Sie sie auch noch ihres Daches über dem Kopf … Herr Bormann, hören Sie doch endlich auf, ich habe neue Schuhe an, und Sie machen sie noch kaputt mit Ihren großen, schmutzigen Stiefeln." Hitler wischte sich die Lachtränen aus den Augen. Marion war gerade durch solche Vorfälle ein gern gesehener Gast auf dem Berghof. Jahre später musste unsere Wienerin nach einem heftigen Wortwechsel mit Hitler aber doch noch das Feld räumen.

Sobald die letzten offiziellen Besucher den Berghof verlassen hatten, machten Hitler und seine Gesellschaft sich auf zum täglichen Spaziergang zum Teehaus. Auf dem Foto streichelt der Führer auf der großen Terrasse seine Schäferhündin Blondie, bevor er diese an die Leine nimmt, um mit ihr loszugehen.

Hitler und seine alten Getreuen Hess (l) und Esser (r) kurz vor der täglichen Wanderung. Rechts ist der Haupteingang des Berghofs noch gerade sichtbar.

Unten: Der Spaziergang zum Teehaus war Pflichtprogramm für den Hofstaat des Führers. Hier sehen wir Hitler zusammen mit Göring, von Schirach, Bormann, den Damen usw. vor der Auffahrt zum Berghof. Links der halbrunde Anbau des Speisesaals. Die späten Sonnenstrahlen werden vom Dach des Berghofs zurückgeworfen.

Der tägliche Spaziergang zum Teehaus

Nach dem Essen, das ungefähr anderthalb Stunden dauerte, machte sich die ganze Gesellschaft für den täglichen Spaziergang zum Teehaus auf. Dieses lag auf einem Hügel dem Berghof gegenüber und sollte nicht mit dem offiziellen Teehaus verwechselt werden, dem Adlerhorst hoch oben auf dem Kehlstein. Spezielle Wanderwege führten zu diesem Gebäude, das zu Fuß eine halbe Stunde vom Berghof entfernt war. Dies war Hitlers bevorzugter Spaziergang. Er zog seine Holzfällerjacke aus Ölstoff an, setzte seinen Lieblingshut auf, nahm seinen Spazierstock und seinen Hund Blondie. Wenn er den Weg vor dem Berghof überquert hatte, ließ er seinen Hund frei, der übermütig hinter den Kaninchen und Eichhörnchen herlief und Hitlers Befehle überhaupt nicht befolgte. Auf dem Fußweg zum Teehaus konnten nur zwei Personen nebeneinander hergehen, sodass die Gruppe einer Prozession glich. Voran liefen zwei Leibwachen, ihnen folgten mit einigem Abstand Hitler mit seinem Gesprächspartner, meistens ein besonderer Gast. Mit Abstand folgte dann in bunter Reihe der Rest der Gesellschaft. Zuletzt gingen zwei Männer der Leibstandarte. Zu Bormanns großem Verdruss spazierte Hitler immer über die gleichen Wege. Er weigerte sich, die kilometerlangen, asphaltierten Waldwege zu benutzen, die Bormann extra hatte anlegen lassen.

Das Teehaus war auf einem von Hitler selbst ausgesuchten Platz gebaut worden. Aus dem Berchtesgadener Tal betrachtet, sah es aus wie ein Schädel, und es hieß im Volksmund „Mooslahner Kopf". Von den Fenstern des Teehauses aus hatte man eine atemberaubende Aussicht auf das Tal, durch das sich wie ein Silberband das Bergflüsschen Ach einen Weg

Einmal beim Teehaus angekommen, ging Hitler oft erst zur Aussichtsplattform, um die herrliche Aussicht zu genießen. Hitler hier im Gespräch mit Eva Braun (mit weißem Rock) und Anni Winter, der Haushälterin seiner Wohnung in München.

Das Teehaus auf dem Mooslahner Kopf. Das runde Hauptgebäude hatte einen Durchmesser von 8 Metern. Das Teehaus war an einem von Hitler ausgewählten Platz gebaut worden. Vom Berchtesgadener Tal aus glich der Gipfel einem Schädel und hatte im Volksmund den Namen „Mooslahner Kopf". Aus den Fenstern des Teehauses hatte man eine atemberaubende Aussicht auf das Tal, wo sich wie ein Silberstreifen das Bergflüsschen Ach zwischen den Bilderbuchbauernhöfen hindurchschlängelt. Bei klarer Sicht sind in der Ferne die Türme Salzburgs zu sehen.

zwischen den Bilderbuchbauernhöfen hindurchbahnte. Bei klarer Sicht konnte man in der Ferne die Türme Salzburgs sehen. Wie eine sich stets wiederholende Szene in einem Theaterstück bewunderte die Gesellschaft mit immer gleichen Worten das Panorama. Hitler ging zustimmend und immer mit den gleichen Worten auf die Bemerkungen ein.
Das Teehaus war rund und hatte einen Durchmesser von 8 Metern. Es hatte viele Fenster und einen großen Kamin. Neben dem Teeraum gab es noch eine Halle und ein Boudoir, die Toiletten befanden sich neben der Halle. Als Verlängerung des Teehauses hatte Hitler eine etwa 20 Meter lange und 8 Meter breite Plattform anlegen lassen. Sie war von einem Holzzaun umgeben. Der Rand des Plateaus war mit einem Holzzaun gesichert. An der Seite des steilen Abgrunds stand eine einfache Holzbank. Hitler konnte stundenlang auf der Bank sitzen und in die Tiefe starren. Manchmal hatte er einen Feldstecher bei sich, und einmal machte er die Bemerkung, dass er von diesem Punkt aus eigentlich den einzigen Kontakt mit dem „einfachen Volk" im Tal hatte. Unbemerkt konnte der Führer die Straße von Berchtesgaden nach Salzburg beobachten oder die Bäuerinnen auf den kleinen Höfen am Fuße des Obersalzbergs. Je größer seine Rolle als Führer wurde, desto größer war sein Bedürfnis, seine „Untertanen" zu beobachten. Hier lief er grübelnd hin und her und bereitete seine Reden vor oder brütete Entscheidungen aus. Bei schönem Wetter setzte sich die ganze Gesellschaft ins Gras, und Eva Braun begann, eifrig zu fotografieren. Die Plattform und der steile Abgrund sind in vielen ihrer Filme zu sehen. Auch die Kinder von Bormann und Speer gingen ab und zu mit. SS-Adjutanten und aufmerksame Mütter sorgten dafür, dass sie nicht zu nah an den Zaun der Plattform kamen. Ab und zu durften sie neben Onkel Adolf auf der Bank sitzen oder Blondies Halsband festhalten. Im Winter

Man saß in gemütlichen, geblümten Sesseln, die um einen runden Tisch beim Kamin aufgestellt waren. Eva saß neben Hitler und an dessen anderer Seite ein Gast oder eine Dame der festen Gesellschaft. Wer in der Teestube keinen Platz mehr finden konnte, suchte die Halle daneben auf. Bediente servierten Kaffee, Tee oder heiße Schokolade und verschiedene Sorten Torte und Gebäck. Außerdem gab es diverse alkoholische Gedränke. Hitler trank meistens Tee und aß oft unmäßig viel Süßes. Als Evas Mutter einmal zu Besuch war, präsentierte Hitler ihr eigenhändig etliche Sorten Kuchen. Er packte ihren Teller damit voll, während er alles anpries. Auf dem Foto Hitler und Eva Braun.

Hitler und Göring auf dem Weg zum Teehaus.

Foto links: *Oft nahm der Führer zu seinem täglichen Spaziergang zum Teehaus auch seinen Schäferhund Blondie mit. Er hatte das Tier gut erzogen und konnte es allerlei Kunststückchen vorführen lassen. Hier steht Hitler zusammen mit Blondie auf der Aussichtsplattform des Teehauses. Gelegentlich nahm er einen Feldstecher aus dem Teehaus mit, um so unbemerkt die „Volksgenossen" im Tal von Berchtesgaden beobachten zu können.*

Nach der Wanderung stand Hitler noch gelegentlich auf der großen Terrasse, um zum Untersberg zu schauen. Das große Fenster des Konferenzsaals hinter ihm ist gut zu sehen.

versammelte man sich um den brennenden Kamin. Man saß in gemütlichen, geblümten Sesseln, die um einen runden Tisch beim Kamin standen. Eva saß neben Hitler, und zu seiner anderen Seite saß ebenfalls eine Dame. Wer im Teezimmer keinen Platz fand, begab sich in die angrenzende Halle. Das Personal servierte Kaffee, Tee und Kakao und verschiedene Sorten Torten, Kuchen und Gebäck. Außerdem gab es verschiedene alkoholische Getränke. Hitler trank meistens Tee und aß diverse Sorten Gebäck. Als Evas Mutter einmal zu Besuch war, präsentierte ihr Hitler eigenhändig etliche Arten von Süßigkeiten. Er häufte alles auf ihren Teller mit den Worten: „Verehrte Dame, das ist köstlich, und das müssen Sie auch einmal probieren, und wie finden Sie dies?" Ihr Teller war schließlich so überhäuft, dass sie kaum essen konnte. Frau Braun: „Ich war sehr erstaunt, dass der Führer so viel aß. Er nahm etwas von allem und dann noch ein zweites Mal. Sie hätten die Mengen Süßes sehen müssen, die er zum Tee verschlang."
Genau wie bei den Mahlzeiten führte Hitler auch hier das Wort und verfiel in seine berüchtigten endlosen Monologe. Die meisten Mitglieder dieser Gesellschaft haben sie jahrelang gehört und konnten sie fast auswendig. Wenn er über seine Plane sprach, benutzte er Tassen, Untertassen und Löffel zur

Hitler (m) auf der Aussichtsplattform des Teehauses mit Eva Braun (r) und seinem Außenminister von Ribbentrop (l) in Gedanken verloren.

Ein besonderes Foto: Der niesende Hitler, einmal nicht in „Führerpose".

Illustration. Vergaß er in seinem Bericht etwas Wichtiges oder verlor er den Faden, so genügte es, wenn Eva Braun ein Schlüsselwort nannte, und er war wieder in der Spur. Nachdem er seinen Bericht abgeschlossen hatte, überfiel ihn oft eine plötzliche Müdigkeit. Er rutschte dann in seinem Sessel etwas nach vorn, bedeckte mit der Hand die Augen und schlief – ohne sich vor der Gesellschaft zu schämen – ein. Die Gespräche wurden dann in gedämpfterem Ton fortgesetzt. Wenn der Zeitpunkt des Aufbruchs gekommen war, weckte Eva Braun Hitler diskret. Die ganze Gruppe folgte ihm dann zu dem in der Nähe liegenden Parkplatz, wo schon einige Autos bereit standen, um die ganze Gesellschaft. wieder zum Berghof zurückzubringen. Dort angekommen verschwand Hitler sofort in seinem Arbeitszimmer. Die meisten Mitglieder der Gesellschaft benutzten diese Zeit, um persönliche Dinge zu erledigen oder um draußen eine Zigarette zu rauchen.

Jeden Abend ein Spielfilm

Zwei Stunden später traf man sich im Konferenzsaal zum Abendmahl. Die Herren kamen im Anzug, und die Damen trugen Kleider der großen Modehäuser. Beim Abendessen galt nahezu das gleiche Ritual wie am Mittag. Nach der Mahlzeit verließ Hitler oft die Gesellschaft wegen seiner militärischen und politischen Besprechungen mit dem Versprechen, es kurz zu machen. Der Rest der Gesellschaft ging in den kleinen Salon, auch Bibliothek genannt. Wenn Hitlers Besprechungen beendet waren, begab er sich zu seinen Gästen, wo er meistens eine Reihe von Gesprächen unter vier Augen führte. Nachdem dies dann auch beendet war, ging er, noch immer gefolgt von der gleichen Gesellschaft, zum großen Konferenzsaal. Bis zum Beginn des Krieges war es üblich, dass am Abend ein oder gelegentlich zwei komplette Spielfilme im großen Saal des Berghofs vorgeführt wurden. Hitler sah gern Musicals, Cowboy- und Abenteuerfilme; „Vom Winde verweht" machte tiefen Eindruck auf Eva Braun. Bei der Filmvorstellung war jeder willkommen, auch das Haus- und Küchenpersonal. Linge: „Anders als in den öffentlichen Kinos herrschte während der Vorstellung keine kirchliche Stille. Die Filme wurden besonders von Hitler temperamentvoll kommentiert, und oft erklang fröhliches Lachen im Saal." Wurde ein Film gezeigt, der vom Propagandaministerium verboten war, dann war der Saal übervoll; ein deutscher Propagandafilm zog im Allgemeinen besonders wenige Interessenten an. Nach der Filmvorstellung versammelte man sich um den riesigen Kamin. Hitler saß gewöhnlich rechts vom Kamin in einem gemütlichen Sessel,

Links: Nach der Rückkehr führte Hitler oft noch eine Besprechung mit einem seiner Mitarbeiter, wie hier mit Göring, auf der Terrasse des Berghofs.

Unten: Zum Lesen brauchte Hitler eine Brille oder sogar eine Leselupe, die beide stets in seiner Nähe lagen.

Eine der wenigen Aufnahmen, auf denen Hitlers Lachen echt ist. Wenn er lachte, machte er dabei oft ein kläffendes, krähendes Geräusch und pflegte dabei seine Hand vor den Mund zu halten. Links steht seine Münchner Haushälterin Anni Winter, und rechts sitzt Werlin, der Direktor von Mercedes-Benz.

flankiert von Eva Braun und einer der Damen. Acht Personen konnten auf einer ungewöhnlich langen, aber unbequemen und niedrigen Bank gegenüber dem Kamin Platz nehmen. Als Folge dieser ungünstigen Anordnung saßen die Anwesenden so weit auseinander, dass eine gemeinsame Unterhaltung nicht möglich war. Jeder sprach mit gedämpfter Stimme mit seinem Nachbarn. Hitler führte leise ein unbedeutendes Gespräch mit den beiden Frauen neben ihm oder flüsterte mit Eva Braun. Oft schwieg er und starrte grübelnd ins Kaminfeuer. Gelegentlich wurden auch die gesehenen Filme besprochen. Die weiblichen Stars wurden von Hitler, die männlichen von Eva Braun beurteilt. Eva Braun wäre selbst gern Filmstar geworden. Völlig aus dem Kopf hatte sie es sich nie geschlagen. Sie sagte einmal:
„Der Chef (so nannte sie Hitler oft) hat versprochen, dass ich, sobald der Krieg vorüber ist, nach Hollywood gehen darf, um da meine eigene Rolle im Film über unser Leben zu spielen." „Niemand machte sich die Mühe, das Gespräch von dem nichts sagenden Niveau zu holen, indem er z. B. etwas über die neuen Ausdrucksformen der Regie sagte", so Speer. Obwohl der Führer an solchen Abenden oft in Gedanken versunken schien, entging ihm nur wenig.
Saßen einige Gäste in einer Ecke und flüsterten oder begann jemand plötzlich zu lachen, dann wollte er stets den Grund dafür wissen. Hitler wurde u. a. gekennzeichnet durch seine krankhafte Neugier. Seine Sekretärin Christa Schröder: „In der Zeit vor dem Krieg machten wir oft Gebrauch davon, ihm etwas mitzuteilen, das sonst schwierig mit ihm zu besprechen war. Ein paar von uns steckten dann flüsternd ihre Köpfe zusammen. Wenn der Führer dann wissen wollte, worum es ging, erzählten wir ihm von den Dingen."
Gelegentlich konnte Hitler auch während der Abende in seine berüchtigten Monologe ausbrechen. Beliebte Themen waren seine Jugenderinnerungen, seine armen Jahre in Wien, die ersten Jahre in München (die Kampfzeit), der missglückte Putsch (November 1923) und die Machtübernahme in Berlin. Als weitere Themen kamen sein Eisenbahnprojekt,

Eine verbotene Aufnahme: Der Führer spielt mit den zwei Terriern von Eva Braun, Stasi und Negus, im großen Saal des Berghofs.

Eva Braun (links) mit ihrer Freundin Herta Schneider (rechts) auf der kleinen Seitentreppe, die von der großen Terrasse zur Garage darunter führte.

Auch wenn Hitler nicht auf dem Berghof war, hatte Eva viel Spaß, wie hier auf dem Oktoberfest in München mit v.l.n.r. Gretl, Mutter Braun, eine Tante und Eva.

seine geliebten Bauprojekte und seine großartigen Pläne zur Reorganisation der eroberten Gebiete regelmäßig auf die Tagesordnung. Ebenso gern sprach er immer wieder über die besondere Schlauheit seines Hundes Blondie. Speer: „Hitler hatte keinen Humor … obwohl er lauthals lachen konnte … gelegentlich krümmte er sich buchstäblich vor Lachen. Oft musste er sich während solcher Lachanfälle die Tränen aus den Augen wischen. Er lachte gern, aber immer auf Kosten anderer. Bestimmte Witze konnte er endlos wiederholen. Bekannt ist einer, von dem er einfach nicht genug bekommen konnte. Frage: Warum ist der Hals eines Schwanes so lang? Antwort: Anders würde er wohl ertrinken … Wenn er lachte, machte er oft eine Art kläffendes, krähendes Geräusch. Dabei hatte er die Gewohnheit, seine Hand vor den Mund zu halten."

Die Lieblingsmusik des Führers

Eine andere Lieblingsbeschäftigung der Gesellschaft war das Abspielen von Platten nach der Filmvorstellung. Die nummerierten Schallplatten wurden in einer großen, schwarzen Kiste aufbewahrt. Bormann hatte die Aufgabe, Platten auszuwählen und den Plattenspieler zu bedienen. Hitlers absoluter Favorit war Franz Lehár mit seiner Operette „Die lustige Witwe" und „Die Fledermaus" von Johann Strauß. Christa Schröder: „Ich erinnere mich an eine Zeit, wo er Abend für Abend vor dem großen Kamin Grammophonplatten von Lehár spielen ließ. Selbst am Schreibtisch kam es vor, dass er seine Arbeit im Stich ließ und, mit seinen Händen in den Taschen durchs Fenster in den blauen Himmel starrend, Weisen von Lehár pfiff." Das sehr eintönige Repertoire umfasste neben Lehár auch Strauß, Beethoven, Mozart und Hugo Wolf. Weiterhin war Hitler im Bereich der Musik ein fanatischer Verehrer von Wagner. Wenn es möglich war, besuchte er jedes Jahr die Wagner-Festspiele in Bayreuth. In Gegensatz zu Reichsmarschall Göring hielt Hitler nichts von Barockmusik wie Bach, Händel, Vivaldi, Purcell, Telemann usw. Ab und zu weckte Eva die Gesellschaft auf, indem sie ein modernes amerikanisches Stück auflegen ließ. „Was hast du für eine nette Platte", meinte Hitler dann öfter. „Oh, das", triumphierte

Aus dem privaten Fotoalbum von Eva Braun: Hitler fragt die kleine Uschi, Tochter von Evas Herzensfreundin Herta Schneider, was sie in ihrer Tasche hat. Die Aufnahmen stammen von Eva.

Hitler liest die offizielle Parteizeitung der NSDAP, den Völkischen Beobachter, für den er ab und zu unter dem Pseudonym „Wolf" Meinungsartikel schrieb.

Eva, „Freund Goebbels hat sie gerade für jedermann verboten." Es war inzwischen schon weit nach Mitternacht. Im großen Saal verbreiteten die Flammen des Kamins, verstärkt durch einige Kerzen, ein geisterhaftes Licht, das seltsame Schatten an den Wänden verursachte. Hitler trank ständig Tee, Eva bestellte Champagner, für die Liebhaber gab es auch Cognac oder Genever. Dazu wurden allerlei Sorten Gebäck und belegte Brötchen serviert. Nach einigen Stunden in der Nacht konnten einige der Gäste ein Gähnen kaum noch unterdrücken. Aber er dauerte noch bestimmt eine Stunde, bevor Eva Braun aufstand, ein paar Worte mit Hitler wechselte und nach oben ging. Ungefähr eine Viertelstunde später verschwand auch Hitler in seine Privatgemächer.
Speer: „Nach diesen ermüdenden Stunden folgte oft noch ein kurzes Zusammensein der sich befreit fühlenden Zurückgebliebenen, die dann zu Sekt und Cognac übergingen. In den frühen Morgenstunden kamen wir todmüde nach Hause, müde vom Nichtstun." Eines nach dem anderen erloschen dann die Lichter auf dem Berghof.
Es war inzwischen drei Uhr morgens, und es herrschte tiefe Ruhe. Das Fenster des Führers war meist das letzte, das dunkel wurde. Es geschah auch, dass er, bevor er zu Bett ging, behutsam die Tür zum Balkon öffnete und einen Stuhl hinausstellte, um dann stundenlang auf die vom Mond beleuchteten Gipfel des Untersbergs zu starren. Wenn es hell wurde und die ersten Sonnenstrahlen den Untersberg in eine goldene Glut tauchten, zog Hitler sich in sein Schlafzimmer zurück, um ein paar Stunden zu schlafen, bevor er einen neuen Tag begann.
Am folgenden Tag wiederholten sich die Geschehnisse wieder in der gleichen Reihenfolge. Die Sekretärinnen, die den Abendsitzungen beiwohnen mussten, ruhten tagsüber abwechselnd, sodass mindestens eine von ihnen abends noch hellwach war. Die Gäste mussten jedoch die ganze Prozedur mitmachen, bis sie so müde waren, dass sie nicht mehr klar denken konnten. Sie waren froh, wenn Hitler beschloss, den Berghof zu verlassen, oder sie selbst abreisen konnten. Speer: „Nach einigen Tagen bekam ich, wie ich das damals nannte, die Bergkrankheit, will sagen, dass ich mich übermüdet und leer fühlte durch die ständige Zeitverschwendung. Nur wenn Hitlers Nichtstun von Besprechungen unterbrochen wurde, hatte ich die Zeit, um mit einigen Mitarbeitern an den (Bau-)Plänen zu arbeiten. Als bevorzugter Dauergast und Bewohner des Obersalzbergs konnte ich mich, wie langweilig es auch war, nicht von diesen Abenden fernhalten, ohne unhöflich zu erscheinen."

Erst wenn es hell wurde und die ersten Sonnenstrahlen den Untersberg in ein goldenes Licht tauchten, zog Hitler sich in sein Schlafzimmer zurück, um ein paar Stunden zu schlafen, bevor er einen neuen Tag begann. Links vom Balkon Hitlers Arbeitszimmer über dem großen Fenster. Über dem gut augestatteten Filmraum ist gerade noch ein Fenster seines Schlafzimmers zu sehen.

9 Hitlers monströse Pläne

Eine wichtige Inspiration

Trotz oder gerade wegen der seltsamen, beinahe undefinierbaren Atmosphäre, die auf dem Berghof herrschte, erschien Hitler gern in seiner Villa auf dem Obersalzberg. Er fand dort die nötige Inspiration, um zu Entscheidungen zu kommen. Besonders vor dem Krieg brachte er dort viele einsame Stunden zu, vor dem Fenster stehend oder auf seinem Balkon sitzend und mit der unveränderlichen Aussicht. Dort, in der fast völligen Stille der Berglandschaft, brütete er über seinen Plänen. „Es ist in der Mitte der ruhigen Majestät der Berge, wo ich meine besten Entscheidungen treffe", pflegte er zu sagen. „Dort oben habe ich das Gefühl, über dem irdischen Elend zu schweben, über den unvergleichlichen Belastungen meines Volkes, über unseren Sorgen und Schwierigkeiten. Die unbeschränkte Aussicht auf die Ebene von Salzburg ermöglicht es mir, mich von den Alltagsproblemen zu lösen, und lässt geniale Ideen aufkommen, die die Welt ihren Fundamenten erschüttern lassen. In solchen Augenblicken fühle ich mich nicht mehr gebunden an die sterblichen Menschen, doch meine Gedanken erheben sich über die menschlichen Beschränkungen und führen zu Taten, deren Folgen noch nicht zu übersehen sind."

Die so inspirierende Landschaft bekam von Hitler eine persönliche Benennung. So sprach er über den „Moltkeberg", da die Konturen des betreffenden Bergs ihn an das Profil des Feldmarschalls von Moltke erinnerten. Ein anderer Berg wurde in „Barbarossaberg" umgetauft nach dem legendären Kaiser des Heiligen Römischen Reiches, Friedrich I. Barbarossa. Die Legende sagt, dass dieser Fürst in einer der Grotten des gegenüber dem Berghof liegenden Untersbergs schlummert, um aufzuerstehen, wenn das Deutsche Reich wieder groß und mächtig geworden ist. Barbarossa würde dann dem neuen Führer des Reiches huldigen. Dies ließ Hitler nicht unberührt, und er sah in der Lage seines Hauses einen wichtigen Fingerzeig. „Dies ist kein Zufall, ich sehe darin eine Berufung." So gab es auch noch das „Mausoleum", wo er begraben werden wollte, und den „Schokoladenhügel", einen Hügel in der Nähe des Berghofs, wo Hitler Schokolade an die Kinder seiner Gäste verteilte.

Links: Hitlers letztliches Ziel war die Errichtung eines kontinentalen deutschen Imperiums, einer Pax Germania, das Russland bis zum Ural umfassen sollte und sich weiterhin über den größten Teil des europäischen Festlands erstreckte. Für „minderwertige Bevölkerungsgruppen", insbesondere die Juden, war darin kein Platz. Diese sollten nach Hitler entweder vertrieben oder ermordet werden.

Monströse Planungen

Hitlers politische Ziele bezogen sich vor allem auf die Außenpolitik. Die Innenpolitik diente in seinen Augen nur dazu, die nötigen Voraussetzungen für eine starke Außenpolitik zu schaffen, die unter seiner absoluten Herrschaft realisiert werden sollte. Schon zu Beginn der Zwanzigerjahre stand Hitler das Konzept für seine Außenpolitik klar vor Augen. In seinem Buch „Mein Kampf" hatte er schon haarklein dargelegt, was seine Vorstellungen waren: „Die Forderung nach der Wiederherstellung der Grenzen von 1914 ist politischer Unsinn. Die Grenzen von 1914 bedeuteten für die Zukunft der deutschen Nation überhaupt nichts ... Dagegen müssen wir Nationalsozialisten unerschütterlich an unserem außenpolitischem Ziel festhalten, nämlich der Absicherung des Lebensraums, der dem deutschen Volk rechtmäßig gehört ... Damit setzen wir Nationalsozialisten definitiv einen Punkt hinter die deutsche Vorkriegspolitik ... Wir beginnen da, wo man 600 Jahre früher aufgehört hat. Wir stoppen den ewigen Zug der Germanen nach Süden und nach Westeuropa und wenden unseren Blick nach Osten." Die Frage war, ob Deutschland genügend militärische Kraft für so eine Expansion aufbringen konnte und wie der Westen seinen Plänen gegenüberstehen würde. Für Letzteres hatte Hitler schon eine Lösung bereit: „In Europa werden in absehbarer Zeit zwei Bundesgenossen für Deutschland in Frage kommen, nämlich England und Italien."

Sein letztendliches Ziel war, kurz zusammengefasst, die Schaffung eines kontinentalen deutschen Imperiums, einer Pax Germania, das Russland bis zum Ural umfassen und sich

Entlang der äußeren Grenzen des „Großgermanischen Reiches" bis an den Ural sollten gigantische Monumente, die „Totenburgen", die Grenzen des Imperiums anzeigen.

weiter über den größten Teil des europäischen Festlands erstrecken sollte. Diese ungeheure Vergrößerung des Lebensraumes konnte nur mittels kurzer Überraschungskriege, der „Blitzkriege", gegen einzelne Gegner realisiert werden. Deutschland war absolut nicht im Stande, einen Krieg gegen mehrere Gegner zugleich zu führen. Dem Land fehlten dafür die nötigen Reserven, sowohl an Menschen als auch an Rohstoffen. Das wusste Hitler nur allzu gut. Um diese Blitzkriege führen zu können, musste die deutsche Wirtschaft vorbereitet werden. Dazu war ein geeintes Volk nötig, das ihn zumindest in seiner Mehrheit unterstützte. Darum pochte Hitler, sofort nachdem er 1933 an die Macht gekommen war, auf eine schnellstmögliche Beseitigung der Massenarbeitslosigkeit. Er ging dazu ein Bündnis mit der Wirtschaft ein, damit die ökonomischen Wachstumskräfte optimal genutzt werden konnten. Nächtelang konnte er sich mit glänzenden Augen über seine Pläne auslassen: die Veränderung eines Erdteils durch die Vernichtung von Völkern, enorme Verschiebungen von Menschenmassen, Assimilationsprozesse und Neuverteilung entvölkerter Gebiete. Hitler dachte dabei in maßlosen Größenordnungen, Jahrhunderte schrumpften in seinen Plänen zusammen, die Welt wurde klein, und vom Mittelmeer blieb nach seinen Worten nur noch eine „Wasserpfütze" übrig. Ein korruptes und krankes Zeitalter sollte beendet werden, und ein tausendjähriges Reich, gegründet auf neuen rassistischen Normen und Werten, könnte endlich erstehen ... Der zentrale Gedanke bei all dem war die Erlösung der Welt von einer jahrhundertealten Krankheit: dem Titanenkampf zwischen reinem und minderwertigem Blut. Er sah sich berufen, den Grundstein für das „gute Blut" zu legen, in einem von Deutschland beherrschten kontinentalen Machtblock, der „der am engsten miteinander verbundene kolossalste Machtblock sein würde, den die Welt je gekannt hat", so Hitler. Anfang der Dreißigerjahre hatte er in vertrautem

Eines von Hitlers Lieblingsprojekten, über das er abends am Kamin des Berghofs stundenlang reden konnte, war die Breitspurbahn mit einer Spurbreite von 6 Metern und Zügen von 500 m Länge, die sein Imperium mit großer Geschwindigkeit durchfahren sollten. Er führte aus, dass die damaligen Spurbreiten noch immer auf der Breite der englischen Postkutschen von 1.435 mm basierten und seitdem unverändert wären.

Die geplanten Superzüge waren mit allen Finessen versehen. Die ca. 1.800 Passagiere konnten stimmungsvolle Theater, Kinos mit den neusten Filmen, Luxusgeschäfte, Restaurants mit Panoramafenstern usw. genießen.

Neben den Superzügen sollte ein System breiter Autobahnen (nach Hitler der Anfang der Zivilisation) die Beherrschung des Riesenreiches möglich machen und zur Erschließung der Rohstoffe beitragen. Auf dem Foto ein von Speer entworfenes Modell für die Auffahrt zur Autobahn bei Salzburg. Man achte auf die gigantischen Säulen, gekrönt vom großen goldenen Reichsadler mit Hakenkreuz.

Kreise die Entwicklung einer „Technik der Entvölkerung" verlangt und nachdrücklich hinzugefügt, dass er damit das Liquidieren ganzer Völker meinte. „Die Natur ist grausam, darum dürfen wir es auch sein", sagte Hitler oft. Er betrachtete den Osten Europas als ein ideales leeres Gebiet ohne Vergangenheit. Die slawischen Bewohner sollten teilweise evakuiert und teilweise ausgerottet werden. Falls sie am Leben blieben, sollten sie als Sklaven für die germanische Herrenrasse dienen. Hundert Millionen Menschen sollten in die östlichen Gebiete verbracht werden, so hatten es eifrige Bürokraten des Rasse- und Siedlungshauptamts der SS berechnet. Hitler sah deutsche Städte entstehen mit prächtigen Gouverneurspalästen, hohen Bauwerken für die Kultur, den Staat und die NSDAP, während die Siedlungen der einheimischen Bevölkerung bewusst unansehnlich bleiben sollten. Er verlangte, dass der Lebensstandard und die Entwicklung der slawischen Bevölkerung niedrig bleiben sollten. Man könnte die slawischen Völker am besten „nur die Gebärdenssprache" lehren und sie im Radio nur hören lassen, was für sie nützlich wäre: „Unendlich viel Musik … denn fröhliche Musik erhöht die Arbeitsfreude." Soziale Gesundheitsvorsorge und Hygiene hielt er für „reinsten Unsinn" und schlug vor, den Aberglauben zu propagieren, dass Impfen usw. sehr gefährlich sei.

Ein System breiter Straßen und Verbindungen („der Beginn jeder Zivilisation") sollte die Beherrschung des riesigen Reiches möglich machen und zur Erschließung der natürlichen Rohstoffquellen dienen. Eine von Hitlers Lieblingsideen war eine Eisenbahn mit einer Spurbreite von vier Metern, auf der zweistöckige Züge mit 250 Stundenkilometern fuhren. Giesler, einer von Hitlers wichtigsten Architekten: „Als Generalbauinspektor für die Neugestaltung von München hatte ich einen Kuppelbahnhof geplant mit einer Spannweite von 245 Metern. Als Hitler 1942 das Modell betrachtete sagte er zu mir: ‚Giesler, die Spannweite muss um 20 Meter verbreitert werden, denn es muss Platz gemacht werden für meine Breitspurbahn. In den letzten Jahren habe ich mich viel mit Transportfragen beschäftigt. Schienen und Straßen sind die ersten Mittel, um einen Raum zu erschließen. Denken Sie nur an das Römische Reich mit seinen Straßen,

Die Vergrößerung des Lebensraums konnte nur mittels kurzer Überraschungskriege, auch Blitzkriege genannt, gegen einzelne Gegner erreicht werden. Dafür brauchte Hitler eine starke Wehrmacht und eine flexibele Kriegsproduktion, die blitzschnell von einem Produkt auf ein anderes umstellen konnte.

Der Nationalsozialismus hatte zwei Todfeinde: die Juden und die Kommunisten. Beide sollten vernichtet werden. Auf diesem Foto ist ein beschmiertes Schaufenster eines jüdischen Geschäfts zu sehen.

denken Sie an Napoleon und sehen Sie, welch wichtige Rolle die Eisenbahnen bei der Erschließung der Vereinigten Staaten und Sibiriens gespielt haben. Im Lauf der Zeit wurden die Straßen von 20 auf 25 Meter verbreitert, aber die Spurbreite ist bei den englischen Postkutschen stehen geblieben, nämlich bei 1.435 Millimeter. Das ist zu schmal und nur geeignet für die Erschließung von begrenzten Räumen. Aber ich habe inzwischen das Verkehrsministerium mit einer Studie beauftragt über eine Eisenbahn mit einer Breite von vier Metern. Die Ingenieure sind jetzt in der Testphase, und die Resultate sind gut zu heißen. Vorläufig denke ich an zwei Nord-Süd- und zwei Ost-West-Strecken. Diese Breitspurzüge haben eine Gesamtbreite von sechs Metern, sind zwei Etagen hoch, und für den Gütertransport denke ich an das Containersystem.'" Die Kreuzungspunkte der Hauptstrecken bildeten die Zentren der Städte, die als Stützpunkte dienten. Hier sollten mobile Streitkräfte untergebracht werden. Im Abstand von 30 bis 40 Kilometern sollte ein „Ring von hübschen Dörfern" mit einer wehrhaften Landbevölkerung diese Stützpunkte sichern. In diversen Memoranden hatte Hitler bereits zahlreiche Aufträge erteilt, die zur Kolonisierung der eroberten Gebiete führen sollten. Es wurden sogar schon Vorschriften verfasst für den Bau von Dörfern und Bauernhöfen („Von Wandstärken … unterhalb von 38 Zentimetern ist keine Rede.") und vor allem für die Grünanlagen, die der Landschaft im Osten ein deutsches Aussehen verleihen sollten. Die Kolonisierung des Ostens war auch als Lösung für die nationalen und ethnischen Fragen in Europa gedacht. So sollte die Krim „völlig gesäubert" werden und nach Hitler unter dem altgriechischen Namen „Tauricia" oder „Gotenland" zum Stammland des Reiches gehören. Simferopol sollte dann Gotenburg und Sewastopol Theoderichhafen heißen. Aber Hitlers einheitlich organisiertes, totalitäres und autarkes Imperium sollte nicht nur Osteuropa umfassen. Direkt nach dem Feldzug gegen Frankreich im Juni 1940 wurde eine Grenzregelung entworfen (woran der Führer persönlich mitgearbeitet hatte), in der die Niederlande, Belgien und Luxemburg ins Reich einbezogen wurden. „Nichts auf der Welt kann uns dazu bringen, die durch den Feldzug im Westen eroberten Positionen am Kanal wieder aufzugeben", erklärte er. Nancy sollte Nanzig und Besançon Bisanz heißen. Aus Norwegen wollte er auch nicht weggehen. Er plante, Trondheim zu einer deutschen Stadt mit 250.000 Einwohnern und zu einem großen Kriegshafen auszubauen; Anfang 1941 gab er Albert Speer und der Marineleitung dazu den Auftrag. So wurden ebenfalls entlang der Küsten Frankreichs und des Nordwestens von Afrika Marinebasen zur Sicherung der Seewege geplant. Rotterdam sollte die größte Hafenstadt des Reiches werden. Auch die nationalen Ökonomien sollten an die des Reiches angebunden werden. „Die europäischen Binnengrenzen sollten bald ihre Bedeutung verlieren", schrieb

Die Befehle bezüglich der Judenvernichtung kamen direkt von Hitler. Er hatte die Gewohnheit, diese Himmler mündlich zu übertragen. Der Reichsführer SS gab sie dann weiter an seine Untergebenen zur weiteren Ausführung. Auf dem Foto sehen wir Hitler im Gespräch mit Himmler, während Himmlers Adjutant, SS-General Wolff, rechts zuschaut.

Himmler war oft zu Gast auf dem Obersalzberg. Hier wartet er mit einer Gruppe weiterer Intimi auf Hitler, der die Terrasse des Berghofs betritt, um sich später mit ihm unter vier Augen zu besprechen. Auf dem Foto v.l.n.r. Speer, Göring, Hitlerjugend-Führer von Schirach, der Schatzmeister der NSDAP Schwarz, Chirurg Dr. Brandt, Himmler, Hitler und ganz rechts gerade noch sichtbar Fotograf Hoffmann.

er an einen seiner Parteiideologen, „Außer der Alpengrenze, wo das Germanische Reich des Nordens und das Römische Reich des Südens einander treffen ...“ Hitler war davon überzeugt, dass die Engländer gern ein starkes Germanisches Imperium sehen würden. England sollte in Hitlers Vision weiter über die Weltmeere herrschen, Deutschland über das Festland von Europa. Die britische Kriegserklärung vom 3. September 1939 sollte ihn aus diesem Traum wecken.

In dieser Villa am Wannsee bei Berlin war am 20. Januar 1942 unter Vorsitz von SS-General Heydrich die berüchtigte Konferenz abgehalten worden, bei der hohe Vertreter der Ministerien und NSDAP-Instanzen sich über die durchzuführenden Maßnahmen zum geplanten Massenmord an den Juden abstimmten. Hier wurde zum ersten Mal über eine „Gesamtlösung“ oder auch „Endlösung“ der Judenfrage in Europa gesprochen.

Das „enzyklopädische Wissen“ des Führers

Hitler verfügte – den Menschen zufolge, die ihn gut gekannt hatten – über eine Reihe auffälliger Eigenschaften: einen unglaublich starken Willen, ein eisernes Gedächtnis, ein felsenfestes Selbstvertrauen, einen völligen Mangel an Selbstkritik, eine nichts verzeihende Rachsucht und eine große Portion Schlauheit. Außerdem war er ein wahrer Meister im Theaterspielen. Daneben hatte er ein sehr feines Gespür für Stimmungen und ein scharfes Wahrnehmungsvermögen für Menschen, wodurch er sich rasend schnell auf die zahlreichen Personen einstellen konnte, mit denen er in Berührung kam. Der Nimbus, der Hitler umgab, wurde durch den Titel „Führer“ noch verstärkt und machte den Abstand zu den „Volksgenossen“ noch größer. Weiterhin beherrschte er auf meisterliche Weise die Kunst, bei seinen Zuhörern den Eindruck zu erwecken, dass seine Ausführungen die Frucht einer großen Belesenheit und kritischen Nachdenkens waren. Dies in Kombination mit seiner recht gewalttätigen Intonation

Eine berüchtigte Gesellschaft: Die SS-Mörder in Zivil auf der Terrasse des Berghofes in Erwartung Hitlers, der sich noch nicht gezeigt hat. Auf dem Foto Himmler (l) und SS-General Heydrich, die Hauptpersonen bei der Vernichtung der Juden.

Hitler hatte ein fotografisches Gedächtnis und war als ein äußerst raffinierter Schauspieler in der Lage, seine Zuhörer mit großer Überzeugungskraft und durch ein Übermaß an Details zu beeindrucken. Sein Geheimnis war, dass er sein Gedächtnis täglich trainierte. So hielt ein Stab von Fachleuten seine Militärhandbücher auf dem neuesten Stand. Diese Lose-Blatt-Sammlung umfasste alle militärischen Gebiete. Hitler sah sich die Handbücher vor dem Schlafengehen an. Hier liest er einen Bericht im Teehaus auf dem Mooslahner Kopf. Das Foto durfte nicht veröffentlicht werden, da Hitler nicht mit Brille zu sehen sein wollte.

und der Sprechweise wirkte auf die meisten so einschüchternd, dass der Bluff fast immer gelang. Militärexperten, Politikern, Technikern, Architekten – kurzum jedem, mit dem er in Kontakt kam, spielte er Kenntnisse vor, die er gar nicht besaß. Eine seiner Sekretärinnen: „Immer wieder erstaunte er uns z. B. durch eine furchtbar detaillierte Darstellung eines höchst spezialisierten technischen Themas.“ Eines Tages führte ein Marinefachmann einen lebhaften Disput mit ihm über ein technisches Detail von Dampfturbinen, die auf einem modernen Kreuzer installiert waren. In einem Moment rief er Hitler irritiert zu: „Wie können Sie so etwas behaupten, wo Sie doch gar nicht auf dem neuesten technischen Stand sein können?“ Hitler, sehr ruhig, bat den Experten, Platz zu nehmen. Danach setzte er ihm die ganze Frage mit einem Überfluss an Einzelheiten auseinander, die selbst einen Professor an einer Marineschule hätten verstummen lassen. Hitlers Erinnerungsvermögen kannte kaum Grenzen. Er sprach über den Bau von Kirchen, Klöstern und Burgen wie über die Geschichte Österreichs, komplette Betrachtungen über die Intrigen der Habsburger inbegriffen. Wenn er in aufgeräumter Laune war, schöpfte er Behagen daraus, seinen regelmäßigen Gästen große Empfänge, die im Lauf der Jahre in der Reichskanzlei abgehalten worden waren, genau zu beschreiben. Er konnte nicht nur die vollständigen Namen aller Anwesenden nennen, oft beschrieb er auch noch die Kleidung der bedeutendsten weiblichen Gäste. Er war im Stande, seine Zuhörer mit einer für sie unbegreiflichen Menge an Einzelheiten zu überfluten. Sein Geheimnis war, dass er sein Gedächtnis permanent trainierte. So hielt ein Stab von Fachleuten seine militärischen Handbücher auf dem neuesten Stand. Diese Lose-Blatt-Sammlungen umfassten alle militärischen Bereiche. Hitler las diese Handbücher noch vor dem Einschlafen, eine feste Gewohnheit. Christa Schröder, Hitlers Sekretärin, war jedoch nicht sehr überzeugt von seinem unfehlbarem Wissen: „Hitler hatte uns mit einer kompletten philosophischen Abhandlung über eines seiner Lieblingsthemen überrascht. Zu meinem Erstaunen stellte ich fest, dass sein Vortrag nichts anderes war als die

Ein seltenes Foto von Hitler, der auf der Prager Burg seiner Sekretärin Gerda Daranowsky eine Rede diktiert, die sie auf der speziell für ihn von Adler angefertigten „Führerschreibmaschine“ schreibt, d. h. einer Maschine mit extragroßen Buchstaben, damit er den Text ohne Lesebrille lesen konnte. Hitler hatte die Gewohnheit, Redetexte, Briefe, Memoranden, schriftliche Anweisungen usw. nicht stenografieren zu lassen, sondern direkt in die Schreibmaschine zu diktieren.

Nach Himmler einer der Hauptschuldigen an den Massenmorden: SS-General Oswald Pohl, Chef des mächtigen SS-Wirtschafts- und Verwaltungshauptamtes (WVHA), das für die ökonomische Ausbeutung aller Konzentrations- und Vernichtungslager zuständig war. Pohl hier als Gefangener, gefesselt an einen alliierten Soldaten, um vor Gericht vorgeführt zu werden. Er erhielt die Todesstafe und wurde 1951 gehängt.

Wiedergabe einer Seite aus dem Werk Schopenhauers, die ich zufällig gerade gelesen hatte. Ich nahm all meinen Mut zusammen und richtete seine Aufmerksamkeit auf dieses Zusammentreffen. Hitler warf mir, ein wenig überrascht, einen seiner unergründlichen Blicke zu und antwortete daraufhin in einem abwehrenden Ton: ‚Vergiss nicht, mein Kind, dass das Wissen eines Menschen immer seinen Ursprung bei einem anderen findet. Der einzelne Mensch trägt nur einen kleinen Teil zur Gesamtheit allen Wissens bei.' An einem anderen Tag trug er uns eine harsche Kritik einer Theateraufführung vor, wovon ich wusste, dass er ihr gar nicht beigewohnt hatte. Ich sprach mein Erstaunen über seine unbarmherzige Kritik gegen den Regisseur und die Schauspieler aus, obwohl er das Stück nicht gesehen hatte. Er sprang wie von der Tarantel gestochen auf und schnauzte mich an: ‚Sie haben Recht, aber Fräulein Braun war dort und hat mir ihre Eindrücke mitgeteilt.'"

Henriette von Schirach fragt Hitler nach den Juden

War schon das Anrühren politischer Themen auf dem Berghof ein Tabu, so galt dies in noch stärkerem Maß für Themen wie die Judenverfolgung und die Konzentrationslager. Sowohl Speer als auch Christa Schröder waren fest davon überzeugt, dass Hitler bis ins Detail auf der Höhe war, was sich in der geschlossenen Welt der SS, zu der die Konzentrations- und Vernichtungslager gehörten, abspielte. Christa Schröder: „Es gibt immer noch Menschen, die glauben, diese barbarischen Dinge hätten stattgefunden ohne Mitwissen und Zustimmung Hitlers. Ich kann mit Sicherheit erklären, dass Hitler von Himmler (dem Chef der SS und der gesamten deutschen Polizei, inklusive der Gestapo) genau informiert wurde, was in den Lagern passierte. All diese Grausamkeiten betrachtete er als notwendig für die Stabilität seines Regimes. Aber auf diesem Gebiet wachte er, ebenso wie auf vielen anderen, ängstlich über seine gute Reputation."

Alle Gespräche zwischen Hitler und seinem Henker Himmler fanden stets unter vier Augen statt, hinter verschlossenen Türen oder während einsamer Spaziergänge auf dem Obersalzberg. Nur Bormann durfte ab und zu dabei sein. Hitler ging sofort zu einem anderen Thema über, wenn in seiner direkten Umgebung Gerüchte die Runde machten über Massenhinrichtungen und Grausamkeiten in den KZs. Niemand aus dem festen Kreis um Hitler wagte es, die Konzentrationslager zu erwähnen, geschweige denn zu fragen, ob es wahr war, was sie darüber gehört hatten. Die Einzige, die diese „Hausregeln" des Berghofs brach, war Henriette von Schirach. Henriette, Frau des Leiters der Hitlerjugend und Tochter von Hitlers Hoffotografen Hoffmann, kannte Hitler schon von Kindheit an. Er war für sie eine Art Onkel gewesen, und sie war zusammen mit ihrem Mann auch regelmäßig zu Gast auf dem Obersalzberg. Seit 1940 war ihr Mann, Baldur von Schirach, Reichsstatthalter von Wien und fungierte in der alten Kaiserstadt der Habsburger als offizieller Stellvertreter des Führers.

1943 wurde Henriette von Freunden, die bei der deutschen Besatzungsmacht in den Niederlanden arbeiteten, eingeladen. Sie beschloss, zunächst Amsterdam zu besuchen. Dort wurde

Überall im besetzten Europa wurden die Juden ab 1942 zusammengetrieben und in provisorische Gettos, KZs oder auch direkt in Vernichtungslager im Osten transportiert.

1943 Auf der großen Terrasse des Berghofs, einige Stunden, bevor Henriette von Schirach von einer nächtlichen Razzia in Amsterdam berichten sollte, die sie vom Amstelhotel aus gesehen hatte. Dies sollte zu einer heftigen Konfrontation mit Hitler führten, der in seiner Erregung aus seinem Sessel sprang und sie an beiden Handgelenken festhielt. Es sollte der letzte Besuch der von Schirachs bei Hitler sein. Auf dem Foto v.l.n.r. Baldur von Schirach, der ab 1940 Reichsstatthalter in Wien war; Henriette von Schirach, Henriettes Vater Heinrich Hoffmann (von hinten gesehen), Hitler und Heeresadjutant Major Engel.

sie Zeugin einer Razzia, bei der einige hundert Jüdinnen festgenommen wurden. Geschockt bat sie ihre Freunde (das Hotelpersonal hatte sich geweigert, sie zu informieren) um Aufklärung. Henriette: „‚Deportation von Jüdinnen' bekam ich zu hören, mit dem Zusatz: ‚Weißt du das denn nicht?' Auch Seyß-Inquart, der deutsche Reichskommissar für die besetzten Niederlande, wollte mir nichts über die Deportationen erzählen. Meine Freunde aber rieten mir, die Geschichte doch Hitler selbst zu erzählen. Ihrer Meinung nach wusste er nichts über diese grausamen Dinge. Da es strengstens verboten war, schriftlich mit dem Führer über die Judendeportationen zu kommunizieren, war ich die geeignete Person, um ihn mündlich hierüber zu informieren und ihn nach seiner Meinung zu fragen." Henriette von Schirach brach ihren Besuch der Niederlande vorzeitig ab. Nachdem sie ihrem Mann in Wien von ihren Erfahrungen berichtet hatte, rief sie den Berghof für eine Verabredung mit Hitler an. Henriette: „Es war ein herrlicher, etwas schwüler Frühlingsabend, als wir inmitten der festen Gesellschaft am großen offenen Kamin des Berghofs saßen. Ich war noch immer verwirrt und hatte keinen Plan, wie ich Hitler gegenübertreten sollte. Es war schon weit nach Mitternacht. Hitler las ab und zu Telexberichte über die Situation an der Front vor. Mir war klar, dass es schlechte Nachrichten waren. Hitler saß zwischen Eva und mir. So lange Eva anwesend war, wagte ich nicht, frei heraus zu sprechen. Aber einige Zeit später stand Eva auf, ließ sich von Hitler die Hand küssen und verließ den Saal. Hitler wandte sich dann an mich und fragte in freundlichem Ton: ‚Sie kommen gerade zurück aus Holland, nicht wahr?' Obwohl ich an dem Abend schon einen doppelten Cognac getrunken hatte, kam der Augenblick doch unerwartet. Ich holte tief Luft und antwortete ihm: ‚Ja, darum bin ich hier. Ich wollte Sie sprechen, denn ich habe schreckliche Dinge gesehen und kann nicht glauben, dass Sie davon wissen. Es waren hilflose Frauen, die zusammengetrieben wurden, um in ein Konzentrationslager verschleppt zu werden, und ich denke nicht, dass sie je wieder zurückkommen werden.' Es herrschte eine peinliche Stille; alle Farbe war aus Hitlers Gesicht verschwunden. Beim Schein der Flammen erschien es wie eine Totenmaske. Er schaute mich entgeistert und zugleich erstaunt an und sagte: ;Es ist nunmal Krieg.' Sehr vorsichtig stand er auf, noch immer herrschte eine eisige Stille im großen Saal. Nur das Geknister der brennenden Holzblöcke war zu hören. Ich war auch aufgestanden. Da schrie er mich an: ‚Sie sind sentimental, Frau von Schirach. Sie müssen lernen, zu hassen. Was gehen Sie die Jüdinnen in Holland an?' Inzwischen hatte er, wie früher, meine Handgelenke genommen, und sie mit beiden Händen umfasst, damit ich mich besser auf ihn konzentrieren könnte. Auf einmal ließ er mich los. ‚Begreifen Sie nicht, jeden Tag fallen Zehntausende meiner besten, meiner kostbarsten Soldaten. Die anderen

Am Kamin im großen Saal des Berghofs sprach Henriette von Schirach zum Entsetzen der versammelten Gäste Hitler direkt auf die Judentransporte und die Konzentrationslager an.

Ankunft eines Transports im Vernichtungslager Auschwitz-Birkenau. Die Männer und Frauen, die noch in der Lage waren zu arbeiten, wurden anfänglich vor den Gaskammern verschont. Die Kinder, Älteren und Schwächeren wurden sofort in die Gaskammern geführt.

Falls die KZ-Häftlinge zunächst am Leben blieben, mussten sie Sklavenarbeit verrichten, bis sie dabei buchstäblich tot umfielen. Die SS fungierte dabei als eine Art riesige Zeitarbeitsfirma und verlieh Hunderttausende Gefangene an die Waffenindustrie von Speer. Hier Häftlinge auf dem Appellplatz des KZ Sachsenhausen bei Berlin.

fallen nicht; sie leben in den Konzentrationslagern. Die Minderwertigen leben, und wie sieht Europa dann in hundert Jahren aus? Oder in tausend Jahren? Ich bin nur meinem Volk gegenüber verantwortlich und niemand anderem.' Der Rest der Gesellschaft war mäuschenstill. Niemand sah mich an. Ich lief aus dem Saal, und als ich in der Eingangshalle ankam, begann ich zu rennen. Einer von Hitlers Adjutanten kam hinter mir hergelaufen. Der Führer war rasend. Ich wurde aufgefordert, augenblicklich den Obersalzberg zu verlassen. Ich holte Baldur ab, der mit einigen Chauffeuren in der Kantine saß, und erzählte ihm, was vorgefallen war. Wir packten hastig unsere Sachen zusammen, holten das Auto aus der großen Garage und fuhren so vorsichtig wie möglich den Berg hinab. Während wir im Morgenrot den Serpentinenweg nach unten fuhren, war es beinahe so, als ob das Tal von Berchtesgaden sich in eine mysteriöse Oper von Wagner verwandelt hatte. In den Nebelschwaden tauchten scheinbar zweihundert Meter große, schweigende, Unheil verkündende SS-Wachtposten entlang der Straße auf. Mit ihren glänzenden Helmen, ihren schwarzen Capes und ihren Maschinengewehren im Anschlag gaben sie der ganzen Umgebung etwas Gruseliges. Unterwegs hörten wir schwere Explosionen, und der Boden unter uns bewegte sich. Wir fragten einen Wachtposten, woher die Explosionen kamen, und er antwortete, dass dort Bunker gebaut wurden …"

Das berüchtigte Blausäuregas Zyklon-B, anfänglich als Pestizid gegen Läuse u.Ä. eingesetzt, wurde in der zweiten Hälfte des Krieges massenweise verwendet, um so viele Juden wie möglich umzubringen.

Das grausame wahre Gesicht von Hitlers Drittem Reich.

Wien, 12. März 1939.

Hitler, Führer des „Großdeutschen Reiches", zieht in ein jubelndes Wien ein, um vom Balkon der Hofburg offiziell den Anschluss Österreichs an Deutschland zu verkünden. Mit der Annexion Österreichs, das nun „Ostmark" hieß, konnten sich die Nationalsozialisten eine dominierende Position auf dem Balkan verschaffen. Die strategische Karte Mitteleuropas war damit radikal verändert.

10 Die ersten Annexionen

Hitler an der Macht

Am 30. Januar 1933 wehen in ganz Deutschland die Hakenkreuzfahnen. Laut singend ziehen uniformierte Gruppen durch die Straßen. Die „braune Revolution" ist gelungen; die NSDAP hat die Macht in Händen. Der Führer der Braunhemden, Adolf Hitler, ist zum Reichskanzler ernannt worden. Damit ist der jahrelange Streit um die Macht und die Gunst der Wähler beendet. Von Anfang an hatte Hitler nach absoluter Herrschaft gestrebt. Sie war unerlässlich, damit ihm keine Instanz bei seinen weitreichenden Expansionsplänen in die Quere kommen konnte. Das ist der Grund für seinen enormen Machthunger.

Jahrein, jahraus ließ er sich keine Gelegenheit entgehen, um seine Gegner zu verbannen und sich ihre Befugnisse anzueignen. So wurde er im Lauf der Zeit außer Reichskanzler auch noch Präsident des Deutschen Reiches und Oberbefehlshaber der Wehrmacht. Er wurde der Führer, der absolute Alleinherrscher, der an keine Instanz gebunden war oder ihr Verantwortung schuldete. Auch während des Krieges versuchte er immer, seine Machtposition zu verbessern. Er umgab sich deshalb mit Leuten, die niemals eine wirkliche Bedrohung für ihn bedeuteten und die er nach dem Motto bei der Stange hielt: So lange sie gegeneinander kämpfen, kämpfen sie nicht gegen mich.

Die Tatsache, dass er bis kurz vor dem Ende keinen Nachfolger benannt hat, findet ihren Grund in seiner Angst, Macht zu verlieren, wodurch er seine politischen Pläne nicht oder nicht mehr hundertprozentig hätte verwirklichen können. Alles drehte sich um Hitler. Er war es, der eine Millionenpartei aus dem Nichts geschaffen hatte, der Nationalsozialismus und das Dritte Reich waren seine Schöpfungen. Trotz des Durcheinanders der miteinander konkurrierenden Instanzen und dem harten Kampf um Befugnisse war Hitlers Wille Gesetz. Er war der Mann, der alles zusammenhielt und auch letztendlich zum totalen Untergang führte.

Die Zeit war zwar reif für einen Diktator wie Hitler, aber er war es, der die Tendenzen seiner Zeit bündelte. Er formte daraus ein großes Sammelbecken fanatischer Bereitschaft, ihm, dem Führer und Herrscher, zu folgen. Er sollte wirklich alles – Prinzipien, Gegner, Bundesgenossen, Völker und Ideen – kühl und grausam seinen unmenschlichen Eroberungsplänen unterordnen. Während die übrigen Politiker bestehende politische Machtverhältnisse berücksichtigten, ging Hitler von einer nicht existierenden Wirklichkeit aus. Er glaubte, die Wirklichkeit nach seinen Ideen gestalten zu können. So wie er ein neues gigantisches Berlin entwarf, ohne nur im Entferntesten das bestehende Berlin mit einzubeziehen – Flüsse wurden einfach verlegt –, so machte er Pläne für Europa und den Rest der Welt, deren unheimliche Dimensionen vollkommen neu waren. Er kam nicht nur aus dem Nichts, er dachte auch aus dem Nichts, und er sollte auch wieder im Nichts verschwinden ...

Sobald er Reichskanzler war, überstürzten sich die Ereignisse. Noch kein Monat war vorbei, und der Reichstag, dieses letzte Bollwerk der parlamentarischen Demokratie in Deutschland, ging in Flammen auf. Hitler verstand es, die Schuld auf die Kommunisten zu schieben, und er ließ sich durch ein außergewöhnliches Gesetz – das Ermächtigungsgesetz – fast absolute Vollmacht vom Parlament erteilen. Nach dem Tod des alten Reichspräsidenten von Hindenburg 1934 wurde Hitler außer Reichskanzler auch Reichspräsident und Führer des Deutschen Reiches. In kurzer Zeit konnte er alle Schlüsselpositionen im Reich mit ergebenen Parteigenossen besetzen. Die Zeit war da, der Welt zu zeigen, dass Deutschland nicht länger eine besiegte Nation war, sondern Erbe einer

Nach vielen Intrigen und Geheimbesprechungen ernannte Reichspräsident von Hindenburg (m) Hitler zum Reichskanzler.

Am Abend seiner Ernennung sah Hitler aus dem Fenster der Reichskanzlei dem Fackelzug seiner ausgelassenen Anhänger zu. Um besser gesehen zu werden, gab Hitler seinem Architekten Speer kurze Zeit später den Auftrag, an dieser Stelle den später so berühmten Führerbalkon anzubauen.

glorreichen und mächtigen Vergangenheit. Am 14. Oktober 1933 verließ Deutschland die Abrüstungskonferenz in Genf; eine Woche später den Völkerbund. Trotz der Bestimmungen des Versailler Vertrags, die Deutschland nach dem Ersten Weltkrieg auferlegt wurden, führte Hitler im März des Jahres 1935 die allgemeine Wehrpflicht wieder ein. Die Luftwaffe wird gegründet, das Heer wird auf 500.000 Mann verstärkt. Die Forderung nach mehr Lebensraum wurde von Hitler – unterstützt von einer massiven Propagandakampagne der NSDAP – mit stets größerem Nachdruck nach vorn geschoben. Hitler sprach von einem Großdeutschland, das kommen würde, denn seiner Meinung nach waren die Grenzen des Versailler Vertrages erdrückend.

Saarland und Rheinland wieder „heim ins Reich“

Am frühen Morgen des 15. Januars 1935 klingelt das Telefon auf dem Berghof, der noch in tiefer Ruhe liegt. Ein herbeigeeilter Adjutant hört von einem aufgeregten Joseph Bürckel, dem Gauleiter des Saargebiets, dass er dringend den Führer sprechen will. Kurze Zeit später vernimmt Hitler von seinem Gauleiter, dass sich mehr als 90% der Bevölkerung des Saargebiets bei einer Volksabstimmung für das Deutsche Reich entschieden haben. Hitler kann seine Freude kaum unterdrücken. Er dankt Bürckel überschwänglich, reibt sich die Hände vor Begeisterung und geht nach unten zum großen Konferenzzimmer, in dem sich inzwischen einige seiner Ratgeber versammelt haben. Ein strahlender Führer verkündet die große Neuigkeit: Das Saarland gehört wieder zu Deutschland. Im Versailler Vertrag (1918) stand, dass das Saarland 15 Jahre von Deutschland getrennt und unter die Aufsicht des Völkerbunds gestellt werden sollte. Nach Ablauf dieser Zeit sollte eine Volksabstimmung über die Zukunft des Saarlandes entscheiden, obwohl der französische Premierminister Clemenceau das verhältnismäßig kleine Gebiet mit dem großen Besitz an Steinkohle gern annektiert hätte. Die Abstimmung fand am 13. Januar 1935 statt. Die Bevölkerung konnte unter drei Möglichkeiten wählen: Anschluss an Deutschland oder an Frankreich oder Beibehaltung des Status Quo. Eine übergroße Mehrheit wünschte den Anschluss an Deutschland. Vom Postamt

Am Abend des 30. Januars 1933 zogen endlose Kolonnen von Braunhemden durch das Brandenburger Tor über die Wilhelmstraße zur Reichskanzlei.

Sobald er an der Macht war, konnte Hitler sich ab und zu entspannen, wie auf diesem besonderen Foto, wo er hinter Goebbels (links) und Hess (rechts) während einer Kreuzfahrt auf einem der Schiffe der Freizeitorganisation „Kraft durch Freude" ein Nickerchen hält.

Berchtesgaden aus hielt Hitler am 15. Januar 1935 – dem Tag, an dem das Ergebnis bekannt wurde – eine Radioansprache an das deutsche Volk. Er wünschte den Bewohnern des Saarlandes viel Glück bei ihrer Heimkehr ins Deutsche Reich und verkündete, dass ein Unrecht, das 15 Jahre angedauert hatte, nun endlich aus der Welt geschaffen worden sei. Gauleiter Bürckel empfing ein Glückwunschtelegramm vom Führer für die „ausgezeichnete Arbeit", die er geleistet habe. Einen Tag später (16. Januar 1935) gab Hitler dem amerikanischen Journalisten Pierre Huss, dem Korrespondenten von Hearst Press, ein Interview über den Verlauf der Wahlen im Saarland. In dem Gespräch, das auf dem Berghof stattfand, kann Hitler in dem Resultat der Abstimmung nur eine krasse Verurteilung des so schmählichen Versailler Vertrages sehen. Auf die Frage des Journalisten, ob die Sozialdemokraten oder die Kommunisten, die im Saargebiet lebten, Schwierigkeiten aufgrund ihrer politischen Überzeugung zu erwarten hätten, antwortete der Führer: „Ich habe vor 16 Jahren mit sechs Mann meinen Kampf um Deutschland begonnen, d. h. meinen Kampf um das deutsche Volk. Die Zahl meiner Anhänger und damit der Anhänger der nationalsozialistischen Bewegung ist seitdem auf 39 Millionen gestiegen. Glauben Sie, dass all diese Leute früher keine Parteizugehörigkeit gehabt haben? Nein, sie alle rechneten sich einst zu irgendeiner Partei, und wir haben sie langsam und mit viel Mühe für den Nationalsozialismus gewonnen. Und diesen Kampf um die Seele unseres Volkes geben wir auch heute nicht auf. Wir fragen daher nicht, was der Einzelne früher war, sondern nur, was er heute sein will."

Hitler war felsenfest davon überzeugt, dass alle Deutschsprachigen wieder heim ins Reich müssten, in das neu zu gründende Großdeutschland. Von diesem Gedanken ausgehend, wurde im März 1936 das entmilitarisierte Rheinland von deutschen Truppen besetzt. Aber noch immer wohnten deutsche Minderheiten außerhalb der Reichsgrenzen. Es war die Periode des Pokerspiels, der friedlichen Besetzungen. Hitler wusste, dass seine Wehrmacht noch nicht im Stande war, die englischen, französischen, polnischen und tschechischen Armeen zu besiegen. In dieser Zeit verkündete der Führer, dass es lediglich seine Absicht sei, mit seinen Nachbarn in gutem und vor allem friedlichem Verhältnis zu leben. Und herrschte während der Olympischen Spiele von 1936 nicht eine friedliche und verständnisvolle Stimmung, so fragte mancher Politiker, und ist es in NS-Deutschland denn wirklich gar so schlimm?

Am 15. Januar 1935 spricht sich die Bevölkerung des Saarlandes dafür aus, nach der Besatzungszeit durch die Franzosen wieder dem Deutschen Reich beizutreten. Überall im Saarland, so auch in den Schulen, war man von Hitler begeistert.

Unter einem wahren Meer aus Hakenkreuzfahnen ziehen deutsche Truppen am 15. Januar 1935 ins Saarland ein, wo sie begeistert von der örtlichen Bevölkerung empfangen werden.

Am Ende seines Besuches auf dem Obersalzberg am 4. September 1936 begleitet Hitler seinen Gast, Lloyd George, den britischen Ministerpräsidenten während des Ersten Weltkrieges, zur Außentreppe des Berghofs. Auf dem Foto v.l.n.r. der deutsche Botschafter in London von Ribbentrop, Chefdolmetscher Schmidt, Lloyd George, Hitler und Meissner, Chef der Präsidialkanzlei.

Am 19. Oktober 1937 empfing Hitler hohen Besuch auf dem Berghof, nämlich den Herzog und die Herzogin von Windsor. Der Herzog war der ehemalige König von England, Edward VIII., der wegen seiner Heirat mit einer geschiedenen Amerikanerin abdanken musste. Auf dem Foto begleitet Hitler seine hohen Gäste zu ihren Fahrzeugen, die unterhalb der großen Freitreppe des Berghofs bereit standen.

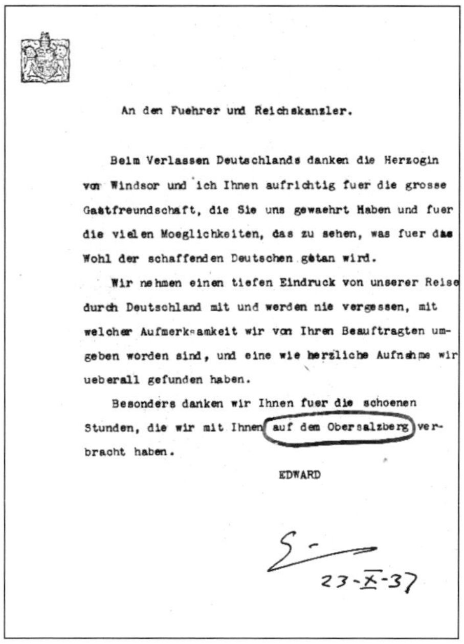

An den Fuehrer und Reichskanzler.

Beim Verlassen Deutschlands danken die Herzogin von Windsor und ich Ihnen aufrichtig fuer die grosse Gastfreundschaft, die Sie uns gewaehrt Haben und fuer die vielen Moeglichkeiten, das zu sehen, was fuer das Wohl der schaffenden Deutschen getan wird.

Wir nehmen einen tiefen Eindruck von unserer Reise durch Deutschland mit und werden nie vergessen, mit welcher Aufmerksamkeit wir von Ihren Beauftragten umgeben worden sind, und eine wie herzliche Aufnahme wir ueberall gefunden haben.

Besonders danken wir Ihnen fuer die schoenen Stunden, die wir mit Ihnen auf dem Obersalzberg verbracht haben.

EDWARD

23-X-37

Eine schriftliche Danksagung des Herzogs und der Herzogin von Windsor an Hitler für die genossene Gastfreundschaft in Deutschland.

Foto unten: Ankunft von Lord Halifax auf dem Berghof am 19. November 1937. Einige Monate später sollte er von Premierminister Chamberlain zum britischen Außenminister ernannt und damit zu einem der Hauptdarsteller im diplomatischen Pokerspiel werden, das schließlich zum Ausbruch des Zweiten Weltkrieges führen sollte. Auf dem Foto v.l.n.r. Chefdolmetscher Schmidt, Lord Halifax, Hitler und Chefadjutant Brückner.

Englische Besucher auf dem Berghof

1936 war ein erfolgreiches Jahr für Hitler. Die Olympischen Spiele in Berlin waren ein großer Erfolg, und das nicht zuletzt durch die Festigung und Akzeptanz des NS-Regimes innerhalb und außerhalb der Grenzen. Die große Arbeitslosigkeit war fast verschwunden, man arbeitete eifrig an den Autobahnen, überall herrschte eine Atmosphäre der Betriebsamkeit und es wehte ein neuer Wind in Deutschland. Kein objektiver Zuschauer konnte abstreiten, dass Hitler Deutschland aus der Depression befreit und die Arbeitslosigkeit mehr oder weniger beseitigt hatte. Der Faschismus schien eine erfrischende Alternative zu sein.

Nur wenige wussten, dass Hitler im Sommer 1936 ein langes Memorandum über die Kriegswirtschaft geschrieben hatte, in dem er forderte, dass die militärische Kraft Deutschlands so groß wie möglich sein müsse. Es fehle Deutschland nicht nur an Rohstoffen, es sei auch überbevölkert und könne nicht genug Nahrung innerhalb seiner Grenzen produzieren. Die Lösung sei die Eroberung von mehr Lebensraum, wodurch gleichzeitig die benötigten Rohstoffe für die Gestaltung eines autarken, wirtschaftlich unabhängigen Systems in Sichtweite kamen. Darum müssten die deutsche Armee und die deutsche Wirtschaft in vier Jahren für den Krieg bereit sein. Göring wurde von Hitler mit diesem ersten Vierjahresplan beauftragt. Gleichzeitig versuchte Hitler, indem er sein eigentliches Ziel verbarg, insbesondere die Freundschaftsbande mit England zu verstärken. Seine Außenpolitik war unter anderem auf die Neutralität Englands gerichtet. Deutschland sollte als kontinentale Großmacht das Festland von Europa beherrschen,

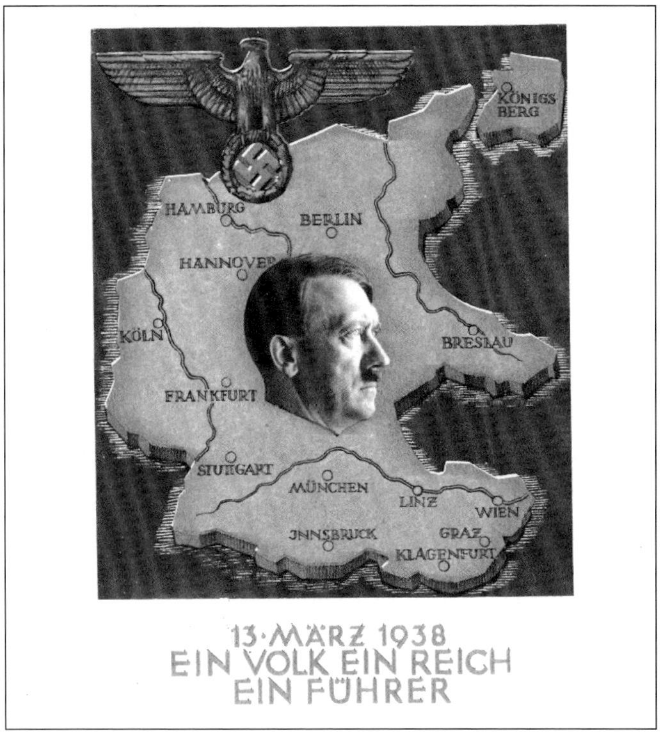

Eine Propaganda-Ansichtkarte für den Anschluss Österreichs an Deutschland.

vom Ural bis zum Mittelmeer. Deutschland sollte England als Seemacht anerkennen und, wenn nötig, bei der Verteidigung des Empires helfen. Schon 1925 hatte Hitler gesagt: „Ich hoffe nicht, dass auch nur eine Perle aus der Krone des Empires fällt. Das wäre ein Missgeschick für Europa." Auf diese Weise sollte gegenseitiges Verständnis zwischen den beiden Großmächten entstehen.
Viele einflussreiche Engländer waren überzeugt, dass Hitler mit Verständnis und einigen Konzessionen zufriedenzustellen sei. Hitler sorgte dafür, dass dieses Missverständnis erhalten blieb. So kam der große englische Historiker Arnold Toynbee aus Deutschland zurück und war überzeugt von Hitlers friedlichen Absichten. Ihm folgte jemand, der am Vertrag von Versailles mitgearbeitet hatte: David Lloyd George, Premierminister Englands während des Ersten Weltkrieges und der Mann, der England 1918 zum Sieg geführt hatte. Einer seiner Wahlsprüche in der Wahlkampagne jenes Jahres war „Hang the Kaiser" (Hängt den Kaiser; damit meinte er Wilhelm II., der 1918 in die Niederlande geflüchtet war).
Am 4. September 1936 hielt ein schwarzer Mercedes vor der großen Freitreppe des Berghofs. Hitler stand am Fuß der Treppe, um seine Besucher zu empfangen. Eine Ehrenwache der Leibstandarte war angetreten. Der Führer begrüßte Lloyd George herzlich. Langsam ging Hitler mit seinem Gast die Treppe hinauf, und die anderen Gäste folgten. Die beiden Männer setzten sich in die Sessel im Konferenzsaal, SS-Diener im weißen Frack boten Erfrischungen an. Hitlers Haltung ließ deutlich seine Hochachtung vor dem großen Sieger des Ersten Weltkrieges erkennen; ein Krieg, an dem Hitler als unbekannter Gefreiter teilgenommen hatte. Schon in seinem Buch „Mein Kampf" hatte Hitler außergewöhnliche Sympathien für Lloyd George gezeigt. Er hielt dessen Reden während des Ersten Weltkrieges für psychologische Meisterwerke seelischer Massenbeeinflussung. Die Atmosphäre wurde schnell lockerer. Die zwei Männer saßen am großen Fenster. Der Übersetzer Dr. Schmidt erinnert sich, dass das Gespräch zuerst über Belangloses ging. Man musste sich erst ein bisschen näher kennenlernen. Lloyd George betonte die Wichtigkeit eines guten Verhältnisses zwischen England und Deutschland. Hitler stimmte ihm zu. Seiner Meinung nach war der Bolschewismus die größte Gefahr für die Zukunft Europas. Hitler erklärte Lloyd George, dass dieser keine

Die zwei Hauptdarsteller beim Anschluss, Göring (links) und der gerade ernannte österreichische Bundeskanzler Dr. Seyß-Inquart (Mitte), mit Vize-Bundeskanzler Gleise-Hostenau (rechts) auf dem Bergpass der Zugspitze auf der Grenze zwischen Deutschland und Österreich.

Hitlers Arbeitszimmer in der ersten Etage des Berghofs. Hier hielt er Besprechungen mit zahlreichen in- und ausländischen Besuchern ab. An der linken Wand hängen Porträts seiner Mutter (links) und seines Vaters (rechts). Hier saß er oft bis zum Morgengrauen, um zu zeichnen oder auch auf dem Balkon auf den gegenüberliegenden Untersberg zu starren und Pläne auszubrüten. Der Eingang zu seinem Schlafzimmer befand sich rechts hinten.

Bundeskanzler Schuschnigg, der Mann, der schließlich vor Hitler in die Knie ging und Österreich den Nationalsozialisten auslieferte.

Hitler und seine Generäle auf dem Wiener Flughafen, nachdem die deutschen Truppen in Österreich einmarschiert waren. Auf dem Foto v.l.n.r. Generalfeldmarschall Keitel, Hitler, Göring, Generalfeldmarschall und Luftwaffenstaatsekretär Milch, Hitlers persönlicher Diener Linge (halb verdeckt hinter Milch) und Großadmiral Raeder, Oberbefehlshaber der Kriegsmarine.

Huldigungsparade für Hitler im Zentrum von Wien.

Die beiden Männer unterhielten sich auch lange Zeit über ihre Erlebnisse während des Ersten Weltkrieges. Hitler erzählte Linge später, dass der ehemalige Premierminister von einem Moment gesprochen hatte, an dem England kurz vor der Niederlage gestanden habe. Hitler: „Ich erzählte Lloyd George, dass es für Deutschland katastrophal gewesen sei, dass wir uns fünf Minuten vor zwölf zu einer Niederlage bekannt haben. Ich sagte ihm auch, dass – wenn es je wieder einen Krieg zwischen England und Deutschland geben würde – wir, so lange ich Führer bin, bis fünf nach zwölf kämpfen würden." Nach dem Gespräch, das drei Stunden dauerte, fuhr Lloyd George um sieben Uhr abends mit Übersetzer Dr. Schmidt nach Berchtesgaden zurück, wo er die Nacht im Hotel Berchtesgadener Hof verbrachte. Beeindruckt von dem, was er in Deutschland gesehen und gehört hatte, erklärte er bei seiner Rückkehr nach England, dass Adolf Hitler der geborene Führer sei, eine dynamische Persönlichkeit fanatische Idee von ihm sei, sondern eine wirkliche Gefahr darstelle. Westeuropa müsse als ein Block dem Bolschewismus entgegentreten. Lloyd George, der Gründer des englischen Sozialsystems, pries wahrend des Gesprächs mehrmals die sozialen Maßnahmen des NS-Regimes: die Beseitigung der Arbeitslosigkeit und die Anstrengungen auf dem Gebiet der Volksgesundheit, des Wohlbefindens und die Urlaubsregelungen. Bei seinem Abschied enthüllte er jedoch den wahren Grund seines Besuchs. Lloyd George: „Ich bin nicht zum Obersalzberg gekommen, um mit Ihnen über politische Angelegenheiten zu sprechen. Ich wollte mir nur Ihr Sozialsystem ansehen und vor allem die Art und Weise, wie Sie die Arbeitslosigkeit bekämpft haben, die in England auch ein Problem ist."

Schon bald nach dem Anschluss kam es in Wien zu antisemitischen Ausbrüchen. Auf dem Foto müssen willkürlich zusammengetriebene Juden mit Bürsten die Straßen schrubben, während Mitglieder der Hitlerjugend zusehen.

Kurz nach dem Anschluss besucht Hitler u. a. Leonding, das Dorf, in dem er in seiner Jugend jahrelang gewohnt hatte und wo auch seine Eltern begraben sind. Auf dem Foto sehen wir Hitler in seinem Mercedes vor dem elterlichen Haus.

habe und den Willen und die Einsicht besitze, um die gigantischen sozialen Probleme seiner Nation zu lösen.
An einem nebeligen Herbsttag des Jahres 1937 bewegte sich eine Autokolonne den Obersalzberg hinauf. Als die Gruppe vor Hitlers Haus anhielt, stand der Führer schon bereit, um seine Gäste zu empfangen. Er war ein bisschen nervös durch diesen hohen Besuch: der Herzog und die Herzogin von Windsor. Der Herzog war immerhin der frühere König von England, Edward VIII., der wegen seiner Heirat mit einer geschiedenen Amerikanerin abgedankt hatte. SS-Adjutanten öffneten die Wagentür, Befehle wurden erteilt und Hacken zusammengeschlagen. Hitler begrüßte seine hohe Gäste mit einer leichten Verbeugung und sagte, dass er sich durch den hohen Besuch sehr geehrt fühle. Auch der ehemalige König begrüßte den Diktator auf das Freundlichste. Edward war Hitlers größte Hoffnung für die bevorstehenden Verhandlungen mit England gewesen. Bis zum wirklichen Abdanken Edwards am 9. Dezember 1936 weigerte Hitler sich, die Angelegenheit ernst zu nehmen. Wie konnte jemand wegen einer Romanze auf den Thron verzichten und auf Macht? Ob dieser Engländer wirklich ein so aufrechter Bewunderer des Nationalsozialismus war, wie Hitler glaubte, wird von Hitlers Chefübersetzer Schmidt bezweifelt: „Ob der Herzog nun so ein Symphatisant des Regimes war, bezweifle ich. Außer einigen lobenden Bemerkungen über soziale Maßnahmen in Deutschland äußerte sich der Herzog über kein einziges politisches Thema.“ Aber beim Abschied der Windsors ließ Hitler die Bemerkung fallen: „Das hätte der Mann sein können, mit dem wir ein Bündnis hätten schließen können.“ Henriette von Schirach: „Der Höhepunkt aller britischen Besuche war der Besuch des Herzogs und der Herzogin von Windsor. Hitler erzählte später noch oft davon. Die Herzogin, schlank und elegant, besichtigte den Berghof und die nähere Umgebung, während ihr Mann und der Führer unter vier Augen im Konferenzsaal miteinander sprachen. Einige Tage nach seinem Besuch schickte der Herzog Hitler einen Dankesbrief.“
Während des englischen Besuchs musste Eva Braun zu ihrem großen Bedauern auf ihrem Zimmer bleiben. Ihre Anstrengungen, um dem Herzog und der Herzogin vorgestellt zu werden, waren umsonst. Hitlers immer gleiche Antwort auf solcherlei Fragen war, dass das Protokoll es nun einmal nicht erlaubte. Von ihrem Schlafzimmerfenster aus hatte Eva nur wenig von den hohen Gästen sehen können.

Das Grab von Hitlers Eltern auf dem Friedhof von Leonding mit den Porträts der beiden wird noch immer gut versorgt.

Das Elternhaus Hitlers in Leonding wird nicht mehr bewohnt und dient heute als Lagerraum für den örtlichen Friedhof.

Nach seiner Rückkehr aus Wien waren 2 Millionen Berliner auf den Beinen, um den Führer zu begrüßen.

Lord Halifax' Wallfahrt zum Obersalzberg

Im Mai 1937 verfolgte man mit großem Interesse die politischen Ereignisse in England. Der Nachfolger von Stanley Bald als Premierminister war Neville Chamberlain. Dieser war für eine versöhnlichere Haltung Deutschland gegenüber. Seine angekündigte Bereitschaft, mit dem Führer auf vernünftiger Basis zu verhandeln, wurde sofort auf die Probe gestellt. Lord Halifax, Vorsitzender des Kronrates und zukünftiger Außenminister, wurde zu einer Jagdausstellung und zu einer von und für Göring organisierten Jagd eingeladen. Wichtiger war jedoch eine Einladung zu einem Gespräch mit Hitler. Am 19. November kam Halifax auf dem Obersalzberg an. Hitler führte die Gesellschaft zuerst auf dem Berghof herum. Dann setzte man sich an den unbequemen, niedrigen Tisch in Hitlers Arbeitszimmer in der ersten Etage. Halifax stellte sofort klar, dass er keine neuen Vorschläge aus London mitgebracht habe, aber vor allem gekommen sei, um über die Rechte Deutschlands auf die ehemaligen Kolonien in Afrika zu sprechen. Hitlers Laune verschlechterte sich. Sein Übersetzer Dr. Schmidt dachte, dass er in eisiges Schweigen verfallen würde. Der Führer ging jedoch dazu über, seine Wünsche als kategorische Forderungen zu formulieren. Halifax versuchte, den Führer zu beruhigen, indem er ihn lobte. Er sei froh, dass Hitler den Kommunismus aus Deutschland vertrieben habe, und er sprach die Hoffnung aus, dass die beiden Länder zusammen mit Frankreich und Italien eine solide Friedensbasis bilden würden. Wenn der Führer seine Forderungen deutlich formuliere, dann wisse die britische Regierung, wie die Dinge stünden, so Halifax. Hitler hatte überhaupt kein Interesse an der Zurückgabe der ehemaligen

Am 15. September 1938 landete das Flugzeug des britischen Ministerpräsidenten Chamberlain auf dem Münchner Flughafen, von wo aus er per Zug und Auto zu Hitlers Berghof gebracht werden sollte. Auf dem Foto v.l.n.r. der Kommandant der SS-Ehrenwache, ein Adjutant des Hauptkommissars der Münchner Polizei, SS-General von Eberstein, Außenminister von Ribbentrop, Chamberlain, der bayerische Reichsstatthalter Ritter von Epp und der Bürgermeister von München, Fiehler.

Hitler empfängt Chamberlain auf dem Berghof. Neben Chamberlain (m) Chefdolmetscher Schmidt (links) und dahinter der britische Außenminister Lord Halifax und der deutsche Außenminister von Ribbentrop. Generalfeldmarschall Keitel steht ganz rechts.

deutschen Kolonien. Ihn interessierte nur Lebensraum in Europa, und er unterhielt sich darum viel lieber über Osteuropa, vor allem über Österreich und die Tschechoslowakei. Halifax bot Hitler hierzu eine einmalige Gelegenheit, als er den Fehler beging, die Situation in Ost- und Mitteleuropa anzusprechen – trotz eindringlicher Warnung des bisherigen Außenministers Eden. Hitler hakte gleich ein und nannte die deutschen Forderungen: eine enge Verbindung des Deutschen Reiches mit Österreich, ein Ende der Unterdrückung der Sudetendeutschen durch die Tschechen, die Erweiterung der wirtschaftlichen Beziehungen mit Ländern in Südost- und Osteuropa. Diese Gebiete bedeuteten nämlich einen Gewinn für die deutsche Wirtschaft und waren reich an Rohstoffen. Halifax erläuterte, dass England für jede Lösung des österreichischen und tschechischen Problems zu gewinnen sei, so lange es sich um eine friedliche Lösung handle. Hitler erklärte, dass Deutschland nicht daran denke, gegen Österreich Gewalt anzuwenden. Trotzdem verlief das Gespräch für Hitler enttäuschend: Halifax gab keine Versprechen und war nicht zu zermürben, auch nicht durch Hitlers Schimpfkanonaden. Die Laune des Führers wurde immer schlechter. Wahrend des Mittagessens benahm er sich wie ein verwöhntes Kind. Zurück in London war Halifax felsenfest davon überzeugt, dass Deutschland in keinem Fall Gewalt anwenden würde. So schrieb er in einem vertraulichen Rapport an sein Kabinett: „Der deutsche Kanzler und auch andere machen nicht den Eindruck, sich in ein Abenteuer stürzen zu wollen, das militärische Gewalt oder Krieg mit sich bringt.“ Zu Chamberlain sagte er, Hitler suche keine Abenteuer seinerseits, weil er nicht genau wisse, ob sie ihm nützlich seien, und weil er zu sehr mit dem Aufbau Deutschlands beschäftigt sei.

Hitlers Version dieses Besuches: „Ich habe immer gesagt, dass die Engländer mit mir zusammenarbeiten werden; sie folgen

Nach Österreich war die Tschechoslowakei an der Reihe. Hier steht Hitler inmitten seiner Generäle bei einer Stacheldrahtabsperrung an der Grenze zur Tschechoslowakei.

Im „Führerbau“ in München wurde am 29. September 1938 die berüchtigte internationale Münchner Konferenz abgehalten, bei der die Westmächte wieder vor Hitler in die Knie gingen und schließlich die Tschechoslowakei Deutschland überließen. In dem Gebäude ist gegenwärtig das Konservatorium der Stadt München untergebracht.

in ihrer Politik den gleichen Richtlinien wie ich, nämlich der äußersten Notwendigkeit, den Bolschewismus auszurotten.“

Österreich wird per Telefon erobert

Nach den – auch für Hitler – unerwarteten Erfolgen bei der Wiedereingliederung des Saarlandes und des Rheinlandes ins Reich fielen die Augen des Führers nun auf sein Geburtsland Österreich. Die Spannungen in Österreich wurden 1937 immer größer. Die österreichischen Nationalsozialisten, angefeuert und finanziell unterstützt aus Berlin, gingen mit ihrer Terrorkampagne immer weiter. Fast täglich gab es Bombenanschläge, die – oft verbunden mit Massendemonstrationen – das Ansehen der österreichischen Regierung immer mehr untergruben. Man fand beispielsweise Dokumente, aus denen hervorging, dass die Nationalsozialisten Bundeskanzler Schuschnigg ermorden wollten, um die Macht an sich zu reißen und so den Anschluss an das Reich mit Gewalt zu bewerkstelligen.

Von Papen, zu jener Zeit Hitlers Botschafter in Wien, entschloss sich einzugreifen. Er schlug Hitler vor, ein persönliches Gespräch mit dem Bundeskanzler zu führen, das der Sache zugute käme. Hitler war einverstanden und ließ von Papen die Vorbereitungen treffen. Auch Schuschnigg war einverstanden. Begleitet von seinem Staatsekretär des Außenministeriums, Guido Schmidt, fuhr der österreichische Bundeskanzler mit einem Sonderzug am 11. Februar 1938 nach Salzburg.

Vor seiner Abreise beichtete Schuschnigg Guido Schmidt, dass er die Einladung annehme, um einen Putsch zu verhindern und Zeit zu gewinnen, bis sich die internationale Lage zu Österreichs Vorteil entwickeln würde. Ironisch fügte er hinzu, dass er lieber einen Psychiater an seiner Stelle am Konferenztisch sitzen hätte. Schuschnigg, ein frommer Katholik, Intellektueller und Kettenraucher, war – wie sich herausstellte – für den Zweikampf schlecht gerüstet. Schuschnigg und Schmidt fuhren am nächsten Morgen (12. Februar 1938) mit dem Auto von Salzburg zum Berghof. An der deutschen Grenze hieß ihn ein gut gelaunter von Papen mit dem Hitlergruß willkommen. Auch die österreichischen Zollbeamten machten diese Handbewegung, obwohl es gegen das österreichische Gesetz verstieß. Dies war aber nicht das einzige alarmierende Vorzeichen: Von Papen fragte, ob die Gäste etwas dagegen hätten, wenn drei „zufällig“ auf dem Berghof anwesende Wehrmachtsgeneräle bei den Unterredungen dabei sein würden. Schuschnigg erklärte später, dass es ihm eigentlich nicht recht war, aber dass er doch „wenig Wahlfreiheit“ gehabt habe. Am Fuß des Obersalzbergs standen einige Raupenfahrzeuge bereit, um die Gäste auf dem steilen und vom Eisregen spiegelglatten Weg nach oben zu bringen. Schuschnigg wurde von Hitler reserviert begrüßt und dann den drei martialisch aussehenden Generälen Keitel, von Reichenau und Sperrle vorgestellt. Einige Augenblicke später saß Schuschnigg allein mit dem deutschen Diktator in dessen

Der Raum, in dem das Los der Tschechoslowakei durch die Unterschriften der Anführer Deutschlands, Englands, Italiens und Frankreichs besiegelt wurde.

Der italienische Diktator Mussolini (links) und Hitlers Stellvertreter Rudolf Hess beim Betreten des Führerbaus anlässlich der Münchner Konferenz am 29. September 1938.

Arbeitszimmer. Auf freundliche Bemerkungen des Bundeskanzlers über die schöne Aussicht und das Wetter reagierte Hitler kurz angebunden: „Wir sind hier nicht zusammengekommen, um über die Aussicht und das Wetter zu reden."
Dann brach der Sturm los. Die Tirade dauerte zwei Stunden, und Hitler sagte u. a.: „Sie haben alles getan, um eine Freundschaftspolitik unmöglich zu machen ... Österreichs ganze Geschichte ist ein ununterbrochener Verrat am deutschen Volk. Das war früher nicht anders als heute. Aber dieser geschichtliche Widersinn muss endlich sein längst fälliges Ende finden. Und ich kann Ihnen jetzt schon sagen, Herr Schuschnigg, dass ich fest entschlossen bin, dem ein Ende zu machen. Das Deutsche Reich ist eine Großmacht, und es kann und wird sich von niemand dreinreden lassen, wenn es an seinen Grenzen Ordnung schafft ... Sie brauchen nicht einen Augenblick zu denken, dass irgendjemand meine Pläne durchkreuzen kann. Italien? Ich habe mit Mussolini eine vollständige Übereinstimmung erreicht. England? England krümmt keinen Finger für Österreich. Frankreich? Frankreich hätte uns im Rheinland entgegentreten können; wir hätten uns dann zurückziehen müssen. Aber jetzt kommt Frankreich zu spät."
Der Bundeskanzler beschloss, einen kühlen Kopf zu bewahren, und antwortete, dass die österreichische Geschichte ein wichtiger Teil der deutschen Geschichte sei: Der Beitrag von Österreich hierzu sei beträchtlich. „Von absolut keinem Wert", raste Hitler, „Von keinerlei Wert, sage ich Ihnen. Ich sage Ihnen nochmals, dass es so nicht weitergeht. Ich habe einen historischen Auftrag, und ich werde diesen Auftrag erfüllen, weil ich dazu bestimmt bin ... Schauen Sie sich einmal um im heutigen Deutschland, Herr Schuschnigg, und dann werden Sie sehen, dass es nur einen Willen gibt. Ich werde durch die Liebe meines Volkes nach vorn gedrängt." Auf die Bitte Schuschniggs, die Probleme doch einmal deutlich zu formulieren, beschuldigte Hitler Österreich, dass es die Grenzen verstärke und versuche, Minen an Brücken und Straßen, die zur Grenze führten, zu legen. „Sie glauben doch nicht, dass Sie auch nur einen Stein bewegen können, ohne dass ich es am nächsten Morgen in allen Einzelheiten erfahre? Sie werden doch nicht glauben, dass Sie mich auch nur eine halbe Stunde aufhalten können? Vielleicht wachen Sie eines Tages in Wien auf, um zu entdecken, dass wir schon da sind ... Wie ein Frühlingssturm. Ich möchte Österreich gern ein solches Schicksal ersparen, weil dann viel Blut fließen würde. Nach der Wehrmacht werden die SA und die österreichische Legion ins Land kommen, und niemand könnte sie daran hindern, Rache zu nehmen, auf die sie ein Recht haben. Sogar ich könnte das nicht. Ich werde Ihnen noch einmal, sei es zum letzten Mal, eine Chance geben, mit mir zu einer Übereinstimmung zu kommen, Herr Schuschnigg. Wir finden jetzt eine Lösung, oder die Ereignisse sind nicht mehr aufzuhalten. Denken Sie darüber nach, Herr Schuschnigg. Ich kann nur bis heute Mittag warten."
Schuschnigg, der von Hitler im Streit nicht mit seinem Titel angesprochen wurde, ging Hitlers Taktik langsam auf die Nerven. Er wollte wissen, welche Bedingungen Hitler nun genau stelle. Der Führer sagte, dass das mittags besprochen würde. Wahrend des Mittagessens war der Führer zu Schuschniggs Verwunderung in bester Laune. Schuschnigg selbst machte, laut von Papens Memoiren, einen nervösen und zerfahrenen Eindruck. Der österreichische Bundeskanzler war Kettenraucher, aber in Hitlers Gegenwart war das Rauchen verboten. Erst nach dem Kaffee, der im Wintergarten serviert wurde, entschuldigte sich Hitler, und Schuschnigg bekam die Gelegenheit, eine Zigarette zu rauchen. Hitler zog sich mit von Ribbentrop in sein Arbeitszimmer zurück, um einen Vertrag zu entwerfen. Nachdem Schuschnigg und

Die Regierungsleiter der vier wichtigsten europäischen Mächte kurz nach der Unterzeichnung der Schlussakte der Münchner Konferenz, auf der Deutschland mehr oder weniger freie Hand in der Tschechoslowakei erhielt. Auf dem Foto v.l.n.r. Göring, Chamberlain, Mussolini, Chefdolmetscher Schmidt, Hitler und Daladier, der französische Ministerpräsident.

Dr. Schmidt gute zwei Stunden gewartet hatten, bat man sie in ein kleines Vorzimmer, in dem von Ribbentrop und von Papen sie empfingen. Von Ribbentrop überreichte dem Bundeskanzler einen getippten Vertragsentwurf mit der Bemerkung, diesen schnellstens zu unterschreiben. Dies wären die definitiven Forderungen, und der Führer würde nicht weiter darüber diskutieren.

Der Vertrag war ein deutsches Ultimatum, das die österreichische Souveränität schlicht und ergreifend beendete. Schuschnigg hatte den Nationalsozialisten innerhalb einer Woche die Regierung zu übergeben. Das Verbot der österreichischen nationalsozialistischen Partei musste aufgehoben werden, und alle Mitglieder der Partei, die in Gefängnissen saßen, mussten amnestiert werden. Ein Sympathisant der NS-Partei, der Jurist Dr. Seyß-Inquart aus Wien, musste Innenminister werden, damit die Leitung der Polizei erhalten bliebe. Er sollte auch der Verantwortliche für die öffentliche Sicherheit werden. Ein anderer Nationalsozialist wurde mit dem Kriegsministerium betraut, und es sollte engere Kontakte zwischen dem österreichischen und dem deutschen Heer geben, u. a. durch einen Austausch von Offizieren. Außerdem sollten bestimmte Vorbereitungen die deutsche und österreichische Wirtschaft mehr aufeinander abstimmen. Als Schuschnigg protestierte, dass er nicht damit gerechnet habe, mit derartig ungerechten Forderungen konfrontiert zu werden, bat man ihn erneut in Hitlers Arbeitszimmer. Der Führer lief aufgeregt hin und her und bestätigte nochmals, dass dies sein letztes Angebot sei: „Sie müssen es unterschreiben, wie es jetzt ist, sonst ist unsere Begegnung sinnlos gewesen. In diesem Fall werde ich heute Abend meine weiteren Entscheidungen treffen."

Schuschnigg fügte sich und erwiderte Hitler, zur Unterzeichnung bereit zu sein, dass aber nach dem österreichischen Grundgesetz nur der Bundespräsident Minister ernennen könne, und das gelte auch für die Amnestie. Hitler rannte zu seiner Arbeitszimmertür und brüllte: „General Keitel soll jetzt kommen!" Dann wandte er sich an den bebenden und fassungslosen Schuschnigg: „Ich werde Sie später rufen lassen." Der Bundeskanzler rechnete mit der Möglichkeit, innerhalb von fünf Minuten verhaftet zu werden, und es kam ihm nicht in den Sinn, dass Hitler ihn täuschte. Kurze Zeit später wurde Schuschnigg wieder hereingebeten. Der Führer hatte seine Taktik blitzschnell geändert: „Ich habe mich entschlossen, meine Entscheidung rückgängig zu machen, zum ersten Male in meinem Leben. Aber ich warne Sie ... Dies ist Ihre allerletzte Chance. Sie bekommen noch drei Tage, ehe die Vereinbarung in Kraft tritt."

Chamberlain im Gespräch mit Mussolini während der Münchner Konferenz. Auch Hitlers Bundesgenosse Mussolini hofft zutiefst, dass die territorialen Forderungen des Führer nun erledigt sind und ein Krieg definitiv abgewendet wurde. Wie er sich doch irrte ...

Die ersten deutschen Panzer überqueren die tschechische Grenze. Nun gab es zum ersten Mal keine Blumen und jubelnde Menschenmassen, sondern rauen Wind, nassen Schnee und eine tief enttäuschte Bevölkerung.

Schuschnigg unterschrieb den Entwurf im Bewusstsein, dass die Zustimmung zu Hitlers Bedingungen nichts mehr oder weniger bedeutete als das Ende des unabhängigen Österreichs. Nach der Unterzeichnung war Hitlers Stimmung genau umgekehrt. Er benahm sich wieder wie ein freundlicher Gastgeber und lud seine Gäste zum Abendessen ein. Diese zogen es jedoch aus offensichtlichen Gründen vor, lieber nach Salzburg zurückzufahren. Von Papen begleitete sie wieder zur Grenze. Es war ein nebeliger, trüber Abend, und von Papen unterbrach schließlich die unangenehme Stille, die im Auto herrschte: „Ja, so kann der Führer manchmal sein, nun haben Sie es selbst erlebt, aber der Führer kann auch ausgesprochen charmant sein." Hitler gab seinen Generälen noch am gleichen Abend den Auftrag, an der österreichischen Grenze militärische Übungen abzuhalten.
Der österreichische Präsident Miklas sollte merken, dass der Vertrag ratifiziert werden musste. Nach Schuschniggs Rückkehr überschlugen sich die Ereignisse. Die österreichische Regierung entschloss sich, unter dem Druck der drohenden Invasion den Berchtesgadener Vertrag zu akzeptieren. Aber die Agitation der österreichischen Nationalsozialisten, die inzwischen die geforderte Amnestie bekommen hatten, nahm zu. Schon nach einigen Wochen glitt dem Bundeskanzler die Führung immer mehr aus den Händen. Als letzte Rettung kündigte Schuschnigg für den 9. März 1938 eine Volksabstimmung an. Diese sollte über die Frage entscheiden, ob Österreich unabhängig bleiben sollte oder nicht. Hitler beschloss, dass nun der richtige Zeitpunkt zum Eingreifen gekommen wäre. Am 11. März forderte er in einem Ultimatum, dass die Volksabstimmung nicht stattfinden dürfe. Das Chaos in Österreich, in dem die Ansichten sehr kontrovers waren, nahm zu. Bundeskanzler Schuschnigg hatte von Hitler schon das eine oder andere Ultimatum erhalten, gab mit Blick auf das zunehmende Chaos in seinem Land schließlich nach und ernannte den Nationalsozialisten Dr. Arthur Seyß-Inquart zum Innenminister. Es war jedoch Göring und nicht Hitler, der die Ultimaten stellte. Der Reichsmarschall führte an jenem Tag in Anwesenheit Hitlers 27 Telefongespräche mit Wien und besonders mit Seyß-Inquart. Hitler schwankte an diesem Morgen nach von Papen zwischen „Apathie und Hysterie". Göring hielt die Regie straff in seinen Händen, da Hitler durch die schnellen und unerwarteten Wendungen der Ereignisse den Überblick verloren hatte und mehr oder weniger apathisch daneben saß. In Momenten, in denen Hitler nicht mehr wusste, was er tun sollte – und das war vor allem der Fall bei unerwarteten Geschehnissen –, blieb der intelligente Göring eiskalt und nahm das Heft in die Hand. Und das war einer der wichtigsten Gründe, warum Hitler ihn so schätzte. Nachdem die österreichische Regierung der Aussetzung des von ihr angesetzten Volksentscheides zugestimmt hatte, in dem sich die Österreicher für oder gegen den Anschluss an Deutschland aussprechen konnten, forderte Göring im Namen Hitlers den sofortigen Rücktritt Schuschniggs. Inzwischen hatte Schuschnigg verzweifelt Großbritannien um Hilfe gebeten, aber da die britische Regierung ihn durch Lord Halifax wissen ließ, dass „die Regierung Seiner Majestät keinen Schutz garantieren

Deutsche Truppen ziehen am 15. März 1939 in die jahrhundertealte Prager Königsburg ein.

kann", trat Schuschnigg um halb vier Uhr mittags zurück. Nach Erfüllung dieser Forderung pochte Göring auf die Ernennung von Seyß-Inquart zum Bundeskanzler. Aber da stießen die Nationalsozialisten auf ein unerwartetes Hindernis: Der österreichische Bundespräsident Miklas weigerte sich penetrant, Seyß-Inquart zum Bundeskanzler zu ernennen. Um 17.30 Uhr verlangte ein wütender Göring Seyß-Inquart am Telefon. Aus Berlin brüllte er in den Hörer: „Sie müssen sofort zum Bundespräsidenten gehen und ihm sagen, dass, wenn den Forderungen nicht unmittelbar zugestimmt wird, die deutschen Truppen heute Nacht einmarschieren werden, die jetzt schon massenhaft an der österreichischen Grenze aufmarschiert sind, und dann wird Österreich aufhören zu bestehen ... Sagen Sie ihm, dass es uns ernst ist."
Kurz nach 19.30 Uhr am 11. März 1938 hielt Schuschnigg eine emotionale Ansprache im österreichischen Radio, in der er mitteilte, dass Deutschland ein Ultimatum gestellt habe.

Um Mitternacht gab der österreichische Bundespräsident Miklas dann doch noch nach. Um Blutvergießen zu vermeiden und in der Hoffnung, dass wenigstens irgendetwas von der österreichischen Unabhängigkeit übrig bleiben würde, ernannte er Seyß-Inquart zum Bundeskanzler. Alle deutschen Forderungen wurden erfüllt. Die deutsche Invasion fand aber trotzdem statt. Am 12. März 1938 zogen die deutschen Truppen ohne jeden Widerstand in Österreich ein. Der Anschluss Österreichs an das Reich war Wirklichkeit geworden. Und schon am gleichen Tag wurden die ersten Razzien unter den Juden durchgeführt. Der NS-Apparat begann, sich schnell und effektiv zu installieren. Im Gefolge der Wehrmacht zogen auch SS, SD und Gestapo in Österreich ein. Mit der Annexion Österreichs (das nun „Ostmark" genannt wurde) verschafften sich die Deutschen eine dominierende Position auf dem Balkan, wodurch sich plötzlich und ohne einen einzigen Schuss die strategische Karte Mitteleuropas radikal verändert hatte.

Die siegreichen deutschen Truppen halten am 26. März eine Parade auf dem großen Platz in der Altstadt von Prag ab. Links ist gerade noch ein Teil des Glockenturms mit der berühmten Uhr zu sehen.

Im Gefolge seiner Soldaten besuchte Hitler am 19. März Prag, in seinem Gefolge die Superbürokraten des Dritten Reiches. Auf dem Foto ein uninteressierter Hitler mit v.l.n.r. Reichsleiter Bormann, Innenminister Frick, Dr. Lammers, dem Chef der Reichskanzlei, und Innenstaatssekretär Stuckart.

Die nächste Beute: die Tschechoslowakei

Schon vor seinem Einmarsch in Österreich hatte Hitler angekündigt, der „unmenschlichen Unterdrückung" der deutschen Minderheit in der Tschechoslowakei (die Sudetendeutschen) nicht mehr länger tatenlos zusehen zu wollen. Hitler sah in der Tschechoslowakei einen Dolch, der auf Deutschlands Herz gerichtet war. Dass Hitler aggressive Absichten gegen die Tschechoslowakei hatte, zeigt ein geheimes Protokoll einer Konferenz von 1937, worin stand, dass Hitler fest entschlossen war, außer Österreich auch die Tschechoslowakei zu besetzen. Die Neutralisierung des tschechischen Verteidigungssystems konnte Hitlers Wehrmacht eine günstige Ausgangsposition für den Angriff auf Polen oder auf die Sowjetunion verschaffen. Er benötigte lediglich einen Vorwand für eine Invasion, und dieser lag auf der Hand: dreieinhalb Millionen Sudetendeutsche.

Seit der Gründung der tschechischen Republik gab es immer wieder Streitpunkte zwischen der deutschen Minderheit und den Tschechen. Diese Minderheit forderte nun, inspiriert vom Anschluss Österreichs an das Reich, auch einen solchen Anschluss aufgrund grausamer Unterdrückung und Diskriminierung – Gründe, die nicht gerechtfertigt waren. Das Sprachrohr der deutschen Minderheit war Konrad Henlein, der Leiter der Sudetendeutschen-Partei (SDP), die von Hitler seit 1935 heimlich unterstützt wurde. 1938 bekam Henlein aus Berlin den Auftrag, Forderungen an die tschechische Regierung zu stellen, in die diese unmöglich einwilligen konnte. Diese Strategie, so hoffte Hitler, würde eine solche Unruhe auslösen, dass ein deutsches militärisches Eingreifen unvermeidlich wäre, um das Leben seiner Untertanen zu beschützen. Nicht nur in der Tschechos lowakei wurde die Agitation der Nationalsozialisten von Tag zu Tag brutaler: In Deutschland selbst verging auch kein Tag, an dem nicht Meldung von einem Vorfall gemacht wurde, bei dem ein Sudetendeutscher das Opfer war. Im September 1938 wurde die Spannung noch weiter hochgeschraubt. Göring am 10. September 1938: „Ein unbedeutender Landstrich in Europa fällt der ganzen Menschheit zur Last. Die verfluchten Pygmäen (die Tschechen) unterdrücken ein Kulturvolk, und Moskau steckt dahinter." Die ganze westliche Welt wartete mit großer Spannung auf Hitlers Rede, die er am 13. September auf dem Parteitag in Nürnberg halten sollte. Diese Rede wurde eine lange, heftige Schimpfkanonade gegen den tschechischen Staat und enthielt Ausdrücke wie „Elend, Versuch der Vernichtung, unmenschliche und unerträgliche Behandlung, Grausamkeit und Terrorismus". Schließlich forderte er für die dreieinhalb Millionen Sudetendeutschen das Recht der Selbstbestimmung. Seine Rede war das Zeichen für den Aufstand im Sudetenland. Es gab viele Opfer. Die tschechische Regierung verhängte den Belagerungszustand, und Henlein flüchtete nach Deutschland, wo er erklärte, dass die Besetzung durch deutsche Truppen die einzige Lösung sei. In Deutschland brach fieberhafte militärische Geschäftigkeit los. Ein Krieg schien unvermeidlich.

Eine persönliche Bitte des französischen Premierministers Daladier (welcher der Tschechoslowakei 1935 vertraglich Unterstützung im Fall eines Angriffs zugesagt hatte) an England verhinderte die Krise im allerletzten Moment. der britische Premierminister Chamberlain machte Hitler in einem Telegramm den Vorschlag, „an jedem vom Führer gewünschten Ort" und „ohne sich um Prestigefragen zu kümmern" ein persönliches Gespräch über die tschechische Frage zu führen.

Hitlers erste Reaktion auf Chamberlains Telegramm war: „Ich fiel aus allen Wolken." Mittags beantworte er den Vorschlag Chamberlains positiv. Er schlug vor, dass man sich in seinem Landhaus auf dem Obersalzberg treffen sollte. In Prag boten die Zeitungsverkäufer eine Sonderausgabe an: „Lesen Sie, wie das Staatsoberhaupt des mächtigen britischen Empires bei Hitler betteln geht!" Die tschechischen Bürger demonstrierten spontan auf der Straße, da sie hinter der Weigerung ihres Präsidenten Benes standen, das Sudetenland abzutrennen. In England folgte dem ersten Gefühl der Erleichterung die Begeisterung darüber, dass der Premierminister einen solchen Schritt zur Erhaltung des Friedens wagen wollte. In Rom sagte Hitlers Bündnispartner Mussolini zu seinem Schwiegersohn und Außenminister, dem Grafen Ciano: „Es wird keinen Krieg geben, aber dies bedeutet das Ende des britischen Ansehens." Die deutsche Bevölkerung war überrascht von der

Auch der Terrorapparat des Dritten Reiches hielt schnell seinen Einzug. Auf dem Foto kommt der Reichsführer SS und Chef von Gestapo und SD Heinrich Himmler mit seinem Stabswagen auf der Prager Burg an.

bevorstehenden Reise Chamberlains. Sollte es eine ähnliche Begegnung wie die zwischen Hitler und Schuschnigg werden, oder war es eine letzte Warnung für ihren Führer, keinen Krieg zu beginnen? Mit großer Spannung sah die Welt dem Treffen der beiden Regierungsoberhäupter entgegen.
Am 15. September 1938 landete das Flugzeug Chamberlains auf dem Flugplatz von München. Mit dem Zug und mit dem Auto wurde er zum Berghof gebracht. Unterwegs war er – natürlich rein zufällig – Zeuge großer Truppentransporte. Hitler erwartete seinen britischen Gast oben an der Treppe. Er kam ihm nur bis zur ersten Stufe entgegen. Wieder befand sich General Keitel mit seinem martialischen Aussehen in seinem Gefolge.
Es war Hitlers Absicht, den „verkalkten Greis" – wie er Chamberlain nannte – dermaßen zu verblüffen und zu ermüden, dass er seine tschechischen Besatzungspläne ungehindert durchsetzen konnte. Hitler ging der Gesellschaft zum Konferenzsaal voraus, wo beim Kaminfeuer der Tee serviert wurde. Nachdem man einige Höflichkeitsfloskeln ausgetauscht hatte, fragte Hitler abrupt, welchen Ablauf Chamberlain bevorzuge. Dieser erwiderte, dass ihm ein Gespräch unter vier Augen am liebsten sei. Hitler zog sich mit Chamberlain und dem Übersetzer Dr. Schmidt in sein Arbeitszimmer zurück, während ein deutlich verärgerter von Ribbentrop – schließlich war er der Außenminister – am Kamin zurückblieb. Hitler begann bei Chamberlain mit der gleichen Taktik, die er bei Schuschnigg angewendet hatte. „Die dreieinhalb Millionen Deutschen in der Tschechei müssen heim ins Reich gebracht werden. Es sind schon 300 Sudetendeutsche ermordet worden, das kann so nicht weitergehen, das muss unverzüglich geregelt werden. Ich bin entschlossen, das zu regeln. Es ist mir egal, ob das einen Weltkrieg entfesselt oder nicht!", so sprach Hitler mit zornigem Gehabe.
Chamberlain war jedoch keineswegs der senile alte Mann, für den Hitler ihn hielt. Er war ein harter und sehr erfahrener Verhandlungspartner – unnachgiebig, zurückhaltend und selbstsicher. Er antwortete verärgert, dass er nicht verstünde, warum er eine so lange Reise habe machen müssen, wenn Hitler nichts anderes zu vermelden habe, als in jedem Fall Gewalt anzuwenden. Der deutsche Diktator, der nicht an Widerspruch gewöhnt war – kein Deutscher wagte das zu

Die wirkliche Macht hielt nicht Reichsprotektor von Neurath, sondern der gnadenlose Hardliner in Händen, der blonde SS-General Heydrich, wegen seines barbarischen Auftretens gegenüber der Bevölkerung auch der „Schlächter von Prag" genannt. 1942 wurde seiner Schreckensherrschaft ein Ende gesetzt, da er an den Folgen eines Anschlags, verübt von tschechischen Partisanen, verstarb. Das letzte Foto von Heydrich vor seinem gewaltsamen Tod, hier mit seiner Frau Lina beim Besuch eines Konzerts im Prager Musiktheater Rudolphinum.

Nach dem deutschen Einmarsch im März 1939 hörte die Tschechoslowakei auf zu existieren. Tschechien wurde in „Protektorat Böhmen und Mähren" umbenannt, an dessen Spitze ein deutscher Reichsprotektor im Namen des Führers das Sagen hatte. Auf dem Foto der gerade ernannte Reichsprotektor Freiherr von Neurath umringt von verschiedenen deutschen Funktionären in Prag. Von Neurath war jahrelang Außenminister gewesen und ein Aristokrat von altem Schrot und Korn.

jenem Zeitpunkt noch –, gab nach. Sehr viel ruhiger forderte Hitler Chamberlain auf, bezüglich der Sudetenfrage das Recht der Völker auf Selbstverwaltung anzuerkennen. Dann könne man die Diskussion fortsetzen und erörtern, wie man dieses Prinzip in die Praxis umsetzen könnte. Wiederum überraschte Chamberlain Hitler. Er willigte nicht gleich ein, sondern bemerkte, dass eine Volksabstimmung im Sudetenland nicht ohne große Probleme durchzuführen sei.
Hitler war der festen Überzeugung, dass eine freiwillige Abtrennung des Sudetenlandes niemals auf einer internationalen Konferenz oder durch Verhandlungen erreicht werden konnte. Er wollte jedoch auf keinen Fall den Schwarzen Peter haben, d. h. als Aggressor zu Buche stehen. Eine vorzeitige Unterbrechung der Verhandlungen würde diesen Eindruck aber mit Sicherheit erwecken. Als Chamberlain vorschlug, zuerst das Gespräch zu unterbrechen, nach England zurückzukehren, um mit seinen Kollegen über die Frage der Selbstverwaltung zu sprechen, und dann das Gespräch fortzusetzen, machte Hitler bei den ersten Wörtern der Übersetzung von Dr. Schmidt ein unglückliches Gesicht. Als er jedoch hörte, dass Chamberlain zu weiteren Verhandlungen bereit war, konnte er seine Erleichterung kaum verbergen. Auf Chamberlains Frage, wie die Angelegenheit in der Zwischenzeit geregelt werde, gab Hitler tatsächlich die Zusage, dass er keine militärischen Maßnahmen ergreifen werde, außer bei einem ernsten Zwischenfall.
Zweifellos durchschaute Chamberlain die Tricks und Manöver des deutschen Diktators. In seinem Bericht für das Kabinett einige Tage später nannte er den Führer den „ordinärsten kleinen Hund", der ihm je begegnet sei. Aber um den Frieden zu sichern, wollte er große Opfer bringen. Am 22. September 1938 trafen sich Hitler und Chamberlain erneut, dieses Mal in Bad Godesberg am Rhein. In den vorhergehenden Tagen hatten wichtige Besprechungen zwischen England, Frankreich und der Tschechoslowakei über das Sudetenproblem stattgefunden. Prag wurde so unter Druck gesetzt, dass es schließlich mit der Abtrennung des Sudetenlandes einverstanden war. Hitler, der dieses Ergebnis von Chamberlain erfuhr, war sprachlos. Der Führer wollte nicht nur das Sudetenland, sondern die ganze Tschechoslowakei. Dieses unerwartete Entgegenkommen passte überhaupt nicht in sein Konzept. Nach einer ungewöhnlich langen Pause antwortete er Chamberlain schließlich, es täte ihm Leid, aber er könne nach den Entwicklungen der letzten Tage nicht mehr hierauf eingehen. Chamberlain war verärgert und entrüstet, aber Hitler erklärte, dass er den Tschechen bis zum 1. Oktober Zeit geben würde, seine Forderungen zu erfüllen; danach wäre ein militärisches Eingreifen unvermeidlich.
Nach intensiven politischen Verhandlungen gelang es Chamberlain, mit der Hilfe Mussolinis Hitler zu einer Konferenz der vier Westmächte zu überreden. Hitler, Mussolini, Chamberlain und Daladier trafen sich am 29. September 1938 in München. Diese Konferenz wurde ein überwältigender Erfolg für den Führer. Die Tschechoslowakei verlor riesige Gebiete, und das Sudetenland wurde wieder deutsch. Die Wirtschaft und der Verkehr der Tschechoslowakei wurden dadurch sehr geschwächt. Die Verteidigung der Rest-Tschechoslowakei wurde durch den Verlust der Gebirge an den Grenzen so gut wie unmöglich. Als im März 1939 die deutsche Wehrmacht dann auch im „unabhängigen" Teil der Tschechoslowakei einmarschierte, widersetzte sich die verbitterte und enttäuschte Bevölkerung nicht. Kurze Zeit nach der Aufteilung der Tschechoslowakei beeilten sich Jugoslawien und Ungarn, mit NS-Deutschland Frieden zu schließen. Der deutsche Einfluss im Donaubecken war enorm angewachsen. Durch diverse Handelsverträge gelang es dem Reich, die wirtschaftlichen Quellen dieses Gebiets geschickt auszunutzen.

11 Am Vorabend des Zweiten Weltkrieges

Das letzte Silvester in Friedenszeiten
Silvester war eines der wenigen privaten Feste, an denen auch Hitler teilnahm – so auch am Silvesterabend des Jahres 1938. Der Führer konnte zufrieden auf das vergangene Jahr zurückblicken. Die Periode von 1932 bis 1938 war ein einziger Triumph gewesen. Niemand, außer Hitler und einigen seiner Vertrauten wie Göring, ahnte, dass 1938 das letzte Friedensjahr war. Der Führer hatte sich mit seinem ganzen Gefolge auf dem Obersalzberg niedergelassen, um dort Silvester zu feiern. Die Gäste dieses Abends gehörten mit wenigen Ausnahmen zur ständigen festen Gruppe um Hitler. Es war ein Fest, bei dem die Damen mit ihren kostbaren Abendkleidern glänzen konnten. Auch Evas Schwester Ilse und Gretl waren mit von der Partie. Ilse schrieb später in ihr Tagebuch: „Mir war nicht wohl zumute, weil mein zyklamfarbenes Abendkleid zu kurz geraten war. Eva hatte zu mir gesagt, ich solle in der Bibliothek warten. Sie würde mich dem Führer vorstellen. Hitler kam auf mich zu, nahm meine Hand und führte sie an seine Lippen. Seine Augen waren stahlblau, scharf und auffallend. Trotzdem war ich einigermaßen enttäuscht. Ich hatte mir eine eindrucksvollere Persönlichkeit vorgestellt, jemanden, der mehr aussah wie auf den Fotos. Er gestikulierte wie ein Schauspieler. Ich schaute mir seine Hände an. Sie waren weiß, zart, wie die Hände eines Musikers, nicht sehr männlich, aber doch reizvoll. Er machte mir ein Kompliment, sagte, dass die Braun-Schwestern alle Schönheiten wären. Er entschuldigte sich, dass das Zimmer, das mir zugewiesen worden war, nicht sehr großzügig ausgestattet sei, aber er hoffte, dass ich mich trotzdem zu Hause fühlen würde ... Ich konnte ihm kaum danken, während ich mir vorgenommen hatte, jede Menge zu sagen." Während des Abendessens stand reichlich Kaviar auf dem Tisch: Hitler war versessen darauf. Es gab auch Sekt, aber nur deutschen. Auf dem Geschirr und dem Goldbesteck standen die Initialen AH. Nach dem Essen gab es ein Feuerwerk, das von Hitlers Quartiermeister Willy Kannenberg, der extra aus Berlin angereist war, gezündet wurde. Es wurde nicht getanzt, weil Hitler das nicht mochte. Nachdem die Uhr zwölf geschlagen hatte und der Führer die Neujahrswünsche seiner Gäste empfangen hatte, beteiligte Hitler sich am Bleigießen. Vielleicht war der Führer nicht sehr zufrieden über seine Bleiformen, denn Ilse erwähnt, dass er sich hinterher in einen Armsessel setzte und eine Zeit lang ins Feuer starrte, ohne sich um die Gesellschaft zu kümmern. Danach wurde es Zeit für einen weiteren traditionellen Brauch in den Bergen, das Böllerschießen. Schützenvereine aus Berchtesgaden kamen mit Büchsen und Flinten zum Berghof, um diese Hitler und seinen Gästen zu Ehren auf der großen Terrasse abzufeuern. Hitler spendete einen Beitrag von 300 Reichsmark zur Deckung der Unkosten. Am frühen

Ein ausgelassener Hitler empfängt hier aus den Händen des Weihnachtsmannes eine Torte mit „Frohe Weihnacht" darauf. Links sitzt (Ehren-)SS-General und Chef der Privatkanzlei des Führers, Reichsleiter Bouhler.

Nachdem ihm die Tschechoslowakei wie ein reifer Apfel in den Schoß gefallen war, richtete der Führer sein Augenmerk auf die nächste Beute: Polen. Der polnische Korridor, der Ostpreußen vom Rest des Reiches trennte, und Danzig, fast nur von Deutschen bewohnt, aber ebenfalls durch den Versailler Vertrag nicht mehr zu Deutschland gehörend, waren die Streitpunkte. Im Januar 1939 wurde der polnische Außenminister auf den Berghof eingeladen, um mit dem Führer einen Gedankenaustausch zu führen. Auf dem Foto die Ankunft Becks (links) auf dem verschneiten Obersalzberg, rechts von Hitler Freiherr von Dörnberg, der Protokollchef des Außenministeriums.

Auf dem Obersalzberg feierte Hitler das letzte Silvester im Friedenszeiten (1938/1939). Auf dem Foto der vollzählige und festlich ausstaffierte Hofstaat des Führers in der großen Wohnhalle des Berghofs.
1. Reihe v.l.n.r.: Gretl Braun (Evas jüngste Schwester), Prof. Theodor Morell (Hitlers Leibarzt), Frau Bouhler, Philip Bouhler (Leiter von Hitlers Privatkanzlei), Frau Gerda Bormann, Hitler, Eva Braun, Martin Bormann, Frau Anni Brandt.
2. Reihe v.l.n.r.: die Privatsekretärinnen des Führers Gerda Daranowsky und Christa Schröder, Frau Freda Kannenberg, Albert Speer, Frau Margarete Speer, Frau Hanni Morell, Frau Schmundt, Ilse Braun (älteste Schwester von Eva), Heinz Lorenz (Pressesprecher von Dr. Dietrich).
3. Reihe v.l.n.r.: Heinrich Hoffmann, Albert Bormann (Hitlers Adjutant und Bruder von Martin Bormann), Ludwig Bahls (SS-Ordonnanz Hitlers), Jacob Werlin (Direktor von Daimler-Benz), Arthur Kannenberg (Hitlers Hausintendant), Sofie Storck (Freundin von Eva Braun), Fritz Schönmann, General Rudolf Schmundt (Hitlers leitender Heeresadjutant), Marion Schönmann (Wiener Freundin von Eva Braun), Prof. Dr. Karl Brandt (Hitlers Chirurg).

Während der Silvesterfeier auf dem Berghof überreicht Eva Braun ihrer Schwester Gretl eine Filmkamera, während Hitler etwas abwesend zusieht. Auf dem Foto v.l.n.r. Gretl Braun, der Chirurg Dr. Karl Brandt, Hoffmann, Hitler, Eva Braun, ihre Freundin Herta Schneider, Leibarzt Dr. Morell, Chef-Adjutant Brückner und Privatsekretärin Christa Schröder.

Die Silvesterfeier war eine der wenigen festlichen privaten Ereignisse, an denen Hitler teilnahm. Nachdem die Uhr zwölf geschlagen und der Führer die Neujahrswünsche seiner Gäste in Empfang genommen hatte, nahm er Teil am Bleigießen, das seit Menschengedenken zum Jahreswechsel, vor allem in Süddeutschland und Österreich, gespielt wird. Man lässt geschmolzenes Blei in einen Becher mit kaltem Wasser fallen, und aus der Form des erkalteten Bleis wird die Zukunft vorhergesagt. Vielleicht war der Führer nicht ganz zufrieden mit dem Ergebnis: Ilse Braun berichtete, dass er sich danach in einen Lehnstuhl setzte und eine Zeit lang ins Feuer starrte, ohne sich um seine Gesellschaft zu kümmern. Auf dem Foto Hitler beim Bleigießen.

Morgen des Neujahrstages 1939 machten, wie üblich, örtliche Musikkapellen ihre Aufwartung, um Hitlers Lieblingsmärsche und einige Melodien von Franz Lehár zu spielen.
Hitlers Neujahrsrede an das deutsche Volk strotzte vor Selbstvertrauen. Erst jetzt, nachdem er das Großdeutsche Reich gegründet und eine „innere Geschlossenheit unseres Volkskörpers" erreicht hatte, fühlte er sich stark genug, um „die geballte Kraft der ganzen Nation hinter mir wissend, das Lebensrecht unseres Volkes vertreten zu können, auch auf die Gefahr der letzten und schwersten Konsequenzen hin." Partei, Wehrmacht und Staat hatten ihren Ausdauertest gut bestanden, und die westliche Front des Reiches war mit einem Wall aus Panzern und Beton umgeben, „von dem wir wissen, dass keine Macht der Welt ihn jemals durchbrechen wird." Zugleich gab er am 1. Januar eine Nachricht für die Wehrmacht bekannt: „Soldaten! Im Jahre 1938 ging ein Traum von Jahrhunderten in Erfüllung. Großdeutschland ist entstanden. Ihr habt hierbei entscheidend mitgewirkt. Ich danke euch für eure treue Pflichterfüllung. Ich bin sicher, dass ihr auch in Zukunft stets bereit sein werdet, die Lebensrechte der Nation gegen jedermann zu schützen."

Die polnische Frage

Nachdem ihm die Tschechoslowakei wie eine reife Frucht in den Schoß gefallen war, richtete der Führer seinen Blick auf die nächste Beute: Polen. Der polnische Korridor, der Ostpreußen vom restlichen Reich abtrennte und der durch den Versailler Vertrag eingerichtet worden war, stellte seiner Meinung nach eine Beleidigung für Deutschland als Großmacht dar. Das Gleiche galt für Danzig, fast ausschließlich von Deutschen bewohnt, aber durch den Versailler Vertrag von Deutschland getrennt. Im Januar 1939 wurde der polnische Außenminister auf den Berghof eingeladen, um die Frage zu regeln. Hitler empfing Joseph Beck äußerst freundlich, ganz gegen dessen Erwartungen. Hitler machte Beck den Vorschlag, eine gemeinsame polnisch-deutsche Politik in Bezug auf Russland auf der Grundlage des Antikomintern-

Nach dem Bleigießen wurde es Zeit für einen weiteren Brauch in den Bergen: das Böllerschießen. Schützenvereine aus Berchtesgaden und Umgebung kamen mit Büchsen und Flinten zum Berghof, um diese zu Ehren Hitlers und seiner Gäste abzuschießen.
Auf dem Foto v.l.n.r. Hitler, Göring, Pressechef Dr. Dietrich, Hoffotograf Hoffmann, dessen Gattin Erna Hoffmann, SS-General Rattenhuber, Chef des Reichssicherheitsdienstes und verantwortlich für die persönliche Sicherheit des Führers.

Graf Ciano (2. v.l.), Außenminister Italiens und Mussolinis Schwiegersohn, im Gespräch mit von Ribbentrop (2. v.r.), dem arroganten deutschen Außenminister. Diese beiden konnten einander nicht ausstehen.

paktes zu betreiben. Polen sollte jedoch Danzig zurückgeben und den Deutschen bewilligen, Ostpreußen durch einen neuen Korridor mit dem Reich zu verbinden. Polen würde man mit einem Teil der Tschechoslowakei ausgleichen, und es könnte Danzig als Freihafen benutzen.
Deutschland würde die Grenzen Polens garantieren. Die beiden Länder würden zusammenarbeiten, um die Juden aus Polen zu entfernen. Beck, der sich inzwischen alle erdenkliche Mühe gemacht hatte, die Beziehungen mit Russland zu festigen, weigerte sich so diplomatisch wie nur möglich, auch nur zu erwägen, Danzig abzugeben. Auch die späteren Versuche von Ribbentrops, mit Beck zu einer Übereinstimmung zu kommen, waren ohne Erfolg. Hitler, der wegen Becks andauernder Weigerung eines seiner Meinung nach großzügigen Angebots beleidigt war, ging im März 1939 zur inzwischen schon bewährten Taktik über, die er auch gegen Österreich und die Tschechoslowakei angewendet hatte. Er warnte Warschau, dass das polnische Benehmen den deutschen Minderheiten gegenüber nicht länger zu tolerieren sei. Obwohl es Beck gelang, eine Garantie von England und Frankreich zu erhalten, welche die polnische Freiheit gewährleistete, war Hitler entschlossen, die polnische Frage auf seine Art zu lösen. Bereits am 3. April 1939 hatte Hitler, der die französisch-englische Garantie nicht ernst nahm, seinen vertrautesten Kommandanten einen geheimen Befehl übermittelt, in dem der Angriff auf Polen, der am 1. September beginnen sollte, angekündigt wurde. Worum sich alles drehte, war die Haltung der Sowjetunion. Hitler hatte nur eine große Angst: ein Zweifrontenkrieg, an dem Deutschland im Ersten Weltkrieg schließlich untergegangen war. Also sollte die Sowjetunion neutralisiert werden. Hitler beauftragte seinen Minister von Ribbentrop, Verhandlungen mit der Sowjetunion aufzunehmen. Es war inzwischen August 1939. Speer befand sich in diesen letzten Wochen des Friedens in Hitlers engerer Umgebung: „Etwa Anfang August 1939 fuhren wir, eine unbeschwerte Gesellschaft, mit Hitler zum Teehaus auf dem Kehlstein. Die lange Autokolonne schlängelte sich über die Straße, die Bormann in den Felsen hatte sprengen lassen. Durch ein hohes, bronzenes Portal traten wir in einen marmorverkleideten, bergfeuchten Tunnel, an dessen Ende sich eine kuppelförmige Halle befand. In dieser Halle stiegen wir in den Aufzug aus hochpoliertem Messing. Beim Steigen des Aufzuges murmelte Hitler vor sich hin: ‚Vielleicht ereignet sich bald etwas ganz Großes ... Notfalls würde ich aber auch selbst hinfahren. Ich setze alles auf diese Karte.' Bei dieser Andeutung blieb es."

Mussolinis Schwiegersohn zu Besuch
Als im August 1939 die Spannungen um Danzig und den polnischen Korridor allmählich stiegen, schickte Mussolini seinen Schwiegersohn, den Grafen Ciano, der zugleich Italiens Außenminister war, nach Deutschland. Trotz kriegerischer Worte wollte Italien nicht von Deutschland in einen Krieg gerissen werden. Ciano, der am 11. August in Deutsch-

Zwei Frauen, deren Gatten im letzten Friedensjahr vor dem Ausbruch des Zweiten Weltkrieges eine wichtige Rolle spielen sollten, nämlich Emmy Göring (rechts) und Annelies von Ribbentrop. Im Gegensatz zu Emmy Göring, der First Lady in NS-Deutschland mit dem altgermanischen Titel „hohe Frau", hatte Annelies einigen Einfluss auf die Arbeit ihres Mannes, des Außenministers, der neben Hitler der Einzige war, der wirklich Krieg wollte. Annelies von Ribbentrop war die Erbin des deutschen Wein- und Sektimperiums Henkel.

Außenminister von Ribbentrop war snobistisch und arrogant. So ließ er für all seine Mitarbeitern im militärischen Stil gehaltene Uniformen entwerfen, die einen martialischen, aber durch die Übertriebenheit auch operettenhaften Eindruck machten. Auf dem Foto von Ribbentrop (links) mit einigen seiner wichtigsten Mitarbeiter in Diplomatenuniformen.

land ankam, hatte von Mussolini strenge Anweisungen erhalten: „Bevor Mussolini mich abreisen ließ, riet er mir, den Deutschen deutlich zu machen, dass ein Konflikt mit Polen vermieden werden müsse, weil ein derartiger Konflikt unmöglich begrenzt bleiben könnte. Er würde zu einem für jeden verheerenden Krieg führen."
Ehe er von Hitler auf dem Berghof empfangen wurde, besuchte Ciano von Ribbentrop auf dessen Landgut Fuschl am Fuschlsee, das in der Nähe des Obersalzbergs lag. Von Ribbentrop mochte den Italiener wegen seines übermäßigen Alkoholgenusses und seiner sexuellen Eskapaden nicht. Außerdem war Ciano ein „richtiger" Graf. Von Ribbentrop war es erst im fortgeschrittenen Alter und mit sehr viel Mühe gelungen, seinen Namen mit dem adeligen „von" zu schmücken. Das zehn Stunden dauernde Gespräch zwischen den beiden Ministern verlief äußerst kühl. Von Ribbentrop, der den Führer wie ein Papagei nachahmte, lehnte alle Befürwortungen Cianos für eine friedliche Lösung ab. Während des Mittagessens, bei dem kaum ein Wort geredet wurde, flüsterte der aus der Fassung gebrachte Ciano einem seiner Landsleute ins Ohr: „Wir sind nicht mehr weit von einem Handgemenge entfernt." Letztendlich fragte Ciano von Ribbentrop, was sie nun eigentlich wollten: den polnischen Korridor oder Danzig. Die Antwort war bedeutungsvoll und erschütterte Ciano: „Darum geht es uns nicht mehr. Wir wollen den Krieg ..." Am nächsten Tag wurde Ciano von Hitler auf dem Obersalzberg empfangen. Hitler eröffnete das Gespräch mit einer Darstellung der militärischen Lage in Europa, wobei er die deutsche militärische Überlegenheit sehr betonte. Dabei kam

Graf Ciano (links) wurde von seinem Schwiegervater Mussolini oft nach Deutschland geschickt, um Hitler davon abzuhalten, einen Krieg zu beginnen. Italien war noch lange nicht bereit für einen Krieg, den niemand wolllte, außer Hitler und von Ribbentrop (rechts).

Am 22. Mai 1939 wurde der „Stahlpakt" zwischen Deutschland und Italien unterzeichnet, in dem beide Länder erklärten, sich gegenseitig im Falle eines Krieges unverbrüchlich zu unterstützen. Auf dem Foto am Tisch v.l.n.r. Graf Ciano, Hitler und von Ribbentrop. Göring, der sich als der wahre Außenminister fühlte, steht mit einem vor Wut verzogenen Gesicht hinter Hitler. Göring konnte den eitlen und arroganten von Ribbentrop, der einen schnellen Kriegsbeginn ansteuerte, nicht leiden. Angesichts seiner vielen Ämter und des unglaublichen Luxus, den er dadurch genoss, war Göring ein leidenschaftlicher Gegner des Krieges. Intelligent wie er war, begriff er, dass ein Krieg nur Verlierer hervorbringen würde, und dass er als zweiter Mann im Staat wohl einer der größten davon werden könnte.

die polnische Frage zur Sprache. Ciano wiederholte seine Auffassung, dass sich ein Konflikt um Danzig leicht zu einem europäischen Krieg ausweiten könnte. Italien war längst noch nicht auf einen großen Konflikt vorbereitet, warnte Ciano. Eigentlich hatte Italien nicht genügend militärisches Material, um länger als einige Monate an einem derartigen Kampf teilnehmen zu können. Hitlers Antwort war, dass von Frieden nicht die Rede sein könne, so lange die polnische Frage nicht gelöst sei. Hitler blieb bei seiner Auffassung, betonte nochmals seine These, dass Frankreich und England sich nun auch abseits halten würden, und erwähnte diese Angelegenheit weiterhin mit keiner Silbe mehr. Er schlug vor, am nächsten Tag weiterzukonferieren. Er lud Ciano ein, zu seinem Teehaus auf dem Kehlstein zu fahren, so lange es noch hell sei. Die Fahrt lohne sich bestimmt, sagte Hitler zu seinem italienischen Gast. Als sie im beinahe 1.000 Meter über dem Berghof liegenden Pavillon angekommen waren, führte der Führer Ciano zum

Auch nachdem der Krieg bereits ausgebrochen war, sollte Graf Ciano Hitler weiterhin auf dem Obersalzberg besuchen, wie auf diesem Bild, auf dem Ciano gerade Abschied von Hitler nimmt. V.l.n.r. Graf Ciano, Chefdolmetscher Dr. Schmidt, Italienisch-Dolmetscher Dr. Dollmann, Hitler und Schaub, Hitlers Adjutant.

Graf Ciano zu Besuch bei Hitler auf dem Berghof. Auf dem Foto v.l.n.r. Hitler (sitzend im großen Fenster der Wohnhalle), von Ribbentrop, Graf Ciano, Chefdolmetscher Dr. Schmidt und Dr. Dollmann, Himmlers „Augen und Ohren" bei Mussolini und Italienisch-Dolmetscher.

offenen Fenster, während er das eindrucksvolle Panorama ausführlich beschrieb. Ciano fühlte sich sehr unwohl in dieser einsamen Höhe mit einem Diktator an seiner Seite, der geradewegs auf einen Krieg zusteuerte. Zurück auf dem Berghof telefonierte ein verzweifelter Ciano mit Mussolini: „Die Lage ist sehr ernst." Am nächsten Morgen machte Ciano keine Versuche mehr, Hitlers Meinung zu ändern. „Sie haben schon so oft Recht behalten, wenn wir anderen gegenteiliger Meinung waren, dass ich es für sehr gut möglich halte, dass Sie auch dieses Mal die Dinge richtiger sehen als wir", sagte Ciano. Einige Stunden später flog der enttäuschte Graf nach Rom zurück. Während dieser Reise schrieb er in sein Tagebuch: „Ich kehre nach Rom zurück angeekelt von Deutschland, von seinen Führern und seiner Handlungsweise. Sie haben uns belogen und betrogen."

Pakt mit dem Teufel

Von Ribbentrops erste Versuche, in Moskau empfangen zu werden, waren erfolglos. Die Sowjets, die inzwischen auch mit England und Frankreich verhandelten, versuchten Zeit zu gewinnen, obwohl diese Unterhandlungen in eine Sackgasse geraten waren. Das konnte bedeuten, dass der für den 1. September geplante Angriffstermin auf Polen verschoben werden musste. In diesem entscheidenden Augenblick griff Hitler persönlich ein. Er verkniff sich seinen Stolz und bat per Telegramm „Herrn J. Stalin", seinen Außenminister unverzüglich zu empfangen. Im Telegramm, das am Sonntag,

Eine heimliche Aufnahme Eva Brauns, aufgenommen vom Speisesaal des Berghofs. Auf dem Bild erkennt man den hin- und herlaufenden Hitler und seinen Außenminister von Ribbentrop in Erwartung ausländischer Besucher.

Noch eine heimliche Aufnahme Eva Brauns, nun von ihrem Wohnzimmer in der ersten Etage des Berghofs aus. Graf Ciano hat soeben das Haus verlassen und ist in das Auto gestiegen. Die SS-Ehrenwache steht noch angetreten, und einer von Hitlers Adjutanten steigt die große Freitreppe hinauf.

Besuch des deutschen Botschafters in Russland, Graf von der Schulenburg, auf dem Berghof. Hitler suchte angesichts seiner Kriegspläne gegen Polen Rückendeckung im Osten und wollte eine Annäherung zu seinem großen Feind Stalin. Von der Schulenburg wurde dazu ermächtigt, bei den Russen die ersten Fühler auszustrecken. Auf dem Foto v.l.n.r. Pressechef Dr. Dietrich, Graf von der Schulenburg, zwei seiner Mitarbeiter.

den 20. August 1939, abgeschickt wurde, stand u. a.: „Der Abschluss eines Nichtangriffspaktes mit der Sowjetunion bedeutet für mich eine Festlegung der deutschen Politik auf lange Sicht. Deutschland nimmt damit wieder eine politische Linie auf, die in Jahrhunderten der Vergangenheit für beide Staaten nutzbringend war. Es ist meine Auffassung, dass es bei der Absicht der beiden Reiche, in ein neues Verhältnis zueinander zu treten, zweckmäßig ist, keine Zeit zu verlieren. Ich schlage Ihnen daher noch einmal vor, meinen Außenminister am Dienstag, den 22. August, spätestens aber am Mittwoch, den 23. August, zu empfangen. Der Reichsminister hat umfassendste Generalvollmacht zur Abfassung und Unterzeichnung des Nichtangriffspaktes sowie des Protokolls. Eine längere Anwesenheit des Reichsaußenministers in Moskau als einen bis höchstens zwei Tage ist mit Rücksicht auf die internationale Situation unmöglich ... Die deutsch-polnischen Beziehungen verschärfen sich von Tag zu Tag. Jeden Tag kann eine Krise entstehen. Deutschland ist entschlossen, mit allen Mitteln, über die es verfügt, die Interessen des Reiches zu verteidigen. Ich würde mich freuen, Ihre baldige Antwort zu erhalten. Adolf Hitler." In den 24 Stunden, die zwischen dem Abschicken von Hitlers Telegramm und Stalins Antwort lagen, war Hitler kaum noch Herr seiner Nerven. Nervös und unruhig ging er auf der Terrasse und im Konferenzsaal des Berghofs auf und ab. Mitten in der Nacht rief er Göring an, um ihm zu sagen, dass er sich um Stalins Reaktion Sorgen machte, und wie nervtötend es sei, auf diese „unerschütterlichen" Russen warten zu müssen. Seit Mitte August hatte Hitler die deutschen Kriegsvorbereitungen stetig vorangetrieben. Er hatte gut 250.000 Mann einberufen, Unmengen rollendes Material zusammengezogen, und er hielt zwei Schlachtschiffe und einen Teil der U-Boot-Flotte einsatzbereit. Das Gelingen oder Scheitern seiner Pläne hing während dieser 24 Stunden von Stalin ab. Das Abendessen am 21. August wurde auf dem Berghof spät eingenommen. Während des Essens wurde Hitler ein Telegramm überreicht.

Speer: „Er überflog die Zeilen, wurde hochrot, starrte einen Moment vor sich hin, schlug auf den Tisch, dass die Gläser klirrten, und rief mit sich überschlagender Stimme: ‚Ich hab' sie! Ich hab' sie!' Innerhalb einiger Sekunden beherrschte er sich aber wieder, niemand wagte etwas zu fragen, und die Mahlzeit wurde fortgesetzt."
Nach Beendigung der Mahlzeit ließ Hitler die Herren aus der Gesellschaft zu sich kommen: „Wir werden einen Nichtangriffspakt mit Russland abschließen. Hier, lesen Sie! Ein Telegramm Stalins!" Das Telegramm von Stalin lautete wie folgt: „An den Reichskanzler Deutschlands, Herrn A. Hitler. Ich danke für den Brief. Ich hoffe, dass der Deutsch-Sowjetische Nichtangriffspakt eine Wendung zur ernsthaften Besserung der politischen Beziehungen zwischen unseren Ländern schaffen wird. Die Völker unserer Länder bedürfen friedlicher Beziehungen zueinander. Die Sowjetregierung hat mich beauftragt, Ihnen mitzuteilen, dass sie mit dem Eintreffen des Herrn von Ribbentrop in Moskau am 23. August einverstanden ist. J. Stalin." Man ließ Champagner auffahren, und die ganze Gesellschaft brachte einen Toast auf diesen meisterhaften Schachzug des Führers aus. Darauf führte Hitler seine Gesellschaft zum großen Konferenzsaal. Es wurde an diesem Abend ein Film vorgeführt, in dem man sah, wie Stalin eine große Parade der Roten Armee abnahm. Hitler bemerkte während dieser Vorführung, wie glücklich Deutschland sich preisen dürfe, dass eine derartige militärische Macht jetzt neutralisiert war.
Am 23. August 1939 flog von Ribbentrop nach Moskau, um den Pakt zu unterzeichnen. Trotz Stalins Telegramms war Hitler sehr gespannt. „Ich will das unterzeichnete Protokoll zunächst sehen, bevor ich es richtig glauben kann", sagte Hitler. Noch vor dem Mittagessen empfing er den britischen Botschafter Henderson, der einen Brief von Chamberlain für ihn mitbrachte. Hitler war sehr verärgert über das Verhältnis zwischen England und Polen. Er warf Henderson vor, dass die Engländer schon im April jenen Jahres den Polen einen Blankoscheck mit ihrer widerspenstigen Haltung zum „großzügigen" deutschen Angebot gegeben hätten. Seitdem war das Verhalten der Polen den deutschen Minderheiten gegenüber immer brutaler geworden. Ohne englische Unterstützung hätten die Polen das nie gewagt, so sprach ein erregter und verärgerter Führer. Am Nachmittag diktierte er die Antwort an Chamberlain. An diesem Nachmittag hatte die deutsche Botschaft in Moskau von Ribbentrops Ankunft auf dem Flughafen der russischen Hauptstadt gemeldet.
Die Besprechungen im Kreml sollten um 18.00 Uhr beginnen. Gegen Abend stieg die Spannung auf dem Berghof sichtlich an. Gegen 20.00 Uhr verlangte Hitler aufgeregt eine

Am 22. August 1939 flog von Ribbentrop (l) mit dem Privatflugzeug Hitlers nach Moskau, um den sensationellen Nichtangriffsvertrag mit Stalin zu unterzeichnen. Die Gesellschaft bestand aus dem Chefadjutanten von Ribbentrops, Gaus (2. v.l.), Chefdolmetscher Dr. Paul Schmidt (4. v.l.), dem deutschen Gesandtschaftsrat Dr. Kordt (5. v.l.) und ganz rechts Hilger (deutscher Diplomat der Botschaft in Moskau, der fließend Russisch sprach).

Verbindung mit der deutschen Botschaft in Moskau. Dort sagte man ihm in gelassenem Ton, dass über den Verlauf der Verhandlungen noch nichts bekannt sei. Von Below, Luftwaffenadjutant des Führers: „Auf dem Obersalzberg ging ein herrlicher, warmer Sommertag rasch zu Ende. Die Türen zur großen Terrasse standen sperrangelweit offen. Hitler hielt sich in ständig wechselnder Gesellschaft auf der Terrasse auf. In einem Augenblick kam ich mit Hitler ins Gespräch. Wir gingen zusammen eine Weile auf der Terrasse auf und ab. Dieser Augenblick ist mir als eine der eindrucksvollsten Begegnungen mit Hitler in Erinnerung geblieben. In einem Gespräch über die Stärke und Ausrüstung der polnischen Luftwaffe sagte ich zu Hitler, dass ich es für ausgeschlossen hielt, dass nach den deutschen Überraschungsangriffen die polnische Luftwaffe im Stande wäre, deutsche Städte wie das 150 Kilometer von der polnischen Grenze entfernte Berlin zu bombardieren. Hitler bestätigte das. Unsere ersten Angriffe müssten äußerst effektiv sein und die ganze Welt vollkommen verwirren. Aber zunächst, und hiermit griff er das Thema dieses Tages auf, würde die Welt ihren Atem anhalten beim Bekanntwerden des Deutsch-Russischen Paktes. Ich sagte zu Hitler, dass ich Stalins Bereitschaft zur Unterzeichnung sehr misstrauisch gegenüberstand; dass Stalin allerhand dunkle Motive haben müsste, um mit Deutschland einen derartigen Vertrag zu schließen. Hitler riet mir, den Vertrag als eine Art Vernunftehe zu betrachten. Natürlich sollte man vor Stalin immer auf der Hut sein. In diesem Augenblick sah er jedoch im Pakt mit Stalin eine Möglichkeit, England aus dem Konflikt mit Polen zu manövrieren ..." Trotz seiner Unsicherheit machte Hitler seit dem Empfang von Stalins Telegramm einen arroganten, selbstherrlichen Eindruck. Am 22. August, dem Tag vor der Unterzeichnung des offiziellen Protokolls in Moskau, hatte Hitler seine militärischen Befehlshaber auf dem Obersalzberg zusammengerufen. Über den Bergen ging ein Gewitter nieder. Grelle Blitze ließen die Gesichter der Anwesenden immer wieder aufleuchten. Während der Donnerschläge sagte Hitler: „Ich habe Sie zusammengerufen, um Ihnen ein Bild der politischen Lage zu geben, damit Sie Einblick haben in die einzelnen Elemente, auf die sich mein Entschluss (der Angriff auf Polen) zu handeln aufbaut, und um Ihr Vertrauen zu stärken." Eines dieser einzelnen Elemente war Hitlers Person an sich: „Wesentlich hängt es von mir ab, von meinem Dasein, wegen meiner politischen Fähigkeiten. Dann die Tatsache, dass wohl niemand wieder so wie ich das Vertrauen des ganzen deutschen Volkes hat. Mein Dasein ist also ein großer Wertfaktor. Ich kann aber jederzeit von einem Verbrecher, von einem Idioten beseitigt werden." Ein andere wichtige Erwägung war, so fuhr Hitler fort, die Position des Duce. Wenn Mussolini etwas zustoßen würde, wäre es überhaupt nicht sicher, ob Italien das Bündnis einhalten werde. Andererseits gab es weder in England noch in Frankreich in diesem Moment große Persönlichkeiten; keine Herren, keine Macher, die ihn aufhalten könnten. Dann ging er weiter auf seinen unwiderruflichen Entschluss, einen Krieg zu entfesseln, ein. „Bei uns ist das Fassen von

Der Nichtangriffspakt ist unterzeichnet, und es herrscht allgemeine Erleichterung. V.l.n.r. von Ribbentrop (der sofort nach der Unterzeichnung nachts um 02.00 Uhr einen äußerst nervösen Hitler anruft), Gaus, Stalin, Hilger und Molotow.

Aus dem privaten Fotoalbum von Eva Braun: Eine Bildreportage von Eva aus den Tagen als sie sich kurz vor dem Krieg in Hitlers direkter Umgebung aufhielt. Neben Hitler Goebbels, Reichsleiter Bormann und Dr. Dietrich in der großen Wohnhalle des Berghofs beim Hören des Radioberichts über den Abschluss des Nichtangriffspaktes zwischen Deutschland und Russland.

Entschlüssen leicht. Wir haben nichts zu verlieren, nur zu gewinnen. Unsere wirtschaftliche Lage ist infolge unserer Einschränkungen so, dass wir nur noch wenige Jahre durchhalten können. Göring kann das bestätigen. Uns bleibt nichts anderes übrig, wir müssen handeln." Er hatte, so sagte er, im Frühjahr schon beschlossen, dass ein Krieg mit Polen unvermeidlich sei. Aber anfangs schwebte ihm noch die Idee vor, zunächst den Westen anzugreifen. Es war ihm jedoch klar geworden, dass Polen dann Deutschland angreifen würde. Deshalb sollte dieses Land jetzt liquidiert werden. Es war an der Zeit, den Krieg zu beginnen. Auch die politischen Erwägungen sowie die Situation der Verbündeten plädierten Hitlers Meinung nach für einen schnellen Angriff. „All diese glücklichen Umstände bestehen in zwei bis drei Jahren nicht mehr ... Der Gegner hatte noch die Hoffnung, dass Russland nach der Eroberung Polens als Gegner auftreten würde. Die Gegner haben nicht mit meiner großen Entschlusskraft gerechnet. Unsere Gegner sind kleine Würmchen. Ich sah sie in München ... Russland hat kein Interesse an der Erhaltung Polens. Nun ist Polen in der Lage, in der ich es haben wollte. Wir brauchen keine Angst vor einer Blockade zu haben. Der Osten liefert uns Getreide, Vieh, Kohle, Blei, Zink. Es ist ein großes Ziel, das viel Einsatz fordert. Ich habe nur Angst, dass mir noch im letzten Moment irgendein Schweinehund einen Vermittlungsplan vorlegt."

Endlich machte man eine Pause für das Mittagessen. Das Gewitter hatte aufgehört, es duftete draußen herrlich frisch, und die meisten Anwesenden gingen nach dem Essen eine Weile auf die Terrasse des Berghofs, um frische Luft zu schnappen. An jenem Nachmittag tat der Führer nicht viel mehr, als seinen Generälen Mut für die kommenden Ereignisse zuzusprechen. Aus den Notizen einiger Anwesenden zeigt sich, in welchem Stil er sprach: „Die eisernste Entschlossenheit unsererseits. Wir müssen vor nichts zurückweichen ... Kampf auf Leben und Tod ... Wir haben die besseren Soldaten." Im ersten Teil seiner Ansprache hatte er die Gründung Großdeutschlands eine große Leistung genannt. Es war jedoch bedenklich, dass dieses Ziel (der Anschluss Österreichs und die Einverleibung der Tschechoslowakei) durch einen Bluff der politischen Führung erreicht worden war. In der Mittagssitzung mit seinen Generälen sagte er: „Eine lange Friedenszeit würde uns nicht gut tun. Die Vernichtung Polens steht im Vordergrund. Ziel ist die Beseitigung der lebendigen Kräfte, nicht die Erreichung einer bestimmten Linie ... Ich werde propagandistischen Anlass zur Auslösung des Krieges geben, gleichgültig, ob glaubhaft. Der Sieger wird später nicht danach gefragt, ob er die Wahrheit gesagt hat oder nicht. Bei Beginn und Führung des Krieges kommt es nicht auf das Recht an, sondern auf den Sieg. Herz verschließen gegen Mitleid. Brutal vorgehen! Der Stärkere hat das Recht. Wer lange über die Weltordnung nachgedacht hat, weiß, dass ihr Sinn darin liegt, dass die Besten erfolgreich sind und zwar mit Gewalt ..." Es gibt keinen einzigen Hinweis darüber, dass auch nur einer der Anwesenden es wagte, ihm zu wider-

Ankunft des russischen Außenministers Molotow in Berlin am 22. September 1939, nachdem am 23. August der Nichtangriffspakt zwischen Deutschland und Russland abgeschlossen worden war. V.l.n.r Generalfeldmarschall Keitel, von Ribbentrop, Molotow und Kordt.

sprechen. Bis zu dieser Zusammenkunft waren sowohl Göring als auch andere Mitglieder des Generalstabs davon überzeugt, dass Deutschland noch nicht für einem Krieg bereit war. Es gab z. B. nur einen beschränkten Vorrat an Munition; den Berechnungen nach nur für sechs Wochen. Aber man sollte Adolf Hitler besser nicht widersprechen. Kurz vor zwei Uhr nachts – man schrieb inzwischen den 24. August 1939 – meldete von Ribbentrop in einem Telefongespräch mit Hitler die Unterzeichnung des Nichtangriffspaktes. Von Ribbentrop hatte schon früher an diesem Abend per Telefon Kontakt mit Hitler gehabt. Während der Verhandlungen hatte Stalin Anspruch auf die baltischen Staaten Estland, Lettland und Litauen erhoben. Von Ribbentrop hatte gesagt, er würde sich wegen dieser Sache zunächst mit dem Führer in Verbindung setzen. Neben dem Telefon auf dem Berghof lag eine in aller Eile ausgebreitete Landkarte des betreffenden Gebietes. Nachdem er einige Augenblicke die Karte studiert hatte, bevollmächtigte Hitler von Ribbentrop, den Sowjetstandpunkt zu akzeptieren. Die geheimen Zusatzprotokolle wurden erst nach dem Krieg bekannt. Es zeigte sich, dass ganz Osteuropa in Einflussbereiche zwischen den beiden Ländern aufgeteilt war. Die Nachricht, die durch den deutschen Rundfunk in einer Sondermeldung sofort verkündet wurde, schlug ein wie eine Bombe. Während die kommunistischen Parteien in der ganzen Welt durch diesen Pakt in eine Krise gerieten, warfen Hunderte von empörten Hitler-Anhängern Armbinden mit Hakenkreuzen in den Garten des „braunen Hauses“ in München. Hitler hatte eine derartige Reaktion schon erwartet. „Die Partei wird genauso erstaunt sein wie die ganze Welt“, sagte er zu Speer und fuhr fort: „Aber meine Parteimitglieder kennen mich und vertrauen auf mich. Sie wissen ja, dass ich nie von meinen Endprinzipien abgehen werde. Es wird ihnen schließlich bewusst werden, dass das Endziel dieses letzten Risikos die endgültige Beseitigung des Kommunismus vom europäischen Boden ist.“ Gegen drei Uhr nachts gab es ein seltsames Naturereignis. Speer: „Wir standen mit Hitler auf der Terrasse des Berghofs. Ein außerordentlich starkes Nordlicht warf gut eine Stunde lang einen rötlichen Schein auf den Untersberg, während der Himmel darüber in verschiedenen Regenbogenfarben schillerte. Das Licht war so stark, dass wir zunächst glaubten, es wüte irgendwo ein großer Brand. Aus dem Tal hörten wir auch die Martinshörner der ausfahrenden Feuerwehrautos. Der Schlussakt der Götterdämmerung hätte nicht besser inszeniert werden können. Die Gesichter und Hände eines jeden auf der Terrasse waren unnatürlich rot gefärbt. Hitler war sehr von dem Geschehen beeindruckt, stand da und starrte bewegungslos auf den Untersberg. Das Schauspiel versetzte uns alle in eine merkwürdig nachdenkliche Stimmung.“ Von Below erinnerte sich auch: „Ich stand direkt neben Hitler und sagte ihm, dass dieses Naturereignis auf einen blutigen Krieg hindeute. Hitler antwortete, wenn es nun einmal sein müsste, dann am liebsten so schnell wie möglich. Je mehr Zeit vergehen würde, desto blutiger werde der Krieg sein, waren seine fast prophetischen Worte.

Molotow (l) im Berliner Hotel Kaiserhof im Gespräch mit Innenminister Frick (2. v.l.), während der Diplomat Hilger (3. v.l.) übersetzt. Neben Hilger v.l.n.r. Dr. Kordt, von Ribbentrop, Himmler, Botschafter Hewel und Dr. Todt, Chef der Organisation Todt und ab 1940 Rüstungsminister.

12 Die deutsche Kriegswalze beginnt zu rollen

Erfolgreiche Blitzkriege
Ohne jede Vorwarnung fiel die deutsche Wehrmacht am 1. September 1939 in Polen ein. Der Aggressor übertraf die Polen zahlen- und kraftmäßig bei Weitem. 75 Divisionen mit zusammen mehr als einer Million Mann überfluteten die große mitteleuropäische Ebene. In knapp einem Monat wurde Polen überrannt. Die Polen setzten sich sehr tapfer zur Wehr. So griff unter anderem eine mit Lanzen bewaffnete Reiterbrigade eine Kolonne deutscher Panzer an. Die Ausrüstung der polnischen Armee und der polnischen Luftwaffe war jedoch veraltet. Man war dem ultramodernen Kriegsmaterial der Deutschen überhaupt nicht gewachsen. Am 17. September marschierten Sowjetstreitkräfte von Osten her in Polen ein. Die zwei Verbündeten brauchten jetzt nur noch die Beute zu verteilen. Mit der raschen Eroberung Polens hatte Hitler die imponierende Schlagkraft der deutschen Wehrmacht gezeigt, und für das polnische Volk war eine lange Nacht angebrochen.
Als Antwort auf die deutsche Aggression gegen Polen erklärten England und Frankreich am 3. September 1939 Deutschland offiziell den Krieg. Aber bis zu den deutschen Frühjahrsoffensiven im Jahr 1940 blieb der Krieg an der Westfront vorläufig ein theoretischer Krieg. Die Franzosen befanden sich hinter ihrer „unbezwingbaren" Maginotlinie, während die Deutschen hinter ihrer Siegfriedlinie lagerten. Die Truppen hatten bei der Arbeit und am „Feierabend" oft eine ungestörte Aussicht auf den Feind. Man sprach dann auch von einem „phony war" oder einem Sitzkrieg.
Um eine alliierte Blockade wie im Ersten Weltkrieg zu vermeiden, hatte die deutsche Admiralität auf die Eroberung Dänemarks und Norwegens gedrängt. Anfangs sagte dieser Plan Hitler nicht zu. Namentlich die norwegische Neutralität war seiner Meinung nach sehr wichtig. Schiffe mit schwedischem Eisenerz, ein für die deutsche Kriegswirtschaft ungemein wichtiges Material, konnten den Seeweg zwischen Narvik und Deutschland zum größten Teil durch norwegische Territorialgewässer befahren. Als aber im Februar 1940 ein deutscher Torpedobootzerstörer in einen norwegischen Fjord einlief und es Indizien gab, dass England in Norwegen Truppen stationieren wollte, änderte der Führer seine Meinung. Er gab den Befehl zur Invasion. Am 9. April drang die deutsche Wehrmacht in Dänemark ein. Zugleich setzten Schiffe der deutschen Kriegsmarine in den wichtigsten norwegischen Häfen Narvik, Bergen und Trondheim Truppen an Land. Fallschirmjäger besetzten die Flughäfen und innerhalb einiger Stunden auch die Hauptstadt Oslo – dies alles, um beide Länder „gegen eine drohende Invasion der Engländer zu schützen". Unter dem gleichen Motto – Schutz gegen eine drohende englische und französische Besetzung – fielen deutsche Truppen zur gleichen Zeit in den Niederlanden, Belgien und Luxemburg ein. Die Regierungen dieser Länder hatten sogar nach der Annektierung von Dänemark und Norwegen noch die Hoffnung, dass Hitler ihre strikt eingehaltene Neutralität respektieren würde. Diese Hoffnung hatte sich am 10. Mai 1940 völlig zerschlagen. Mit Deckung durch Stuka-Jagdbomber fielen um halb fünf Uhr morgens deutsche Truppen in den Niederlanden, Belgien und Luxemburg ein. Einen Tag später eroberten die Deutschen das belgische Fort Eben Emael, das als das stärkste Fort der Welt galt. Die deutschen Angreifer, die mit Segelflugzeugen im Fort landeten, brauchten nur 30 Stunden, um die 1.200 Verteidiger des Forts zur Übergabe zu zwingen. In den Niederlanden fand die entscheidende Schlacht in der ersten Verteidigungslinie statt:

1. September 1939: Am frühen Morgen fiel die deutsche Wehrmacht, unterstützt von Flugzeugen und Panzern, ohne Kriegserklärung in das überrumpelte Polen ein, und wenig später war der Zweite Weltkrieg Realität. Es waren vor allem die flexibel eingesetzten Panzer, aus der Luft unterstützt durch die Luftwaffe, die an allen Fronten durchbrachen und so für die anfänglichen Siege der Deutschen sorgten.

Kurz vor dem Überfall auf Polen reiste der Führer vom Obersalzberg nach Berlin. Auf dem Foto verlässt Hitler (im weißen Regenmantel) den Berghof, begleitet von Reichsleiter Bormann (links).

Am 1. September 1939 hielt der aufgeregte Hitler, nachdem seine Truppen am frühen Morgen in Polen eingedrungen waren, eine Ansprache in der Berliner Kroll-Oper vor den versammelten Mitgliedern dse Reichstages, dem Scheinparlament NS-Deutschlands. Die Ansprache wurde von allen deutschen Radiosendern ausgestrahlt. In seiner Erregung rief Hitler aus: „Ab 5.45 Uhr wird zurückgeschossen …" Er vertat sich hier um eine Stunde, denn die deutschen Truppen hatten mit den Feindseligkeiten gegen Polen bereits um 4.45 Uhr begonnen.

dem Grebbeberg und Umgebung. Nachdem man vier Tage gekämpft hatte, beschloss Göring, dass die Moral des niederländischen Volkes gebrochen werden sollte. Am 14. Mai 1940 wurde Rotterdam zwischen 13.00 und 14.00 Uhr von Bombern des vierten Kampfgeschwaders heimgesucht. Die Innenstadt wurde zum größten Teil zerstört. Fast 1.000 Menschen kamen ums Leben; 80.000 Menschen wurden obdachlos. Anderen niederländischen Städten drohte man mit dem gleichen Schicksal. Die Niederlande kapitulierten.
Auch in Belgien und Luxemburg herrschte in jenen Maitagen ein völliges Durcheinander. Die deutsche Infanterie, die durch Panzer unterstützt wurde, stieß rasch vor, während eine Vielzahl von Fallschirmjägern hinter den Linien abgeworfen wurde. Sie eroberten die wichtigsten Verkehrsknotenpunkte. England und Frankreich schickten einen großen Truppen-

Deutsche Truppen entfernen symbolisch den Grenzschlagbaum zu Polen. Diese Szene wurde am 1. September 1939 speziell für die deutsche Wochenschau gedreht.

Deutsche Stuka-Bomber über Warschau. Dieser Flugzeugtyp von Görings Luftwaffe sähte Tod und Verderben. Bei Sturzflügen machten die Sturzkampfflugzeuge („Stukas") ein beängstigendes, heulendes Geräusch, das von einer extra angebrachten Sirene erzeugt wurde.

verband nach Belgien, der sich mit der belgischen Armee zu einer starken Verteidigungslinie zwischen Antwerpen und Namur vereinigte. Das deutsche Oberkommando hatte damit jedoch gerechnet. Deutsche Panzerkolonnen forcierten den schwierigen Übergang über die Maas. Eine riesige Panzerarmee brach in den Ardennen durch. Während die Alliierten verzweifelt kämpften, um den Niedergang aufzuhalten, ergab sich König Leopold III. am 28 Mai mit der belgischen Armee. Die Alliierten, deren Weg jetzt abgeschnitten war, zogen sich in die einzig übrig gebliebene Hafenstadt Dünkirchen zurück. Dort versammelten sich etwa 340.000 Mann des englischen Expeditionskorps. Weil Hitler die deutschen Panzer 35 Kilometer von Dünkirchen entfernt halten ließ, konnten die Soldaten nach England entkommen. Hitler hatte Gründe für diesen Entschluss. Den Angriff auf die Sowjetunion im Hinterkopf, strebte der Führer seinem alten Ideal nach: Frieden mit England, wodurch es keine Westfront mehr geben würde, sodass er alle Kräfte für den geplanten Angriff auf die Sowjetunion einsetzen konnte. Deutschland würde dann Englands Empire und die Überlegenheit auf den Weltmeeren garantieren im Austausch gegen die englische Anerkennung Deutschlands als Großmacht auf dem europäischen Kontinent.

Am 10. Juni wurde der Angriff auf Frankreich eingeleitet. Die Franzosen kämpften tapfer an der Somme und der Aisne. Nach dem Durchbruch der deutschen Panzer wurde der Widerstand jedoch bald gebrochen. Am 17. Juni 1940 ersuchte die französische Regierung um einen Waffenstillstand. Zu jener Zeit standen die deutschen Truppen nicht nur an der Schweizer Grenze, sondern auch bei Bordeaux und Lyon. Am 25. Juni wurden die Feindseligkeiten eingestellt. In den Monaten April, Mai und Juni des Jahres 1940 verweilte Hitler meistens in seinen militärischen Hauptquartieren in Deutschland und Frankreich. Während dieser Periode kam er einige Male für ein paar Tage zum Berghof, um sich ein wenig auszuruhen.

Fürstliche Besucher auf dem Berghof

Bulgarien war ebenso wie die übrigen Länder des Balkans 1933–1939 immer mehr unter den Einfluss Deutschlands geraten. Die Art und Weise, wie Deutschland in den Vorkriegsjahren nahezu alle südeuropäischen Länder in seine Außenhandelspolitik einbezog, gilt oft als klassisches Beispiel von Wirtschaftsimperialismus im 20. Jahrhundert. Diese Länder verfügten über für Deutschland überaus notwendige Rohstoffe und landwirtschaftliche Produkte. Außerdem

Innerhalb weniger Tage konnten die deutschen Truppen tief nach Polen vordringen. Ende September kapitulierte Polen, und schon am 5. Oktober konnte Hitler in Warschau seine Siegesparade abhalten. Für die Polen – und erst recht für die zahlreichen jüdischen Einwohner – hatte ein wahrer Alptraum begonnen.

Während der Kämpfe in Polen folgte Hitler in seinem Sonderzug in gewissem Abstand der vorrückenden Front. Dieser Zug fungierte wie ein bewegliches Militärhauptquartier und verfügte über die modernsten Kommunikationsmittel. Auf dem Foto geht Hitler während eines kurzen Halts zusammen mit seinem Außenminister von Ribbentrop die letzten Meldungen durch.

hatten sie eine günstige Lage, und Deutschland konnte die Anfahrtswege besser schützen als z. B. eine Überseeroute. Noch immer war den Deutschen die englische Blockade aus dem Ersten Weltkrieg frisch in Erinnerung. Durch diverse Handelsverträge, bei denen Naturalienzahlungen geleistet werden sollten (Deutschland bezahlte das rumänische Öl z. B. mit Aspirintabletten), erschwerte man es den Balkanländern in verstärktem Maße, ihre Im- und Exporte mit dem Rest der Welt aufrechtzuerhalten. Für Deutschland bedeutete diese immer größer werdende Abhängigkeit der Balkanländer jedoch, dass ohne die ohnehin schon knappen Devisen die dringend notwendigen Importe nach wie vor stattfinden konnten. Eine günstige Nebenwirkung war, dass Deutschland hierdurch diese Länder politisch immer mehr in den Griff bekam. Deutschland war nach 1940 fest entschlossen, die Balkanländer „wirtschaftliche Höchstleistungen erbringen zu lassen", wie es in einem Rapport hieß.
Als Molotow, Stalins Außenminister, Mitte 1940 Bulgarien vorschlug, einen Vertrag zu schließen, bei dem die Sowjetunion die Sicherheit Bulgariens garantieren würde, beschloss Hitler einzugreifen. Ein derartiger Vertrag würde ihm einen Strich durch die Rechnung machen. Der Führer war im Herbst des Jahres 1940 nämlich gerade dabei, unter sorgfältiger Geheimhaltung Vorbereitungen für den Angriff auf seine letzte und größte Beute zu treffen: die Sowjetunion. Ein Vertrag zwischen Bulgarien und den Russen würde bedeuten, dass Bulgarien nicht mehr als Militärstützpunkt beim geplanten Angriff auf die Sowjetunion dienen könnte. Im Licht dieser Ereignisse erhielt der bulgarische König Boris eine Einladung, sich mit Hitler auf dem Berghof zu treffen. Am Nachmittag des 18. November 1940 empfing Hitler den bulgarischen Fürsten. Sein Vorschlag für Boris war, dass die deutschen Truppen möglichst bald Bulgarien

Am frühen Morgen des 9. April 1940 schiffen sich deutsche Truppen für den Überfall auf Norwegen und Dänemark ein. Lange Zeit zögerten sowohl die Engländer als auch die Deutschen, diese skandinavischen Länder in den Krieg einzubeziehen, aber als sich eine britische Flotte in Richtung Norwegen bewegte, schlug Hitler blitzschnell zu und war den Engländern so voraus.

Vorrückende deutsche Einheiten: links das bekannte Motorrad mit Beiwagen, das die Wehrmacht vielfältig einsetzte. Durch die Schnelligkeit und die große Flexibilität der deutschen motorisierten Einheiten, taktisch unterstützt von der Luftwaffe, war schon bald das Wort „Blitzkrieg" geboren. Der Blitzkrieg war ein kurzer Angriffskrieg, der sich sowohl durch die Geschwindigkeit und Flexibilität verschiedener Waffengattungen als auch durch die Kurzfristigkeit von der bis dahin üblichen starren Kriegsführung unterschied. Der Blitzkrieg machte es Deutschland möglich, überhaupt Krieg zu führen, denn einen langen Krieg würde die deutsche Kriegswirtschaft nicht verkraften.

Brennende englische und norwegische Schiffe im von den Deutschen eroberten Hafen von Narvik. Es ging um die enormen Vorräte an Eisenerz im Nachbarland Schweden. Die deutsche Kriegsproduktion war abhängig von den Importen des hochwertigen schwedischen Rohstoffs. Durch ein Abschneiden der Importe – z. B. durch die Engländer in Norwegen – wäre es um Hitlers ehrgeizige Eroberungspläne geschehen gewesen, und beide Seiten wussten das nur allzu gut.

besetzen sollten („Schutz vor feindlichen Eindringlingen", wie der Führer das für gewöhnlich nannte). Boris, der Hitler sehr bewunderte, woraus er gar keinen Hehl machte, zeigte sich nicht gerade begeistert von dieser Idee. Er ahnte, dass eine derartige Besetzung eine große Unzufriedenheit der Russen hervorrufen würde. Diese Angst vor den Russen bewirkte, dass Boris Hitlers Vorschlag, dem „Dreimächtepakt" (dem Bündnis zwischen Deutschland, Italien und Japan) beizutreten, zunächst ablehnte. Zu Hitlers Verdruss sollte es noch bis März 1941 dauern, ehe Bulgarien sich entschloss, dem Pakt beizutreten und damit eine Besetzung durch deutsche Truppen dulden musste.
In einer ganz anderen Lage befand sich einen Tag später, am 19. November 1940, König Leopold von Belgien bei seinem Besuch beim Führer. Seit der Kapitulation am 28. Mai war Belgien ein besetztes Land. Diesem Entschluss Leopolds war ein heftiger Wortwechsel mit einigen seiner Minister vorangegangen. Sie hatten dem König geraten, dem Beispiel der niederländischen Königin Wilhelmina und der Großherzogin von Luxemburg zu folgen und den Kampf außerhalb des nationalen Hoheitsgebietes fortzusetzen. Diese hatten ihr Land

Am 10. Mai 1940 fielen deutsche Truppen völlig unerwartet und ohne Kriegserklärung in den Niederlanden, Belgien und Luxemburg ein. Hitler hatte die Briten gerade noch in Norwegen zurückschlagen können und hatte Angst, dass diese nun mit Expeditionstruppen durch die Niederlande in das Ruhrgebiet, das industrielle Herz der deutschen Kriegswirtschaft, eindringen würden. Auf dem Foto deutsche Soldaten, die eine niederländische Grenzabsperrung überschreiten.

verlassen, um damit das Prinzip der Souveränität in unverkennbarer Weise zu wahren. Leopold war jedoch der Meinung, dass die Sache für die Alliierten verloren sei. Frankreich würde innerhalb einiger Tage kapitulieren. England könnte den Kampf nur noch von seinen weit entfernten Kolonien aus fortsetzen. Deshalb hatte Belgien seine Rolle ausgespielt, so meinte der Fürst. Ihm blieb nichts anderes übrig, als zu versuchen, im besetzten Belgien ein Gefühl der nationalen Einheit aufrechtzuerhalten. Er, der König der Belgier, hatte keine andere Pflicht, als das Leiden seines Volkes mit den Soldaten zu teilen. Die deutschen Besatzungsbehörden gewährten ihm dies großmütig. Ihm wurde das Schloss bei Laken zur Verfügung gestellt, wo er sich mit einem Gefolge von 20 Offizieren und königlichen Angestellten sowie etwa 100 Mann übrigem Personal niederlassen konnte. Durch Vermittlung seiner Schwester Maria José, die mit dem italienischen Kronprinzen verheiratet war, bot sich die Möglichkeit für Leopold, den Führer persönlich zu sprechen. Hitler, der von Marias Charme ziemlich beeindruckt war, stimmte – wenn auch mit einigen Einwänden – letztendlich ihren flehentlichen Bitten, den belgischen Fürsten zu empfangen, zu. An jenem Tag empfing ein freundlich lächelnder Führer den belgischen König auf dem Berghof. Hitler eröffnete das Gespräch mit der Frage, ob Leopold noch persönliche Wünsche hätte. Unter persönlichen Wünschen verstand der Führer Dinge wie Geld oder Radiogeräte – er hatte in einer Anwandlung von Großmut der Familie Schuschnigg, die sich in einem Konzentrationslager befand, ein Radio geschenkt – bis zu „Freundinnen" (wie es z. B. Mussolini später wünschen sollte). Auf derartige Wünsche konnte der Führer manchmal großzügig eingehen. Aber zu seinem Erstaunen und seiner Unzufriedenheit erklärte Leopold, dass er keine persönlichen Wünsche hätte, sondern dass er Fürsprache für sein unterdrücktes Volk und für die Erhaltung des belgischen Königshauses halten möchte. Der König bat ihn, einige Besatzungsmaßnahmen zu erleichtern. Und er verlangte Hitlers Zusage für eine möglichst baldige Unabhängigkeit seines Landes. Schließlich bat er den Führer, eine schnelle Rückkehr der belgischen Kriegsgefangenen zu fördern. Hitler war verblüfft. Dieser kleine König wollte ihn anscheinend in seinem politischen Entscheidungsprozess beeinflussen und wagte es auch noch, dumme Fragen zu stellen. Hitlers freundschaftliche Haltung änderte sich schlagartig. In frostigem Tonfall erklärte er, dass Belgien die Neutralität verletzt hätte. Dann hielt er ihm das ganze belgische „Sündenregister" vor. Das Land würde sich in Zukunft

Im Mai 1940 bombardierten die Deutschen das Zentrum von Rotterdam, das dabei größtenteils verwüstet wurde. Auf dem Foto das brennende Rotterdam.

sowohl militärisch als auch wirtschaftlich nach Deutschland richten müssen. Es würde seine Unabhängigkeit überhaupt nicht zurückerhalten. Was das Problem der belgischen Kriegsgefangenen anginge: Deutschland brauchte diese Arbeitskräfte selbst dringend. Die Offiziere blieben „selbstverständlich" bis zum Ende des Krieges in Kriegsgefangenschaft. Das Gespräch war hiermit beendet. Beim Tee hielt der Führer noch einen seiner Monologe. Seinem Gast zu Ehren verwendete er in seiner Rede über die von ihm geplante neue Ordnung Europas besondere Aufmerksamkeit auf Belgien. Nicht nur würde Deutschland Belgien militärischen „Schutz" zusichern, sondern es wäre hie und da auch noch eine Erweiterung des Landes möglich – vorausgesetzt Belgien richte sich völlig nach dem Reich. Leopold war schwer enttäuscht, als er abfuhr. Am gleichen Abend sagte Hitler zu Eva: „Er ist um kein Haar besser als all die anderen Könige."

Die Spitze des Zynismus: Am 25. Mai 1940 besucht Göring als Oberbefehlshaber der Luftwaffe das verwüstete Zentrum von Rotterdam, um zu sehen, was seine Bomber angerichtet hatten. Auf dem Foto steht er ganz links mit weißer Kappe, umgeben von hohen Offizieren.

Militärische Beratung auf dem Berghof

Am 8. und 9. Januar 1941 herrschte auf dem Berghof Hochbetrieb. Ein Auto nach dem anderen fuhr vor, es wimmelte von hohen Offizieren. Die Oberbefehlshaber der Streitkräfte kamen auf Verlangen des Führers in seiner Residenz zusammen, um den Betrachtungen ihres Meisters zuzuhören. Wortreich wie immer stellte er den militärischen Befehlshabern seine Strategie dar. Er machte sich am meisten Sorgen über Italien, wie sich herausstellte. Italien hatte nämlich, ohne dass

Während des Überfalls auf Frankreich blieb Hitler in einem improvisierten Hauptquartier in den belgischen Ardennen, nahe bei dem Dörfchen Brûly-de-Pesche. Auf dem Foto verfolgt Hitler mit einer Lupe auf einer Stabskarte die Entwicklungen an der Front. Ganz rechts SS-General Wolff („Wölfchen"), Chef des persönlichen Stabs des Reichsführers SS und dessen Verbindungsmann bei Hitler.

Nach Unterzeichnung des Waffenstillstandes besucht Göring u. a. die französische Kanalküste, wo in der Ferne die Kreidefelsen von Dover zu sehen sind. Auf dem Foto sucht ein begieriger Göring (Mitte) durch ein Fernglas nach der in seinen Augen nächsten Beute: England. Aber trotz alle Rethorik plante Hitler nicht wirklich, England anzugreifen. Er sah in dem Land einen natürlichen Bundesgenossen in seinem Kampf gegen den Bolschewismus. Hitler stand ein enges Bündnis zwischen Deutschland und England vor Augen, wobei England die größte See- und Kolonialmacht der Welt blieb, während Deutschland die Hegemonie über das europäische Festland, inklusive Russland, haben sollte. Aber der Führer hatte nicht mit einem Regierungswechsel in England gerechnet, bei dem der Hardliner Churchill den Stab vom eher weichen Chamberlain übernahm.

Nach der Kapitulation Frankreichs herrschte ein siegreiches Deutschland über den größten Teil Europas und konnte die eine oder andere Siegesparade abhalten, wie hier auf dem Foto zu sehen ist.

König Leopold von Belgien blieb – im Gegensatz zu Königin Wilhelmina der Niederlande – während der Besetzung auf seinem Posten und teilte das Schicksal seines Volkes. Er hatte sogar den Mut, Hitler bei seinem Besuch auf dem Obersalzberg zu bitten, die Lebensumstände seines unterdrückten Volkes zu verbessern.

Foto unten: Am 21. Juni versammeln sich ein triumphierender Hitler und seine Spitzenmilitärs im Eisenbahnwaggon im französischen Compiègne, um den Waffenstillstand zu unterzeichnen. Nach Ende der Unterzeichnung nannte Generalfeldmarschall Keitel, Leiter des Oberkommandos der Wehrmacht, Hitler den „größten Feldherrn aller Zeiten". Auf dem Foto ein Blick in den Eisenbahnwaggon kurz vor dem Moment, an dem die französische Delegation hereingeführt wird; v.l.n.r. (von hinten) Botschafter Hewel, der Verbindungsmann des Außenministeriums bei Hitler, Außenminister von Ribbentrop, hier in seiner bekannten arroganten Pose mit hochgezogenem Kinn, Großadmiral und Leiter der Kriegsmarine Raeder, Göring, Hitler, General Keitel und (nur halb sichtbar vor der Tür) General von Brauchitsch, der Oberbefehlshaber des Heeres.

In Erwartung des königlichen Besuchs auf dem Berghof (18. November 1940). Auf dem Foto steht Hitler neben von Ribbentrop am Fuß der Freitreppe und wartet auf die Ankunft Königs Boris von Bulgarien.

Hitler und König Boris inspizieren die Ehrenwache der SS-Leibstandarte, die im Hof des Berghofs angetreten ist.

König Boris (links) und Hitler auf dem Weg vom Eingang zum großen Konferenzsaal des Berghofs.

Hitler und König Boris betreten den großen Konferenzsaal. Hitler wollte – im Hinblick auf seinen geplanten Überfall auf die Sowjetunion – König Boris von Bulgarien dazu bringen, sich dem Dreiländerpakt (Deutschland, Italien und Japan) anzuschließen. Zum Ärger Hitlers ging König Boris nicht auf seinen Vorschlag ein, da er die Reaktion seines mächtigen Nachbarn Stalin fürchtete. Erst im März 1941 sollte Bulgarien dem Pakt beitreten und damit eine faktische Besetzung durch Deutschland erdulden.

Ein enttäuschter Führer nimmt am Fuß der Freitreppe Abschied von seinem Gast König Boris. Ganz rechts steht Generalfeldmarschall Keitel.

Hitler und sein Gefolge verabschieden König Boris nach dessen Besuch auf dem Berghof: v.l.n.r. Fahrer Kempka, Chefübersetzer Dr. Paul Schmidt, Hitler, von Ribbentrop, Adjutant Albert Bormann und Botschafter Hewel. Man achte auf die vorgeschriebenen verdunkelten Scheinwerfer des Fahrzeugs.

Anfang 1941 besucht der italienische Diktator Mussolini den Führer auf dem Obersalzberg. Auf dem Foto hat Hitler Mussolini gerade begrüßt.

Plan, das restliche Frankreich doch noch zu besetzen und die französische Flotte in Toulon zu erobern, sollte in jedem Moment ausgeführt werden können. „Wenn Frankreich lästig wird, werden wir es völlig zermalmen", sagte Hitler. Er schloss seine Rede mit der Darlegung seiner Pläne für die Zukunft. Russland sollte so bald wie möglich in die Knie gezwungen werden. Deutschlands Vorherrschaft in Europa sollte auf dem Schlachtfeld in einem Krieg gegen Russland entschieden werden. Ziel des Nationalsozialismus war die Zerstörung des Bolschewismus. Er könne seinen „Auftrag in diesem Leben" nicht länger auf sich beruhen lassen. Er formulierte noch ein anderes wichtiges Argument: „Bei Kriegseintritt der USA und Russlands wird das eine sehr große Belastung für unsere Kriegsführung sein. Daher muss jede Möglichkeit einer solchen Bedrohung von vornherein ausgeschaltet werden. Bei Fortfall der Bedrohung durch Russland können wir den Krieg gegen England unter durchaus tragbaren Bedingungen weiterführen. Der Zusammenbruch Russlands bedeutet eine große Entlastung für die USA."

Eine Weile nach dieser Zusammenkunft ließ Hitler Mussolini am 19. und 20. Januar 1941 zu sich kommen, um sich über die militärische Lage zu beraten. Die ersten Besprechungen wurden im Schloss Kleßheim, dem luxuriös umgebauten

Hitler es wusste, von Albanien aus (das seit einiger Zeit italienisch war) einen Angriff auf Griechenland unternommen. Nun drohten dem Duce schwere Verluste, denn die Griechen schlugen die Italiener sogar in Albanien zurück. Außerdem hatten sich die Briten auf Kreta installiert. Die für Deutschland so wichtigen Ölfelder in Rumänien lagen somit innerhalb der Reichweite der britischen Bomber. Hitler hatte deshalb beschlossen, den Italienern Hilfe zu leisten. 24 Divisionen sollten von Bulgarien aus Griechenland angreifen, Kreta sollte durch eine gewagte Operation von Fallschirmjägern erobert werden. Da die Italiener nicht nur auf dem Balkan, sondern auch in Afrika schwere Verluste erlitten (die Engländer hatten den italienischen Angriff auf Ägypten abgewehrt und schlugen die Italiener bis tief nach Libyen zurück), beschloss Hitler, dass eine leichte Division und einige Einheiten der Luftwaffe nach Nordafrika gesendet werden sollten. General Rommel würde das Oberkommando haben. Zugleich sprach er seinen militärischen Stab auf die Notwendigkeit an, sich für die Durchführung der „Operation Attila" bereitzuhalten. Dieser

Hitler und Mussolini während ihrer Besprechung in der großen Wohnhalle des Berghofs. Hitlers wichtigstes Ziel war, seine italienischen Gäste auf den geplanten Überfall auf die Sowjetunion vorzubereiten und Italien zum Mitmachen zu bewegen. Links auf dem Foto v.l.n.r. die Generäle Kesselring (Luftwaffe), Keitel, der Leiter des Oberkommandos der Wehrmacht, und Jodl, Leiter des Wehrmachtsführungsstabs.

Hess' unerwartete Flucht nach England wird für immer ein Rätsel bleiben. Als Hess sich über England befand, konnte er sich mit einem Fallschirm in Sicherheit bringen. Hier die Wrackteile seines Fliegers.

offiziellen Gästehaus des Dritten Reiches in der Nähe von Salzburg, abgehalten. Mussolini, der durch die italienischen Niederlagen sehr erschüttert war, sah diesem Treffen mit Schrecken entgegen. Sein Schwiegersohn Ciano, der diese Reise nach Salzburg mitmachte, beschrieb die Stimmung des Duce als „sehr trübe und nervös". Zu seiner großen Erleichterung sah er, dass Hitler jedoch taktvoll und freundlich war. Er machte Mussolini überhaupt keine Vorwürfe wegen der schlechten italienischen Ergebnisse. Nachdem er mit Mussolini die Pläne für die Invasion in Griechenland erörtert hatte, richtete der Führer seinen Blick auf die Sowjetunion: „In Amerika, auch wenn es in den Krieg eintritt, sehe ich keine große Gefahr. Die größere ist der riesige Block Russland. Wir haben zwar sehr günstige politische und wirtschaftliche Verträge mit Russland, aber ich verlasse mich lieber auf meine Machtmittel." Ciano zeichnete in seinem Tagebuch auf, dass Hitler in einer sehr anti-russischen Stimmung war. Der zweite Tag der Konferenz fand auf dem Berghof statt. Während er mit heftigen Gebärden auf der Weltkarte Stellen zeigte, gelang es Hitler, die italienische Gesandtschaft davon zu überzeugen, dass er die Lage völlig beherrschte. Gegen Mittag unterbrach man die Konferenz, und die beiden Diktatoren spazierten mit ihrem Gefolge zum Teehaus. Es war ein strahlender Tag, der weiße Schnee glitzerte in der Sonne. Der friedliche Anblick wurde nur von einer langen Reihe uniformierter Menschen gestört, die sich lebhaft miteinander unterhielten und die schöne, stille Natur kaum beachteten.

Hitlers Stellvertreter wird „wahnsinnig"

Auf dem Berghof herrscht noch vollkommene Ruhe. Plötzlich wird die heitere Stille gestört. Ein Auto fährt mit hoher Geschwindigkeit den Weg zum Berghof hinauf. Mit einem Ruck kommt es zum Stehen. Ein Mann in Uniform springt heraus. Es ist Pintsch, der Adjutant von Rudolf Hess, dem Stellvertreter des Führers. Es ist der 11. Mai 1941, ein Sonntag. In der Halle des Berghofs meldet Pintsch einem von Hitlers Adjutanten, dass er eine sehr dringende Nachricht von Hess für den Führer habe. Hitler wird von seinem Kammerdiener Linge geweckt. Einige Minuten später steht der Führer in voller Uniform in der großen Halle, wo Pintsch noch immer wartet. Hitler reißt Pintsch den Brief aus der Hand. Hess schreibt, dass er auf eigene Faust nach England geflogen ist, um das Land zu bewegen, Frieden mit Deutschland zu schließen. Das Reich könnte dann all seine Kräfte auf die Sowjetunion richten. „Und wenn dieser Plan, der – wie ich zugebe – wenig Erfolgschancen hat, scheitert und das Schicksal mir entgegentritt, dann ist das noch nicht so schlimm für Sie und für Deutschland. Sie können immer jede Verantwortung ablehnen. Dann sagen Sie einfach, ich sei wahnsinnig geworden." Hitler zischt Pintsch an: „Kennen Sie den Inhalt dieses Briefes?" Als dieser bejaht, lässt Hitler ihn sofort verhaften. Es war, als ob eine Bombe explodiert wäre, schrieb Hitlers Dolmetscher Dr. Schmidt.

Auch Speer war Zeuge dieses dramatischen Vorfalls. „Ich hörte plötzlich einen unartikulierten, fast tierischen Aufschrei. Darauf brüllte Hitler: ‚Wo ist Bormann?' Als Bormann ein wenig später ankam, schrie Hitler ihn gleich an, er solle sich mit Göring, von Ribbentrop, Goebbels und Himmler in Verbindung setzen." Laut General Keitel lief Hitler dabei aufgeregt hin und her, während er sich andauernd an die Stirn tippte und halblaut vor sich hin murmelte: „Hess ist verrückt geworden, verrückt geworden. Ich erkenne ihn nicht mehr wieder. Er muss geistesgestört sein. Er ist eine ganz andere Person. Hess ... war sehr empfindlich."

Der Flug von Hess bedeutete für Hitler augenscheinlich einen enormen Prestigeverlust. Hess war nämlich nicht der Erstbeste. Angefangen hatte er als einer von Hitlers ersten Kampfgefährten. Seit 1933 war er zum Stellvertreter des Führers mit einem Ministerposten aufgestiegen. Außerdem war Hess der Leiter des riesigen Parteiapparates, der vom „braunen Haus" aus ganz Deutschland in eisernem Griff hielt. Trotz seiner hohen Funktion und trotz Hitlers Zuneigung – wenn möglich schickte Hitler „sein Hesserl", wie er Hess manchmal sentimental nannte, zu diversen repräsentativen Angelegenheiten – wurde sein Einfluss immer weiter zurückgedrängt, besonders durch Zutun eines seiner eigenen Untergebenen: Reichsleiter Martin Bormann. Um den Engländern die Möglichkeit zu nehmen, Hess' Flucht propagandistisch

Im Mai 1941 flog Rudolf Hess, Hitlers Stellvertreter in der NSDAP, völlig unerwartet – aber mit Hitlers Wissen – nach England, um das Land zu bewegen, Frieden mit Deutschland zu schließen. Der Überfall auf die Sowjetunion stand bevor, und Hitler wollte einen Zweifrontenkrieg vermeiden. Die Engländer gingen jedoch nicht auf das Angebot ein und nahmen Hess gefangen. Er sollte bis zu seinem Tod 1987 in Gefangenschaft bleiben. Hier Hess in besseren Tagen.

auszuwerten, entschloss sich Hitler, den ersten Schritt zu machen. Otto Dietrich, Hitlers Pressechef, fasste die Nachricht ab, die am Montag, den 12. Mai, von Radio München ausgestrahlt wurde: „Parteiamtlich wird mitgeteilt: Parteigenosse Hess, dem es aufgrund einer seit Jahren fortschreitenden Krankheit vom Führer strengstens verboten war, sich noch weiter fliegerisch zu betätigen, hat es entgegen diesem vorliegenden Befehl vermocht, sich in letzter Zeit wieder in den Besitz eines Flugzeugs zu bringen. Am Samstag, dem 10. Mai, gegen 18 Uhr startete Parteigenosse Hess in Augsburg wieder zu einem Flug, von dem er bis zum heutigen Tag nicht mehr zurückgekehrt ist. Ein zurückgelassener Brief zeigte in seiner Verworrenheit leider die Spuren einer geistigen Zerrüttung, die befürchten lässt, dass Parteigenosse Hess das Opfer von Wahnvorstellungen wurde. Der Führer hat sofort angeordnet, dass die Adjutanten des Parteigenossen Hess, die von diesen Flügen allein Kenntnis hatten und sie entgegen dem ihnen bekannten Verbot des Führers nicht verhinderten bzw. sofort meldeten, verhaftet wurden. Unter diesen Umständen muss also leider die nationalsozialistische Bewegung damit rechnen, dass Parteigenosse Hess auf seinem Flug irgendwo abgestürzt bzw. verunglückt ist."

Noch am gleichen Tag wurde Bormann zum Chef der Parteikanzlei ernannt, wie auch das Büro von Hess umbenannt wurde. War es wirklich so, dass Hitler Frieden schließen wollte mit England, ehe er die Sowjetunion angriff? Hat er Hess geschickt, um den Engländern auf eine spektakuläre Art und Weise deutlich zu machen, dass es ihm ernst war? Hatte Hitler nicht oft davon gesprochen, dass ein gutes Einvernehmen zwischen Deutschland und England zustande gebracht werden sollte? Englands Kriegserklärung nach dem deutschen Einfall in Polen hatte bei Hitler Erstaunen, ja sogar Entsetzen hervorgerufen, wie Hess später auch in England erklären sollte: Der Führer hätte nie einen Krieg mit England gewollt. Er empfände große Achtung vor dem britischen Volk, vor seiner Kultur, vor dem Britischen Imperium und vor der Zivilisation, die es der Welt gebracht hätte. Und hatte der Führer im Jahr 1940 die Panzer nicht gezielt halten lassen, sodass das englische Expeditionskorps aus Dünkirchen fliehen konnte? Zeigte dies nicht deutlich die friedlichen Absichten des Führers England gegenüber? Noch im Juli 1940 befürwortete Hitler im Reichstag ein gutes Einvernehmen zwischen den beiden Ländern: „Und Herr Churchill sollte mir dieses Mal vielleicht ausnahmsweise glauben, wenn ich als Prophet jetzt Folgendes ausspreche: Es wird dadurch ein großes Weltreich zerstört werden. Ein Weltreich, das zu vernichten oder auch zu schädigen, niemals meine Absicht war."

Hess wusste von Hitlers Plänen, in der ersten Hälfte des Jahres 1941 die Sowjetunion anzugreifen. Speer: „Hess muss Bescheid gewusst haben. Es war zwar streng geheim – ich wusste es z. B. nicht –, aber das ganze Sowjet-Imperium war schon in eine Vielzahl von politischen Bezirken aufgeteilt worden. Auch stand schon fest, welche Parteigenossen die Funktion des Kommissars in jenen Bezirken ausüben sollten. Es war absolut unmöglich, dies alles ohne Hess' Mitwissen, damals nach Hitler der höchste Parteichef, zu planen ... Ich bin davon überzeugt, dass Hitlers nie die Absicht gehabt hat, England zu erobern. Deutschland als ein kontinentales Empire auf dem Festland Europas, von England garantiert. England als wichtigste Seemacht der Welt, mit deutschen Garantien für die Erhaltung des Imperiums: Das war Hitlers Absicht. Also sollten die Engländer Hitler im Osten freie Hand lassen, sodass Deutschland ein Zweifrontenkrieg erspart bliebe. Wenn es Hess gelungen wäre, die Engländer zu veranlassen, Frieden mit Deutschland zu schließen, dann wäre er als ein großer Held in Deutschland empfangen worden."

Linge, Hitlers Kammerdiener, ist davon überzeugt, dass Hitler über Hess' Pläne, nach England zu fliegen, informiert war. Als er an Hitlers Zimmertür pochte, um dem Führer zu melden, dass einer von Hess' Adjutanten eine wichtige Nachricht für ihn hätte, stand Hitler komplett angezogen in der Schlafzimmertür. Es war erst halb zehn Uhr am Morgen, während Hitler Linge noch am vorigen Abend befohlen hatte, ihn nicht vor zwölf Uhr zu wecken. Linge: „Er hat es vorher gewusst, durchfuhr es mich plötzlich. Sonst war es unerklärlich, dass er schon um halb zehn völlig bekleidet und rasiert in seinem Schlafzimmer wartete. In all diesen Jahren hatte ich so etwas noch nie erlebt ..." Zugleich glaubte Linge zu bemerken, dass Hitler nur so tat, als ob er erschrocken und peinlich überrascht war. Linge: „Zu Göring, der selbst anrief, sagte er mit einem dramatischen Ausdruck in seiner Stimme: ‚Göring,

1946 wurde Hess während des Nürnberger Prozesses zu lebenslanger Haft verurteilt. Hier sitzt er in seiner Zelle im Gefängnis von Spandau, wo er 1987 mit 93 Jahren starb.

es ist etwas Schreckliches passiert.' Jeder sah zu, dass er dem Chef aus dem Weg ging. Ich konnte ihm jedoch nicht ausweichen und musste zu meiner Überraschung feststellen, dass er nur bei anderen tat, als ob er überrascht, verärgert und bestürzt war. Wahrscheinlich wusste er genau, wann Hess abgeflogen war. Unwillkürlich musste ich an das mehr als vier Stunden dauernde Gespräch denken, das Hitler und Hess einige Tage vor Hess' Abreise auf dem Obersalzberg geführt hatten. Derartig lange Sitzungen hatte es zwischen den beiden seit dem Anfang des Krieges nicht mehr gegeben ..."

Auch die amerikanische Zeitschrift „The American Mercury" zweifelt an Hitlers Unkenntnis über den Flug von Hess. In einem Artikel „The Inside Story of the Hess Flight" (Mai 1943) steht unter anderem, dass der britische Geheimdienst vollkommen über den Flug informiert war. Hess wurde im britischen Luftraum von Flugzeugen der RAF (Royal Air Force) eskortiert. Indem er seinen offiziellen Stellvertreter sendete, wollte Hitler deutlich machen, dass es ihm ernst war. Der Artikel erwähnt auch die von Hess mitgebrachten Friedensvorschläge Hitlers. Frankreich, mit Ausnahme von Elsass-Lothringen, würde man räumen, genauso wie die Niederlande, Belgien, Norwegen und Dänemark. Luxemburg sollte deutsch bleiben. Als Gegenleistung sollte Großbritannien Deutschland gegenüber wohlwollende Neutralität üben. Außerdem war der Führer bereit, sich aus Griechenland und Jugoslawien zurückzuziehen und im Konflikt zwischen England und Italien als Vermittler aufzutreten – unter der Voraussetzung, dass ihm im Kampf gegen den Bolschewismus freie Hand gelassen würde. Offiziell bestritt Hitler dieses Gerücht über sein Vorwissen in einer Rede am 13. Mai 1941 vor 60 bis 70 Spitzenfunktionären, unter ihnen Minister und Gauleiter, die im Konferenzsaal des Berghofs zusammengekommen waren. Paul Jordan, ehemaliger Gauleiter und Reichsstatthalter: „Ich empfing ein Fernschreiben, aus dem hervorging, dass ich mit den anderen Gauleitern noch am gleichen Abend auf dem Berghof erwartet wurde. Kurz zuvor, ich saß noch in der Loge des Theaters, erhielt ich die Nachricht von Hess' Flug nach England. Ich hatte meine Bedenken bei der Mitteilung, dass Parteigenosse Hess nicht recht bei Verstand gewesen sei. Ein Mensch in Geistesverwirrung und Umnachtung kann doch kein Flugzeug starten, lenken und mit Erfolg notlanden. Gespannt betraten wir die große Halle des Berghofs, wo Bormann uns empfing. Als Hitler kurz darauf hereinkam, war seinem Gesicht anzusehen, dass die Ereignisse ihn sehr mitgenommen hatten. Er hatte einen Brief von Hess in der Hand, den er kurz darauf vorlas. Hess listete in jenem Brief einige Gründe auf, die seiner Meinung nach dem erfolgreichen Krieg gegen den Bolschewismus im Weg standen. Er betonte die Wichtigkeit der deutsch-englischen Verhältnisse. Auf dem normalen politischen und diplomatischen Weg hatten sich diese völlig festgefahren. Nur durch eine außergewöhnliche Tat konnte England noch zu einer anderen Einsicht gelangen. Dieser Brief machte einen großen Eindruck auf uns, wenn nicht Hitler mit schriller Stimme Hess gleich mit ernsten Vorwürfen überhäuft hätte. Hitler fing an, immer lauter zu reden: ‚Parteigenossen; Hess hat mich zu einem Zeitpunkt verlassen, an dem sich unsere Divisionen an der Ostgrenze in Alarmzustand befinden. Die Kommandanten können jederzeit den Befehl für die bisher schwerste militärische Operation erhalten', womit er ein Ereignis ankündigte, das uns alle verstummen ließ."

Seit Mai 1941 saß Hess in Haft. Das Internationale Tribunal in Nürnberg verurteilte ihn zu einer lebenslangen Haftstrafe, welche er im Spandauer Gefängnis verbüßte. 1987 nahm er sich im Alter von 93 Jahren das Leben oder wurde umgebracht. Die Umstände seines Todes werden wahrscheinlich nie geklärt werden. Wenn es Hess gelungen wäre, Frieden mit England zu schließen, hätte der Kampf im Osten vielleicht einen ganz anderen Verlauf genommen. Hess wäre als einer der größten Friedensstifter in die Geschichte eingegangen.

13 Operation Barbarossa

Die Welt hält den Atem an

22. Juni 1941. Die deutsche Wehrmacht greift die Sowjetunion an, unterstützt von finnischen, rumänischen, ungarischen und italienischen Truppen. Zwischen dem nördlichen Eismeer und dem Schwarzen Meer, entlang einer Front von gut 3.000 Kilometern, ziehen mehr als 3 Millionen Soldaten in endlosen motorisierten Divisionen und Panzerkolonnen in die Sowjetunion ein. Die Wehrmacht setzt 207 Divisionen ein, davon 25 Panzerdivisionen, und füllt die Lücken mit über 50 Divisionen der Satellitenstaaten. Die Luftwaffe beherrscht den Luftraum. Niemals zuvor sind Panzerkolonnen so schnell vorgerückt. Gegen Ende Dezember 1941 ist ein großer Teil der russischen Soldaten in Kriegsgefangenschaft geraten. Aber die Rote Armee erhält ununterbrochen Verstärkung aus Sibirien: Truppen, die ausgezeichnet gegen den schnell einfallenden Winter ausgerüstet sind. Anfangs hatte es den Anschein, als könne Hitlers lang gehegter Traum – die Ausrottung des Bolschewismus und die Niederwerfung Sowjetrusslands – verwirklicht werden. Der große Sieg in der Schlacht bei Kiew, bei der 665.000 Russen in Kriegsgefangenschaft gerieten, schien das militärische Genie Hitlers zu bestätigen. Etwas mehr als drei Monate nach der Invasion Russlands verkündete Hitler triumphierend: „Und hinter unseren Truppen liegt ein Raum, der zweimal so groß ist, wie das Deutsche Reich war, als ich 1933 die Führung erhielt. Ich spreche das hier und heute aus, weil ich es heute sagen darf, dass dieser Gegner bereits gebrochen ist und sich nie mehr erheben wird."

Der Weg nach Moskau war nun frei. Am 20. Oktober 1941 waren die deutschen Stoßtrupps nur noch 25 Kilometer von

Schon bald nach dem Angriff verließ Hitler in seinem Kommandozug Berlin, um zu seinem Hauptquartier, der Wolfsschanze in Ostpreußen, zu fahren, von wo er den Krieg weiter befehligen sollte. Auf dem Foto v.l.n.r. General Keitel, Hitler und Göring über Stabskarten gebeugt.

Hitlers einfaches Arbeitszimmer in seinem Hauptquartier, der Wolfsschanze bei Rastenburg in Ostpreußen. Gegenwärtig gehört es zu Polen und heißt jetzt Ketzryn. Die umfangreichen Ruinen von Hitlers früherem Militärhauptquartier stellen eine große touristische Attraktion dar.

Am 22. Juni 1941 fällt die deutsche Wehrmacht, unterstützt von finnischen, rumänischen, ungarischen und italienischen Truppen, in der Sowjetunion ein. Zwischen nördlichem Eismeer und dem Schwarzen Meer ziehen über 3 Millionen Soldaten auf einer Frontlänge von gut 3.000 km (!) mit endlosen motorisierten Divisionen, Panzerkolonnen und Angriffswellen von Bombenflugzeugen in die Sowjetunion ein. Es ist zweifellos das mächtigste Heer, das die Welt je gesehen hatte.

Trotz der oft kaum befahrbaren Straßen rücken die Deutschen blitzschnell in Stalins ausgedehntem Reich vor.

der russischen Hauptstadt entfernt. Einzelnen Einheiten gelang es sogar Anfang Dezember, die feindlichen Linien zu durchbrechen und die Vororte der Stadt zu erreichen. Gegen Ende des Jahres 1941 hatten die Deutschen ein Gebiet von 640.000 Quadratkilometern mit 65 Millionen Einwohnern besetzt. Das war gut ein Drittel der gesamten Sowjetbevölkerung. In dem besetzten Gebiet befand sich ein wesentlicher Teil der sowjetischen Industrieanlagen. In dem restlichen Gebiet war die Nahrungsmittelproduktion auf ein Drittel dessen reduziert, was Sowjetrussland 1940 produziert hatte. Die nationale Produktion von Steinkohle, Petroleum, Stahl und Elektrizität war 1942 auf die Hälfte des Vorkriegsniveaus gesunken. Zwischen Juli und November 1941 wurden mehr als 1.300 große Industriebetriebe von den Russen nach Osten evakuiert, im Ganzen anderthalb Millionen Waggonladungen. Dadurch hoffte man, die Produktion in Gang zu halten. Hitlers Erfolge zu Beginn des Unternehmens Barbarossa schienen seine Auffassung über die schwache Kampfkraft Russlands zu bestätigen. Der russische Winter fiel überraschend ein. Das Thermometer sank auf 30 Grad unter Null und später sogar bis auf 50 Grad minus. Der Frost traf die deutschen Truppen völlig unvorbereitet. Tausende erfroren an der Front. Fahrzeuge waren nicht zum Rollen zu bringen. MGs verklemmten sich. Der Angriff auf Moskau war zum Stillstand gekommen. 1942 erreichte die 6. Armee unter dem Befehl von General Paulus Stalingrad. Sowohl nördlich als auch südlich der Stadt hatten die deutschen Truppen Stellungen bezogen. Stalingrad wurde zum Prestigeobjekt. Stalin erklärte, dass jeder Meter Boden bis zum Äußersten verteidigt werden würde, und Hitler erklärte am 2. Oktober 1942, dass die Eroberung der Stadt aus psychologischen Gründen dringend notwendig sei. Am 19. November 1942 klingelte auf dem Berghof das Telefon. Kurt Zeitzler, Generalstabschef des Heeres, wünschte den Führer dringend zu sprechen. Hitler befand sich auf dem Obersalzberg, um sich von den anstrengenden Tätigkeiten im Führerhauptquartier, der Wolfsschanze tief in Ostpreußen, zu erholen. Nach einiger Zeit kam Hitler an den Apparat und fragte Zeitzler, was er zu melden habe. Mit der Aussicht auf die schneebedeckten Gipfel des Untersbergs hörte der Führer die alarmierenden Nachrichten. Sachlich meldete der General, dass die Sowjets die deutschen Stellungen rund um Stalingrad durchbrochen hätten und sämtliche Divisionen eingekesselt würden. Er bat den Führer eindringlich, der 6. Armee unter General Paulus den Befehl zum Ausbruch geben zu dürfen. Hitler brüllte wütend in den Hörer: „Ich denke nicht daran, die Wolga zu verlassen. Ich ziehe nicht zurück, nein, nie!"
Als weitere alarmierende Berichte einzugehen begannen, traf Speer Hitler in äußerst melancholischer Stimmung: „Es muss in der zweiten Hälfte des Novembers 1942 gewesen sein. Es stand schlecht um Stalingrad, als Hitler Zuflucht auf dem Obersalzberg suchte. Dr. Morell hatte ihm wie schon öfter geraten, ein paar Ruhetage einzulegen, und Hitler hatte zu unser aller Erstaunen sofort eingewilligt. Er hatte mich gebeten, zum Obersalzberg zu kommen. Auf dem Berghof versammelte er gern den alten Kreis um sich, dessen vertraute Gesichter und Scherze ihn von seinen düsteren Stimmungen befreiten. Als ich abends auf dem Berghof ankam, begrüßten

Die russische Propaganda hatte der Bevölkerung weisgemacht, dass die Deutschen jeden sofort ermorden würden. Auf dem Foto Frauen und Kinder, die panisch vor Angst die vorbeiziehenden Deutschen auf den Knien um ihr Leben anflehen.

wir einander nur kurz. Hitler saß, wie so oft in dieser Zeit, schweigend vor dem großen offenen Kamin und starrte stundenlang ins Feuer. Auch am nächsten Morgen war er müde und lustlos. Gegen Mittag bat er uns, ihn auf dem täglichen Spaziergang zum Teehaus zu begleiten. Es war einer jener unfreundlichen Tage auf dem Obersalzberg, an denen westliche Winde die tief hängenden Wolken von der bayerischen Hochebene her ins Tal trieben und einen anhaltenden Schneefall verursachten. Hitler kam in seiner ärmlichen, feldgrauen Windjacke vom Obergeschoss herunter. Sein Diener reichte ihm den abgetragenen Velourshut und einen Spazierstock. Freundlich, mit einer etwas geistesabwesenden Herzlichkeit, sagte er zu mir: ‚Kommen Sie, ich möchte gern etwas mit Ihnen besprechen.' Und zu Bormann gewandt: ‚Bleiben Sie bei den anderen.' Wir gingen den frisch vom Schnee geräumten Weg entlang; im Hintergrund lag der Untersberg. Die Wolken waren verschwunden, und die Sonne stand niedrig am Himmel. Der Schäferhund Blondie rannte bellend durch den Schnee. Nachdem wir ein paar Minuten schweigend nebeneinander gegangen waren, sagte Hitler plötzlich: ‚Ich hasse den Osten. Schon alleine der Schnee deprimiert mich. Manchmal denke ich, ich fahre im Winter nicht mehr zu diesem Berg. Ich kann den Schnee nicht ausstehen.' Ich sagte nichts. Was hätte ich sagen sollen? Niedergeschlagen ging ich neben ihm weiter. Er sprach tonlos über seine Abneigung gegen den Osten, den Winter, den Krieg. Er klagte, dass er schwer unter dem Schicksal leide, Krieg führen zu müssen. Er blieb stehen, steckte den Stock in den Schnee und drehte sich zu mir um: ‚Speer, Sie sind mein Architekt. Sie wissen, dass es immer mein Wunsch gewesen ist, Architekt zu werden. Der Weltkrieg und die verbrecherische Revolution von 1918 haben das verhindert. Und die Juden! Der 9. November war die Folge ihrer systematischen, untergrabenden Aktivitäten.' Seine Stimme wurde kräftiger, lauter, bis sie in ein heiseres Stakkato überging. Ich sah ihm an, wie er sich in die alte Wut hineinsteigerte. Ein alter, eigentlich schon geschlagener Mann, der im Schnee machtlos seine Verbitterung, seine giftigen Ressentiments aus sich herauspresste: ‚Damals waren es auch schon die Juden. Sie haben auch die Streiks in den Munitionsfabriken organisiert. Schon allein in meinem Regiment haben seinerzeit dadurch Hunderte von Soldaten das Leben verloren. Die Juden haben mich in die Politik gebracht.' Ich habe nie so deutlich wie in diesem Moment gefühlt, wie absolut Hitlers Bedürfnis nach der Figur des Juden war: Er brauchte sie als Gegenstand des Hasses und als Möglichkeit, sich allem zu entziehen. Was sein geliebter Berg und der Winterspaziergang ihm nicht hatten geben können, das hatte er jetzt gefunden. Die Einkesselung von Stalingrad, der Durchbruch von Montgomery bei El Alamein (der englische General schlug Rommel bei El Alamein und brachte damit im Krieg in Afrika für die Alliierten die entscheidende Wende) – das war offensichtlich alles vergessen. Die vage Erkenntnis, dass der Krieg bereits verloren war, auch. Er fuhr fort, aber ohne Aufregung, müde und ohne Kraft, als habe der Ausbruch ihn erschöpft. ‚Wissen Sie,

Die schnell vorrückenden deutschen Armeen eroberten riesige Gebiete, und eine Stadt nach der anderen fiel in ihre Hände. In den Städten wurden die verhassten Symbole der Stalindiktatur zerstört. Auf dem Foto die Reste eines Standbildes des roten Diktators.

Speer, eigentlich habe ich nie wirklich so gelebt wie andere Menschen. In den letzten 30 Jahren habe ich meine Gesundheit geopfert. Vor dem Ersten Weltkrieg wusste ich oft nicht, wovon ich am nächsten Tag leben sollte. Im Krieg war ich ein gewöhnlicher Frontsoldat. Danach kamen die Revolution und meine Aufgabe, und damit begannen die Schwierigkeiten, zehn Jahre lang. Jemand anderes hätte aufgegeben. Aber das Schicksal hat es so gewollt, die Vorsehung hat mir geholfen.' Wir gingen etwas schneller. ‚Als ich danach dazu ausersehen wurde, die Führung des Landes auf mich zu nehmen, wollte ich Deutschland neu gestalten. Gemeinsam mit Ihnen, Speer, wollte ich ein Bauwerk nach dem anderen errichten. Es sollte das schönste Land der Welt werden. Stellen Sie sich einmal vor, was wir aus Berlin gemacht hätten. Im Vergleich dazu

Anfänglich schien es so, dass Hitlers alter Traum der Ausrottung des Sowjetkommunismus und der Vernichtung des Sowjetstaates Wirklichkeit werden sollte. Der große Sieg in der Schlacht bei Kiew, bei der die Deutschen 665.000 russische Kriegsgefangene machten, schien eine Bestätigung des militärischen Genies des Führers zu sein. Unten: Eines der vielen provisorischen Lager mit russischen Kriegsgefangenen.

Die deutschen Fronttruppen gingen gut mit der lokalen Bevölkerung um und versuchten, sie so gut wie möglich zu beruhigen. Es waren die nach ihnen kommenden brutalen deutschen Gouverneure der besetzten Gebiete und die Säuberungstruppen von Polizei, SS und SD, welche die Bevölkerung völlig gegen sich aufbrachten, mit der Folge eines enormen Zustroms zu den Partisanen. Hier stehen Dorfbewohner vor dem Eingang der örtlichen deutschen Verwaltung, der Ortskommandatur.

wäre Paris nichts gewesen. Aber sie haben mir alles verdorben. Meine Angebote haben sie als Schwäche ausgelegt. Sie dachten, ich hätte Angst. Ausgerechnet ich! Was weiß dieser Abschaum schon von dem Führer des nationalsozialistischen Deutschlands? Wir werden sie kriegen! Und dann wird mit ihnen abgerechnet! Sie werden mich noch kennenlernen! Diesmal entkommt niemand! Ich bin immer zu nachsichtig gewesen! Aber jetzt ist Schluss! Jetzt wird abgerechnet!' Er rief Blondie, die ein Stück vorausgerannt war. Ich habe mich damals oft gefragt, ob Hitler zu dem Zeitpunkt noch an den Endsieg glaubte. Es gibt etwas von der Stimmung bei der Führungsschicht wieder, dass ich selbst mit den höchsten Militärs, mit denen ich persönlich befreundet war, wie mit General Guderian und Großadmiral Dönitz, oder mit denen ich mich sogar duzte, wie mit Feldmarschall Milch, niemals offen darüber gesprochen habe, höchstens in geblümten Worten. Ich habe jetzt den Eindruck, dass sogar Hitler trotz der Tatsache, dass er sich verbissen auf die Vorsehung berief, damals schon keine doppeldeutige Antwort mehr darauf geben konnte. Dieser Spaziergang mit dem stetigen Stimmungsumschwung, von Niedergeschlagenheit zur Aggressivität, von Selbstmitleid zu wahnsinnigen Plänen für die Zukunft, war bezeichnend für den labilen Gemütszustand Hitlers, nicht nur an diesem Tag, sondern im Allgemeinen. Im Krieg waren derartige Stimmungswechsel fast täglich zu erkennen. Als wolle er sich selbst noch mehr überzeugen, führte er Beispiele aus der Geschichte an. ‚Jetzt weiß ich, warum Friedrich der Große nach dem Dritten Schlesischen Krieg endgültig genug hatte. Ich habe auch für mein Leben genug davon. Der Krieg kostet mich meine besten Jahre! Nicht mit gewonnenen Feldschlachten, sondern mit den Bauwerken, die wir gemeinsam entworfen haben, wollte ich Geschichte machen. Diese Barbaren hatten das Reich einmal schon fast erobert und standen vor Wien. Aber auch damals stellte ein großer Mann sich ihnen entgegen und schlug die Asiaten zurück. Was für eine Blütezeit hat unser Reich damals nach dem Sieg von Prinz Eugen erlebt. Denken Sie doch nur einmal daran, dass das prachtvolle, barocke Wien unmittelbar nach der Stunde der größten Gefahr entstanden ist. So wird es bei uns auch sein, wenn wir gewonnen haben. Wir werden genau wie damals Paläste und monumentale Bauten errichten. Das werden unsere Denkmäler für den Sieg über die Bolschewisten sein.'"

Hitler weigerte sich hartnäckig und trotz der fortschreitenden Einkesselung der Deutschen durch die Rote Armee, den Befehl zum Ausbruch aus Stalingrad zu geben. Die Tragödie der 6. deutschen Armee – 220.000 Männer mit 1.000 Panzern, 1.800 Geschützen und 10.000 Fahrzeugen steckten in der tödlichen Umklammerung – begann sich im Dezember 1942 abzuzeichnen.

Intrigen rund um den Führer

Der Machtkampf zwischen den Parteibonzen tobte auch, als sich die deutschen Kriegschancen verschlechterten, unvermindert fort. Als Goebbels nach der Niederlage der 6. deutschen

Eine verzweifelte Frau vor ihrem brennenden Haus.

Armee bei Stalingrad am 18. Februar 1943 eine Rede hielt und den totalen Krieg proklamierte, wendete er sich nicht nur an die deutsche Bevölkerung, sondern auch an die Führungsschichten. Ein paar Tage nach seiner Rede lud Goebbels Speer ein, um die ernste Situation im Reich zu besprechen. Goebbels machte sich große Sorgen über die ständig wachsende Macht und den Einfluss von Bormann und dessen Kollegen Lammers, dem Leiter der Reichskanzlei. Speer gab Goebbels' Worte wie folgt wieder: „So kann das nicht mehr weitergehen. Wir sitzen hier in Berlin. Hitler hört nicht, was wir zur Lage zu sagen haben: Ich kann politisch nicht auf ihn einwirken, kann ihm noch nicht einmal die dringendsten Maßnahmen auf meinem Gebiet vortragen. Alles geht über Bormann. Hitler (der sich in seinem Hauptquartier Wolfsschanze aufhielt) muss veranlasst werden, öfter nach Berlin zu kommen. Die Innenpolitik ist Hitler gänzlich entglitten: Sie wird jetzt von Bormann beherrscht, der es versteht, Hitler das Gefühl zu vermitteln, er habe weiterhin die Leitung inne. Bormann treibt nur der Ehrgeiz; er ist doktrinär und für eine vernünftige Entwicklung eine große Gefahr. Zu allererst muss sein Einfluss verringert werden! Wir haben nicht nur eine Führungskrise, sondern streng genommen eine

Oben: Brennendes Dorf mit flüchtenden Bewohnern.

Links: Vermeintliche Partisanen und ihre Frauen und Kinder werden von SS-Truppen festgenommen.

Führerkrise.“ Speer, der Goebbels Besorgnis teilte, schlug vor, Göring wieder aktiv einzuschalten. Göring hatte nämlich seit Ausbruch des Krieges die Funktion des Leiters des Ministerrates für die Reichsverteidigung. Diese Position gab ihm das Recht, sogar ohne Hitlers Vorkenntnis Gesetze zu erlassen. Speer und Goebbels glaubten, so in der Lage zu sein, das von den beiden Superbürokraten Bormann und Lammers errichtete Bollwerk der Macht niederzureißen. Es gab jedoch Probleme. Nach den ersten Erfolgen der Luftwaffe war das Prestige dieser Waffengattung, die unter dem Oberbefehl Görings stand, im Lauf der Kriegsjahre ziemlich verblichen. Vor allem durch die Zunahme der alliierten Bombardierungen deutscher Städte musste Göring einen Wutausbruch Hitlers nach dem anderen über sich ergehen lassen. Der Reichsmarschall verfiel dadurch in eine Art Apathie und interessierte sich immer weniger für das Kriegsgeschehen. Außerdem war das persönliche Verhältnis zwischen Göring und Goebbels gestört, da Goebbels Görings Lieblingsrestaurant Horcher in Berlin im Rahmen der Aktion „Totaler Krieg“ hatte schließen lassen. Speer war der richtige Mann, um zwischen den beiden zu vermitteln. Hitlers Rüstungsminister eilte am nächsten

Schon bald begannen die Deutschen, alle Juden zusammenzutreiben, um sie – wie auch sämtliche kommunistische Funktionäre und die Intelligenz – zu ermorden. Dieses Foto zeigt die schändlichen Mordpraktiken. Männer, Frauen und Kinder mussten geduldig in der Reihe warten, um mit einem Genickschuss getötet zu werden.

Partisanen oder dafür Verdächtigte wurden von den Deutschen ohne Pardon getötet. Hier wurden fünf Männer erhängt.

Die Deutschen waren völlig unzureichend auf den harten russischen Winter vorbereitet, denn Hitler meinte Russland wohl vor dem Einbruch des Winters erobern zu können. Aber der Winter begann viel früher als gewöhnlich mit Temperaturen bis minus 40 Grad Celsius. Hier eine deutsche Verbindungseinheit mit Pferd und Schlitten beim Reparieren beschädigter Telefonleitungen. Motorisierter Transport war angesichts der extrem niedrigen Temperaturen nicht mehr möglich.

Tag, dem 28. Februar 1943, zum Obersalzberg, wo Göring sich aufhielt. Er sprach ausführlich mit ihm. Speer: „Die Atmosphäre unserer Besprechung war freundschaftlich und, den intimen Verhältnissen des relativ kleinen Hauses entsprechend, ungezwungen. Mich wunderte zwar, was mir seltsamerweise im Gedächtnis haften blieb – seine rötlich lackierten Fingernägel und sein offenbar geschminktes Gesicht –, während die übergroße Rubinbrosche an seinem grünen Samtschlafrock mir schon ein gewohnter Anblick war. Göring hörte sich in Ruhe unseren Vorschlag und meinen Bericht von unserer Berliner Besprechung an, wobei er gelegentlich ungefasste Edelsteine aus der Tasche holte und spielerisch durch seine Finger gleiten ließ. Die Tatsache, dass wir an ihn gedacht hatten, schien ihn zu freuen. Auch er sah in der Entwicklung, wie sie sich um Bormann anbahnte, eine Gefahr und stimmte unseren Plänen zu."

Am 2. März 1943 fuhren Speer und Goebbels zu Görings Haus auf dem Obersalzberg. Göring erwartete sie vor dem Haus. Nachdem der Reichsmarschall seine Meinung über die Kriegssituation gesagt hatte, kam der Moment, an dem Nägel mit Köpfen gemacht werden mussten. Goebbels schlug Göring vor, dass die politische Führung des Reiches in Zukunft in ihrer beider Hände gelegt werden müsse. Es müsse

Im eisigen russischen Winter reparieren deutsche Soldaten eine von zurückweichenden Russen zerstörte Telefonleitung.

Deutsche Soldaten in der Hölle von Stalingrad, wo um jeden Quadratmeter blutig gekämpft wurde. Ein deutscher Soldat hängt eine Hakenkreuzfahne auf einem erkämpften Gebäude auf.

der ständig wachsenden Macht der Speichellecker rund um den Führer ein Ende gemacht werden. Dabei war Görings Hilfe unentbehrlich. Goebbels: „Göring zeigte sich sehr begeistert von meinen Vorschlägen. Ich bemerkte, dass er eine Reihe von Kandidaten aufsuchen müsse, und ich versuchen würde, andere für unsere Idee zu gewinnen. Wir würden ihnen jedoch nichts von unseren wirklichen Absichten erzählen, nämlich den Dreierausschuss (Keitel, Oberkommando der Wehrmacht; Lammers, Leiter der Reichskanzlei; und Bormann, Leiter der Parteikanzlei) langsam kaltzustellen und ihre Macht dem neuen (personell aufgebauten) Ministerrat für die Reichsverteidigung zu übertragen." Als Goebbels und Speer den Obersalzberg verließen, waren sie zufrieden. Eine Basis des gegenseitigen Vertrauens war geschaffen worden. „Ich glaube, dass auch der Führer hierüber sehr glücklich sein wird", schrieb Goebbels. Kurz darauf nahmen die alliierten Luftangriffe an Heftigkeit zu. Vor allem nach der schweren Bombardierung Hamburgs verlor Hitler jegliches Vertrauen in Göring. Er machte ihn persönlich für das Versagen der Luftwaffe verantwortlich. Der von Goebbels und Speer entworfene Plan sollte nie ausgeführt werden. Göring zog sich für immer längere Perioden in sein Haus auf dem Obersalzberg und in sein Jagdschloss Carinhall bei Berlin zurück.

Der ungarische Reichsverweser wird eingenebelt

Am 18. März 1944 fand auf Schloss Kleßheim eine dramatische Begegnung zwischen Hitler und Horthy, dem ungarischen Reichsverweser, statt. Die Deutschen wurden an allen Fronten geschlagen. Hitler versuchte verzweifelt, seinen Satellitenstaaten den Glauben an den Endsieg zu erhalten.
Es ist noch früh am Morgen, als der Sonderzug des Reichsverwesers knirschend auf dem verschlafenen Bahnhof Puch, einem Vorort Salzburgs, einfährt. Hitler und von Ribbentrop erwarten die ungarische Gesellschaft vor dem imposanten Schloss Kleßheim. Die Begrüßung ist herzlich. Hitler geht mit seinen Besuchern die breite Treppe zum Konferenzsaal im ersten Stock hinauf. SS-Diener servieren Getränke und Erfrischungen. Doch sobald sie am Konferenztisch sitzen, schlägt Hitlers Stimmung radikal um. Mit einem mürrischen Gesicht wirft er den Ungarn vor, Kontakte mit den Alliierten zu unterhalten und den Krieg hinter seinem Rücken beenden zu wollen, genauso wie Italien es getan habe. (Mussolini wurde am 25. Juli 1943 abgesetzt. Badoglio übernahm die Regierung und begann sofort, mit den Alliierten über einen Waffenstillstand zu verhandeln.) Deshalb habe er, Hitler, die militärische Besetzung Ungarns beschlossen. In Ungarn liefen, so Hitler, fast eine Million Juden noch frei umher: eine Bedrohung sowohl der Ost- als auch der Balkanfront. Er empfiehlt Horthy nachdrücklich, diese in die (deutschen) Konzentrationslager zu schicken. Horthy weigert sich höflich, aber entschieden. Daraufhin legt Hitler dem 75-jährigen ungarischen Reichsverweser eine bereits ausgefertigte Erklärung vor. Darin steht, dass der Führer des Großdeutschen Reiches und der Reichsverweser des Königreichs Ungarn gemeinsam erklären, dass die militärische Besetzung im Interesse des Kampfes gegen den Bolschewismus auf Grund gegenseitiger Vereinbarung und Zustimmung erfolgt sei. Hitler drängt Horthy zu unterschreiben, der ungarische Reichsverweser weigert sich jedoch kategorisch. „Dann besetzen wir Ungarn eben ohne Ihre Zustimmung", reagiert Hitler verärgert. Der Ungar entgegnet, dass bei einer eventuellen Besetzung mit dem massierten bewaffneten Widerstand der ungarischen Armee und des ungarischen Volkes gerechnet werden müsse. Ferner kündigt er seinen sofortigen Rücktritt an. Hitler wird immer ärgerlicher und zischt ihn an, dass er dann nicht länger für die Sicherheit Horthys und seiner Familie garantieren könne.
Das bringt das Fass zum Überlaufen. Das betagte Staatsoberhaupt springt auf: „Wenn hier doch schon alles beschlossen worden ist, hat es gar keinen Zweck, dass ich noch länger hier bleibe. Dann reise ich eben sofort ab." Er stürzt zu der großen Flügeltür, reißt sie auf und eilt mit hochrotem Kopf die Treppe hinab. Am Fuß der Treppe stößt er auf den Freiherrn von Dörnberg, den Protokollchef. Diesem gelingt es, den aufgebrachten Horthy einigermaßen zu beruhigen. In diesem Augenblick erscheint Hitler mit verlegenem, aber gleichzeitig

Ein russischer Kommandoposten in Stalingrad.

erklingen. Das Schloss wird eingenebelt. Horthy zweifelt keinen Augenblick an der Echtheit des Fliegeralarms. Als alle Konferenzteilnehmer brüderlich vereint im Luftschutzbunker sitzen, kommt ein aufgeregter SS-Mann herein und meldet, dass die Telefonzentrale schwer getroffen sei. Damit sei auch die Telefonverbindung mit Ungarn unterbrochen, so gibt man den ungarischen Gästen zu verstehen. Diese erzwungene Ruhepause nutzen die Deutschen dazu, die unterbrochene Besprechung wieder aufzunehmen. Hitler fordert Horthy dringend auf, im Amt zu bleiben. Er schlägt ihm vor, einen der deutschen Regierung zusagenden Ministerpräsidenten zu ernennen, wodurch sich die Besetzung Ungarns erübrigen würde. Nach vielem Hin und Her geht Horthy letztlich auf diesen Vorschlag ein. Der Fliegeralarm ist vorbei, und als sich sein Zug schließlich in Bewegung setzt, stößt der betagte Horthy einen Seufzer der Erleichterung aus. Bei seiner Ankunft in Ungarn entdeckt er, dass sein Land inzwischen längst von den deutschen Truppen besetzt wurde.

ärgerlichem Gesicht oben an der Treppe. Unten angekommen, überredet er seinen ungarischen Gast, wieder am Konferenztisch Platz zu nehmen. Dieser besteht jedoch darauf, dass sein Sonderzug in aller Eile bereit gemacht wird. Hitler und von Ribbentrop denken fieberhaft nach. Die Ungarn dürfen noch nicht abreisen, denn einige Stunden zuvor hat Hitler seiner Wehrmacht bereits den Auftrag gegeben, noch in der gleichen Nacht (vom 18. auf den 19. März) die ungarischen Grenzen zu überschreiten und das Land zu besetzen. Von Ribbentrop kommt auf die Idee, einen alliierten Fliegerangriff auf Salzburg und die Umgebung zu inszenieren. Auf diese Weise wäre Horthy gezwungen, in Kleßheim zu bleiben. Von Ribbentrop führt ein paar Telefongespräche. Kurz darauf heulen die Sirenen, und Kommandos

Gefangene Deutsche nach der verlorenen Schlacht um Stalingrad. Von der einst so siegreichen Wehrmacht ist nur noch wenig übrig geblieben.

Tanz auf dem Vulkan

Vor der Katastrophe von Stalingrad zog Hitler sich zeitweise auf den Obersalzberg zurück, um etwas zu Atem zu kommen und dem grauen Hauptquartier zu entfliehen. Auf dem Foto der winterliche Berghof, wo Krieg und Elend so weit weg zu sein schienen.

Anfang Juni 1944 findet im Rathaus von Salzburg die standesamtliche Trauung von Eva Brauns Schwester Gretl und SS-Gruppenführer Hermann Fegelein statt. Fegelein, der Verbindungsmann zwischen Hitler und Himmler, ist der Sohn eines Reitstallbesitzers aus München und nicht nur ein echter Pferdenarr, sondern auch ein berüchtigter Schürzenjäger. In seiner auffallenden, arrogant wirkenden schwarzen Uniform mit zahlreichen Medaillen hatte er eine unwiderstehliche Anziehungskraft auf Frauen – so auch auf Gretl, Evas jüngste Schwester. Die Trauzeugen waren Himmler, Reichsführer SS und Fegeleins höchster Chef, und Reichsleiter Bormann. Der Empfang findet auf dem Obersalzberg statt. Es sind außer den Familien Fegelein und Braun noch etwa 50 Gäste zu einem Mittagessen auf dem Berghof eingeladen. Beim Nachtisch hält Hitler eine Rede, in der er die Bedeutung und Tugenden der Ehe lobt. Danach begibt sich die Gesellschaft für das eigentliche Fest zum Teehaus auf den Kehlstein. Die treibende Kraft hinter den Festlichkeiten ist jedoch Eva. Es muss eine rauschende Hochzeitsfeier werden, als sei es ihre eigene. Hitler hat ihr sogar erlaubt, eine Tanzkapelle zu engagieren, und es darf getanzt werden – eine sehr seltene Gelegenheit, während des Krieges auf dem Obersalzberg zu tanzen. Die Kapelle besteht aus SS-Leuten, die nicht gerade hervorragend spielen, aber dadurch lässt sich niemand die Freude nehmen. Es gibt große Mengen Delikatessen und Getränke. Alle geben sich die größte Mühe, wenigstens für einen Abend nicht an die Sorgen und den Krieg zu denken. Sogar Bormann vergisst für ein paar Stunden seinen Ehrgeiz. Als das Fest endet, ist er so

Hitler nimmt in der großen Wohnhalle des Berghofs Abschied von seiner SS-Ordonnanz Wünsche, der zur Ostfront abreist. Links steht SS-Chef Himmler und schaut zu.

Auch nach der Katastrophe von Stalingrad besuchte Hitler noch ab und zu den Obersalzberg, wenn auch nie mehr so lang wie vor dem Krieg. Mit den zunehmenden Niederlagen der Armee alterte der Führer sichtlich. Hier sitzt der ermüdete und entkräftete Hitler auf der Bank am Teehaus auf dem Mooslahner Kopf.

etwa der Schauspieler Heini Handschumacher, sollten schon innerhalb weniger Wochen bei einem Luftangriff den Tod finden. Bei anderen, wie dem jungen Bräutigam Fegelein, sollte es noch bis April 1945 dauern. Fegelein wurde damals auf Befehl des Führers vor dem Führerbunker in Berlin von seiner eigenen SS hingerichtet.

Eva Brauns geheimer Liebhaber?
Während der Kriegsjahre besuchte Eva Braun einige Male Berlin. Wenn Hitler dort war, wollte Eva möglichst bei ihm sein. So auch 1945, als sie am 19. Januar zusammen mit ihrer Schwester Gretl in der alten Reichskanzlei ankam. Eva verfügte in Berlin über ein Wohn-/Schlafzimmer mit Bad, die an das Schlafzimmer von Hitlers Privatwohnung in der ersten

betrunken, dass er zu seiner Wohnung getragen werden muss. Hitler ist zwar anwesend, zieht sich aber schon früh am Abend auf den Berghof zurück. In den letzten Tagen waren immer mehr besorgniserregende Berichte seiner militärischen Kommandanten an der französischen Westküste eingetroffen. Ein General prophezeite, dass die erwartete alliierte Invasion in der Normandie stattfinden würde. Hitler hatte diesen Bericht jedoch, wie so viele, nicht beachtet. Wie kommt so ein dummer General dazu, eine Invasion in der Normandie vorherzusagen und nicht bei der Meerenge Dover-Calais, wie er, der Führer, es vorausgesagt hatte? Nein, so unvernünftig waren die Alliierten nun auch wieder nicht.
Die Hochzeitsfeier hatte im Nachhinein betrachtet etwas Unheimliches. Diese fröhlichen Gäste auf dem Gipfel eines hohen Berges waren sich der Tatsache nicht bewusst, dass sie fast alle dem Tod geweiht waren. Für die meisten vollzog sich das Urteil innerhalb von zwölf Monaten. Einige von ihnen,

Einige Tage nach seiner Rede lud Goebbels (r) Speer (l) ein, um über die ernste Situation im Reich zu sprechen. Goebbels machte sich große Sorgen über die zunehmende Macht und den Einfluss Bormanns und dessen Kollegen Lammers, dem Chef der Reichskanzlei.

Am 18. März 1944 fand in Schloss Kleßheim ein dramatisches Treffen zwischen Hitler und dem ungarischen Reichsverweser Horthy statt. Die Deutschen verloren an allen Fronten. Hitler versuchte verzweifelt, seine Satellitenstaaten, darunter auch Ungarn, bei der Stange zu halten. Auf dem Foto der Eingang zu Schloss Kleßheim, dem offiziellen Gästehaus des Dritten Reiches.

Hitler und Admiral Horthy beim Betreten der Halle von Schloss Kleßheim. Nach dem herzlichen Empfang schlägt Hitlers Stimmung schon bald um. Mit grimmigem Gesicht wirft er den Ungarn Kontakte mit den Alliierten hinter seinem Rücken vor, um den Krieg zu beenden, so wie Italien das getan hatte. Darum will Hitler die militärische Besetzung Ungarns. Dort leben laut Hitler noch gut eine Million Juden, und diese müssten nach seiner Meinung in die (deutschen) KZs geschafft werden. Horthy verweigert dies höflich, aber entschlossen. V.l.n.r. Admiral Horthy, Hitler und SA-General Albert Bormann.

Der junge draufgängerische Frauenheld, Pferdenarr und zynische Opportunist SS-Gruppenführer und Generalleutnant der Waffen-SS Otto Hermann Fegelein hatte einst als Stallbursche im Reitstall seines Vaters begonnen und in der SS eine Blitzkarriere hingelegt. Am 1. Januar 1944 wurde er mit 37 Jahren zum Verbindungsoffizier der Waffen-SS bei Hitler ernannt, wo er auch die Schwestern Braun kennenlernte.

Etage der alten Reichskanzlei grenzten. Gretl wohnte während ihres Aufenthalts in Berlin in der großzügigen Etagenwohnung ihres Mannes in der Bleibtreustraße Nr. 10–11. Eva wollte am 6. Februar unbedingt ihren 33. Geburtstag in Berlin feiern, im Beisein von Hitler und Gretls Mann, SS-General Fegelein, mit dem sie aller Wahrscheinlichkeit nach mehr als eine rein freundschaftliche Beziehung unterhielt. Am 9. Februar 1945 reisten Eva und Gretl wieder nach München. Im Gegensatz zu Gretl war Eva trotz der sich stets verschlechternden militärischen Lage fest entschlossen, nach Berlin zurückzukehren. Hitler drängte sie, in München zu bleiben, und auch Speer bot ihr einen Platz in einem Kurierflugzeug nach München an, aber Eva wollte nicht nachgeben. Am 23. Februar kam sie in Berlin an. Als Hitler sie sah, wollte er sie rügen, da sie seinem Befehl, nach Berchtesgaden zu gehen, nicht gefolgt war, aber jeder in der Umgebung sah, dass er

Schon ein halbes Jahr nach seiner Aufnahme in den Hofstaat des Führers wurde am 3. Juni 1944 im Rathaus von Salzburg die Ehe zwischen Gretl Braun und Hermann Fegelein geschlossen. Auf dem Foto v.l.n.r. Heini Handschumacher, Schauspieler und Freund der Geschwister Braun, Eva Braun, Fegelein, Gretl und ein SS-Kamerad Fegeleins. SS-Chef Himmler, höchster Vorgesetzter Fegeleins, und Reichsleiter Bormann waren die Trauzeugen.

Nach Ende des Empfangs in der großen Wohnhalle des Berghofs begab sich die Gesellschaft zum eigentlichen Fest in den Pavillon auf dem Kehlstein. Treibende Kraft hinter den Festlichkeiten war Eva. Es spielte sogar eine Kapelle. Hitler war bei dem Fest anwesend, aber ging am Abend schon früh zurück zum Berghof. Es waren in den vergangenen Tagen immer mehr beunruhigende Berichte von seinen Militärkommandanten an der französischen Westküste hereingekommen. Das Fest hatte im Nachhinein gesehen etwas Unheimliches. Diese munteren Partygänger auf dem Gipfel eines hohen Berges waren sich nicht bewusst, dass sie fast alle innerhalb eines Jahres tot sein würden.

Eva Braun mit ihrem Schwager Hermann Fegelein, mit dem sie wahrscheinlich eine intime Beziehung unterhielt. Fegelein sollte auf Befehl Hitlers am 24. April 1945 in Berlin von seiner eigenen SS hingerichtet werden. Er wollte nicht mit dem Dritten Reich untergehen und war in der letzten Aprilwoche 1945 in seiner Berliner Wohnung untergetaucht. Dort wurde er – zusammen mit einer leicht bekleideten Freundin – aufgespürt und zum Führerbunker zurückgebracht, wo ihn ein Standgericht zum Tode verurteilte. Seine hochschwangere Frau Gretl sollte kurz nach der Kapitulation eine Tochter gebären, Eva Barbara, die später mit 25 Jahren in München Selbstmord verüben sollte.

In der Nacht vom 5. zum 6. Juni 1944 nimmt von England aus eine Armada aus gut 5.000 (!) Schiffen Kurs auf die Normandie. Gegen drei Uhr morgens werden in wenigen Kilometern Entfernung von der normannischen Küste die ersten Landungsfahrzeuge zu Wasser gelassen. Das Wetter ist schlecht, und es herrscht schwere See, als sie sich aus dem Schatten der Transportflotte lösen. Während sie sich einige Stunden später bei Tagesanbruch dem Strand nähern, bombardieren Flugzeuge die deutschen Stellungen am Strand und im Küstenstreifen kurz dahinter. Die Invasion hat begonnen. Auf dem Foto amerikanische Soldaten in den ersten Landungsboten.

Hitler war felsenfest davon überzeugt, dass die alliierte Invasion in der Umgebung von Calais stattfinden würde. Sogar während der Lagebesprechung am 6. Juni 1944 um 23.00 Uhr auf dem Berghof, weigerte er sich noch immer zu glauben, dass dies nun die Invasion war. Mit einer absurden Hartnäckigkeit blieb er die ersten Tage dabei, dass es nur eine Scheininvasion sei. Während der Invasion wurden unvorstellbare Mengen an Mannschaften und Material an Land gebracht. Die Welt hatte noch nie eine so umfangreiche Landungsoperation an einer Küste gesehen. Die Ballons auf dem Foto dienten als Schutz vor feindlichen Luftangriffen.

Auf dem Foto versuchen Soldaten, die das Glück hatten, lebend durch das mörderische deutsche Feuer an den Strand zu gelangen, zu den Stellungen der Deutschen hochzuklettern, die sie nach großen Verlusten auch erobern konnten.

froh darüber war. Zu seinen Adjutanten sagte er am Abend: „Ich bin so stolz auf Fräulein Braun. Was für eine Hingabe… Ich kenne sie schon recht lang, aber wissen Sie, dass es Jahre gedauert hat, bis sie mich auch nur ihr Taxi bezahlen ließ…?"
Es gibt verschiedene Hinweise, dass es nicht so sehr der stark gealterte und vergreiste Hitler war, der sie ins gefährliche Berlin zog, sondern eher ihr geheimer Liebhaber, SS-General Fegelein. Die lebenslustige Eva wollte so nah wie möglich bei ihm sein und sich mit Tanzen, Rauchen und Trinken vergnügen. Der Schürzenjäger Fegelein war bekannt als ein arroganter, berechnender und rücksichtsloser Karrieremacher, der durch seine Heirat mit Evas Schwester Gretl bis in Hitlers engste Umgebung hatte vordringen können. Als früherer Stallbursche hatte Fegelein (geboren 1906) eine superschnelle Karriere innerhalb der SS machen können. Er war auch der jüngste SS-General.
Obgleich sie nicht sehr intelligent war, verstand Eva es doch, Hitler mit ihrer natürlichen, charmanten und süddeutschen Art zu unterhalten und von seinen Grübeleien durch Geschichten und Klatsch aus dem Alltagsleben abzulenken. Sie flirtete und tanzte gern nach moderner (Jazz-)Musik, was sie mit dem 23 Jahre älteren Hitler, dem es gesundheitlich immer schlechter ging, jedoch nicht konnte. Und doch war Eva eine einsame junge Frau, ohne irgendeinen offiziellen Status. Sie war und blieb Fräulein Braun, die von Hitler auf ihr Zimmer verbannt wurde, sobald Gäste von außerhalb des inneren Kreises kamen. Da sie nie in der Öffentlichkeit auftrat, war ihre Existenz eines der bestgehüteten Geheimnisse des Dritten Reiches. Es wurden viele Untersuchungen über das intime Liebesleben Hitlers angestellt und viele Vermutungen darüber geäußert. Viele Fachleute neigen dazu, dass es in Hitlers Leben tatsächlich wenig oder keinen intimen Kontakt zu Frauen gab. Mit großer Wahrscheinlichkeit ist diese Enthaltsamkeit ein wichtiger Grund für seine besondere Aggressivität, was durch zahlreiche Psychologen unterstützt wird.
Und doch umringte Hitler sich gern mit schönen Frauen, die er mit seinem österreichischen Charme auf eine gewisse distanzierte Weise zu hofieren wusste. Das war und blieb rein platonisch, aber als raffinierter Schauspieler verstand er die positive Wirkung hübscher Frauen auf sein Image gut zu nützen. Aller Wahrscheinlichkeit nach wusste Eva Braun schon in einem frühen Stadium, dass von einem echten körperlichen Kontakt zu Hitler keine Rede sein konnte und dass das Verhältnis platonisch bleiben würde, aber dennoch fügte sie sich. Offensichtlich war es ihr wichtiger, „die Freundin des mächtigen Führers" zu sein und ein Luxusleben mit allem Drum und Dran zu führen. Dass Hitler keinen Geschlechtsverkehr mit Eva hatte, vertraute sie ihrem Frisör an, und auch andere, wie ihre Freundinnen Herta Schneider und Marion Schönmann, bestätigen das. Und als lebenslustige junge Frau war Eva eine leichte Beute für ihren Schwager

Erste Hilfe bei einem schwer verwundeten amerikanischen Soldaten am Invasionsstrand.

Fegelein, der oft deutlich gemacht hatte, dass er Eva viel anziehender und intelligenter fand als seine Frau Gretl. Angesichts seiner Lebensweise – er verbrachte fast sein ganzes Leben unter Männern – kann eine gewisse homoerotische Anlage bei Hitler nicht völlig ausgeschlossen werden, aber die Beweise dafür fehlen. In den Jahren, in denen er an der Macht war, ließ Hitler systematisch alle Hinweise, die mit seinem Privatleben zu tun hatten, vernichten. Wäre in dieser Zeit etwas über eine eventuelle homosexuelle Veranlagung bekannt geworden, hätte dies sicher das Ende seiner politischen Karriere bedeutet.

D-Day, aber der Führer darf nicht geweckt werden

In der Nacht vom 6. auf den 7. Juni 1944 nimmt von England aus eine Armada aus mehr als 5.000 Schiffen Kurs auf die Normandie. Gegen drei Uhr morgens werden ein paar Kilometer vor der normannischen Küste die ersten Landungsfahrzeuge zu Wasser gelassen. Das Wetter ist schlecht und der Seegang schwer, als sie sich aus dem Schatten der Transportflotte lösen. Während sie sich einige Stunden später bei Tagesanbruch dem Strand nähern, bombardieren Tausende von Flugzeugen die deutschen Stellungen am Strand und im Küstenstreifen dicht dahinter. Das gesamte Landungsgebiet wird gleichzeitig von der Schiffsartillerie unter schweres Feuer genommen. Grauenvolle Kämpfe brechen aus: Der Strand ist innerhalb kürzester Zeit übersät mit Toten, Verwundeten und brennenden Panzerfahrzeugen. Die Invasion hat begonnen ... Hitler hält sich an jenem Morgen auf dem Obersalzberg auf, wo in der Nähe das Oberkommando der Wehrmacht (OKW) seinen Sitz hat. Feldmarschall von Rundstedt, der deutsche Oberbefehlshaber an der Westfront, hatte in dieser Nacht bereits beim OKW angerufen, um zu melden, dass in der Normandie umfangreiche Landungen ausgeführt werden. Um sechs Uhr morgens lässt Rundstedt wieder auf dem Obersalzberg anrufen, dass aller Wahrscheinlichkeit nach der Tag der Invasion angebrochen ist. Von Rundstedts Kommandeure bitten ihren Befehlshaber eindringlich, die Panzerdivisionen, die bei der Meerenge von Calais liegen, so schnell wie möglich ins Kampfgebiet in der Normandie leiten zu dürfen. Aber Hitler hatte angeordnet, dass die Panzerdivisionen nur auf seinen ausdrücklichen Befehl in Bewegung gesetzt werden dürften. Als von Rundstedts Stabschef General Warlimont per Telefon General Jodl vom OKW auf dem Obersalzberg um diese Erlaubnis bittet, antwortet Jodl, er solle sich nicht aufregen. Es handle sich bestimmt um einen alliierten Scheinangriff, von denen es ja schon mehrere gegeben habe, und er habe den Befehl, den Führer wegen so etwas nicht zu stören. Dies führt zu großer Verblüffung im Hauptquartier von Rundstedts in Frankreich. Der betagte Feldmarschall ist außer sich vor Wut, sein Gesicht läuft rot an. Er ist so aufgebracht, dass seine Worte nicht mehr zu verstehen sind. Erst gegen elf Uhr morgens, als die Kämpfe in vollem Gange sind, liest Hitler beim Frühstück, dass die Invasion begonnen hat. Speer schreibt darüber: „Am 6. Juni war ich um etwa zehn Uhr morgens im Berghof, als mir einer der militärischen Adjutanten Hitlers erzählte, dass die Invasion am frühen Morgen begonnen habe. ‚Ist der Führer geweckt worden?' Er schüttelte den Kopf: ‚Nein, er bekommt die Nachrichten, wenn er gefrühstückt hat.'" Weil Hitler in den letzten Tagen davon gesprochen hatte, dass der Gegner voraussichtlich mit einem Scheinangriff beginnen werde, um die Deutschen vom endgültigen Invasionsort abzuziehen (Hitler dachte an die Meerenge bei Calais), wollte niemand Hitler wecken, um nicht einer falschen Lagebeurteilung bezichtigt zu werden. Nachdem Hitler die alarmierenden Berichte über die Invasion durchgesehen hat, geht er auf der großen Terrasse hin und her und starrt mit düsterem Blick auf den Untersberg. Inzwischen sind Feldmarschall Keitel und General Jodl, beide vom OKW, zu ihm beordert worden. Als sie ankommen und Hitler im Konferenzsaal begrüßen, schreit dieser ihnen entgegen: „Na, ist das nun die Invasion oder nicht?" Nach kurzer Zeit hat der Führer seine Beherrschung wiedergewonnen: Er gibt sich freundlich, macht Komplimente, klopft diversen Mitgliedern seines Stabes auf die Schulter und ist ungewöhnlich leutselig, als sei er geradezu erleichtert, dass die Invasion nun endlich begonnen hat. „Denen werden wir eine nette Überraschung bereiten", ruft er aus und schlägt sich auf den Schenkel. Anhand einer Karte der französischen Küste erläutert Keitel die militärische Lage. Hitler unterbricht Keitels Ausführungen und sagt: „Die Nachrichten könnten gar nicht besser sein. So lange sie in England waren, konnten wir sie nicht fassen. Jetzt haben wir sie endlich dort, wo wir sie schlagen können."

An diesem Tag steht der Besuch von drei Gästen, den Diktatoren Ungarns, der Slowakei und Rumäniens, auf der Tagesordnung. Hitler beschließt, den Besuch nicht abzusagen. Auf der etwa einstündigen Autofahrt nach Kleßheim, wo der offizielle Empfang stattfinden soll, ist der Führer in einer ausgelassenen Stimmung. „Ich kann die Russen so lange aufhalten, wie ich will", brüstet er sich den anderen Insassen gegenüber, „Und ich werde die anglo-amerikanischen

Am 22. Juni 1941 fiel Hitler mit gut drei Millionen Soldaten in die Sowjetunion ein, in einer Operation, der er den Codenamen „Barbarossa" gegeben hatte. Diesen hatte er abgeleitet von der Legende des Kaisers Barbarossa, der unter dem Gipfel des Untersbergs gegenüber dem Berghof schliefe und auferstehen würde, wenn Deutschland wieder ein mächtiges Reich geworden wäre. Die Konturen des Untersbergs zeigen mit etwas Fantasie eine liegende Gestalt.

Foto unten und auf den Seite 197–199: Bilder vom heftigen Kampf der Wehrmacht in der Sowjetunion.

Winston Churchill sollte während des Krieges zum Symbol des unbeugsamen Widerstandes gegen Hitler werden. Auf dem Foto sieht man ihn im Gefolge der Invasion, um zum ersten Mal den Fuß auf französischen Boden zu setzen.

Großmächte vor dem Atlantikwall (die 5.300 km lange Küstenbefestigung vom Nordkap bis zum Atlantik) total vernichten."

Um vier Uhr des gleichen Tages ist er wieder zurück auf dem Berghof zu einem späten Mittagessen mit Eva Braun, einigen Vertrauten und deren Frauen. Das einzige Bemerkenswerte während dieser Mahlzeit ist seine Bemerkung über Vegetarismus: Der Elefant sei das stärkste Tier der Welt, aber auch er könne kein Fleisch vertragen. Nach der Mahlzeit begibt sich die Gesellschaft gewohnheitsmäßig zum Teehaus. Hitler führt sich wie immer eine große Menge Kuchen und Windbeutel zu Gemüte. Danach macht er etwa eine halbe Stunde ein Nickerchen. Von Below, Hitlers Adjutant der Luftwaffe, sagte später, dass es gegen Abend des 6. Juni deutlich wurde, dass die Alliierten nicht mehr ins Meer zurückgeworfen werden konnten. Er habe Hitler an diesem bewussten Tag nicht verstanden. Die absolute Luftherrschaft und die riesigen Mengen an Material und Truppen, die unaufhörlich an der französischen Küste an Land gebracht wurden, ließen sich doch nicht leugnen. Die Wehrmacht sei ihnen nicht gewachsen gewesen. Das Heer stand allein, und Hitler hätte in diesen Tagen zum ersten Mal erkennen müssen, was eine völlige Beherrschung des Luftraums für Konsequenzen hatte. Auch bei der militärischen Lagebesprechung um elf Uhr abends weigerte Hitler sich noch immer zu glauben, dass dies nun

die echte Invasion sei. Nein, der Schwerpunkt der Invasion liege bei Calais. Dort ist sein Atlantikwall am stärksten, dort sind die besten Truppen und die schwersten Geschütze aufgestellt. Dort sei er auf alles vorbereitet. Mit einer absurd wirkenden Hartnäckigkeit beharrt er auch in den nächsten Tagen darauf, dass es sich um eine Scheininvasion handelte.
Am 26. Juni 1944 versammeln sich im Kaffeesaal des Platterhofs etwa hundert Vertreter der Rüstungsindustrie, denn Hitler wird eine Rede halten. Er stottert, verspricht sich, bricht Sätze ab, kommt vom Hundertsten ins Tausendste. Die Anwesenden sind sichtlich schockiert vom Auftreten ihres Führers. Es erklingt kaum Applaus. Auch Hitler scheint verwirrt durch den Mangel an Resonanz und schlägt einen anderen Ton an. Mit großem Zynismus beginnt er, Drohungen auszustoßen. Er spricht von den Folgen, die ein verlorener Krieg nach sich ziehen würde. Auch die private deutsche Wirtschaft werde das nicht überleben. Wenn der Krieg verloren ginge, sollte die erste Sorge der Anwesenden nicht der Rettung ihres Betriebes gelten, sie sollten vielmehr aufpassen, dass sie nicht in Sibirien landen würden.
Drei Tage später, am 29. Juni 1944, hat Hitler eine Lagebesprechung mit den Feldmarschällen von Rundstedt und Rommel. Die beiden Militärs mussten deshalb extra die Front in der Normandie verlassen. Sie versuchen, Hitler dazu zu bewegen, ihnen wenigstens die Freiheit zu gewähren, operative Entscheidungen zu treffen. Der Führer hört mit grimmigem Gesicht zu. Er ignoriert ihre Bitten; stattdessen gibt er ihnen eine Anordnung: Der Kampf solle unter Einsatz aller verfügbaren Mittel fortgesetzt werden. Dem feindlichen Vormarsch müsse Einhalt geboten, und die von den Alliierten gebildeten Brückenköpfe müssten erobert werden. Ferner spricht er über einen neuen Flugzeugtyp, der in Kürze in der Normandie eingesetzt werden und dem Krieg eine neue Wende geben werde. Zwischen den beiden Militärs und Hitler entwickelt sich eine hitzige Debatte über den Verlauf des Kampfes in der Normandie. Das Resultat des Gesprächs ist, dass von Rundstedt einige Tage später der Oberbefehl entzogen wird. Sein Nachfolger ist Feldmarschall von Kluge. Es ist von Kluge, der gemeinsam mit Rommel Hitler am 15. Juli 1944 ein Telegramm mit folgendem Inhalt schickt: „Der ungleiche Kampf neigt dem Ende entgegen. Ich muss Sie bitten, die Folgerungen aus dieser Lage unverzüglich zu ziehen."

Am 14 Juli 1944 verließ Hitler endgültig den Berghof und begab sich zur Wolfsschanze. Je näher die Stunde der Abreise kam, desto stiller und ernster wurde Hitler. Am letzten Abend lief er langsam in den großen Konferenzsaal, während er sorgfältig die Gemälde an den Wänden betrachtete. Dann nahm er Abschied von den Anwesenden. Einige Augenblicke später kehrte er noch einmal zurück, verabschiedete sich erneut und verließ den Saal. Es sollte ein Abschied für immer werden. Hitler in hellem Mantel und Bormann (r) beim Verlassen des Berghofs.

Am 20. Juli 1944 verübte Oberst von Stauffenberg in der Wolfsschanze durch eine Bombe, die in einer Aktentasche versteckt war, einen Anschlag auf Hitler. Hier ist Hitler vor seinem Bunker in der Wolfsschanze kurz davor, von Stauffenberg (ganz links) zu begrüßen, während Generalfeldmarschall Keitel (ganz rechts) zusieht.

Abschied vom Berghof

Schon seit Anfang Juni 1944 hatte Hitler – gezwungen durch die Lage an der Ostfront – gesagt, er wolle zu seinem Hauptquartier, der Wolfsschanze, zurückkehren, um den Kampf persönlich zu leiten. Die Abreise wurde jedoch stets verschoben, erstens durch die Geschehnisse in der Normandie, zweitens waren die Umbauarbeiten an seinem Wohnbunker in der Wolfsschanze noch nicht vollendet. Am 13. Juli gibt Hitler endlich den Befehl, am nächsten Morgen den Obersalzberg zu verlassen und in die Wolfsschanze zu übersiedeln. Je näher die Stunde des Aufbruchs vom Obersalzberg rückt, desto stiller und ernster wird Hitler. Von Below: „Am letzten Abend, als er von der (inzwischen immer kleiner werdenden) Gesellschaft Abschied nahm, ging er langsam durch den großen Konferenzsaal, betrachtete die Gemälde an den Wänden sorgfältig und nahm dann Abschied von den Anwesenden. Einige Augenblicke später kehrte er noch einmal zurück, nahm nochmals Abschied und verließ dann den Saal. Es sollte ein Abschied für immer sein."

Als Hitler im Juli 1944 zum letzten Mal auf den Obersalzberg kam, war er schon ein alter Mann geworden. Müde, gebeugt und sich auf einen Stock stützend konnte man ihn zu seinem Teehaus schlurfen sehen. Der Führer des Großgermanischen Reiches war nur noch ein Schatten seiner selbst.

Obwohl er am 14. Juli bei seiner Abreise zu seinem Hauptquartier dem zurückbleibenden Personal zusagte, innerhalb nicht allzu langer Zeit zum Berghof zurückzukommen, war dies sein letzter Aufenthalt auf dem Obersalzberg. Auch am 20. April 1945, seinem Geburtstag, kehrte er nicht zurück, obwohl in Berlin alles für die Reise bereit gemacht worden war. Das Ende nahte schneller als vorhergesehen. Die Russen beschossen das Zentrum Berlins schon mit Granaten. Die Generäle drängten den Führer, nach Berchtesgaden abzureisen, so lange es noch möglich wäre. In wenigen Tagen würden ihrer Meinung nach die Russen den letzten Weg nach Süden abgeschnitten haben. Hitler weigerte sich aber, vor der russischen Armee zu flüchten, von der er nur einige Jahre zuvor behauptet hatte, dass sie so gut wie vernichtet war: ein unerträglicher Gedanke für Adolf Hitler.

Ein Anschlag auf den Führer

20. Juli 1944. Eva Braun ist mit ihrer Freundin Herta zum Baden an den Königssee südlich von Berchtesgaden gefahren. Plötzlich sieht sie eine Limousine, die sich mit hoher Geschwindigkeit nähert. Sie schwimmt ans Ufer. Dort hört sie von dem Chauffeur folgenden Bericht: Man hat einen Anschlag auf das Leben des Führers verübt, aber er lässt ausrichten, dass er am Leben sei. Eva eilt zum Berghof und versucht verzweifelt, eine telefonische Verbindung zu Hitler in der Wolfsschanze herzustellen. Als sie endlich die Stimme ihres Geliebten hört, wird sie fast von ihren Gefühlen übermannt. Auf Hitler wurden bereits verschiedene Anschläge verübt, manche davon auf dem Obersalzberg. Bereits vor Kriegsbeginn verhaftete die Gestapo in München einen Schweizer. Dieser gestand, sich drei Monate in der Nähe des Berghofs aufgehalten zu haben, um Hitler aus dem Weg zu räumen. Es war ihm jedoch nicht gelungen, in seine Nähe vorzudringen. Die Gestapo fand einen Briefumschlag bei ihm, den er dem Führer übergeben wollte. Der Umschlag war jedoch leer.

Anfang 1944 gelang es einem jungen Offizier, bis in den Konferenzsaal auf dem Berghof vorzudringen. Er hatte die Absicht, Hitler aus sehr kurzer Distanz zu erschießen. Der Rang dieses Offiziers war jedoch zu niedrig, um in der Nähe des Führers Platz nehmen zu dürfen. Im Saal standen SS-Posten, denen keine Bewegung entging. Unter diesen Bedingungen konnte der junge Mann seine Mission nicht vollbringen. Das dritte und wichtigste Attentat auf den Führer trug den Decknamen „Walküre". Oberst Claus Graf

Schenk von Stauffenberg hatte sich bereit erklärt, Hitler zu töten. Während einer Lagebesprechung im Berghof würde von Stauffenberg eine Sprengstoffbombe, versteckt in seiner Aktentasche, in die Nähe Hitlers stellen. Das Attentat sollte während einer Besprechung stattfinden, bei der auch Göring und Himmler anwesend waren. Am Mittwoch, dem 11. Juli 1944, sollte von Stauffenberg bei der Lagebesprechung auf dem Obersalzberg anwesend sein. Er flog nach Salzburg und wurde von seinem Mitverschwörer Leutnant Werner von Haeften abgeholt. Das Attentat sollte mit einer Zeitbombe verübt werden. Nachdem er die Bombe in Funktion gesetzt hatte, würde Graf Stauffenberg noch Zeit bleiben, den Obersalzberg mit von Haeften zu verlassen. Von Haeften sah von Stauffenberg die große Treppe des Berghofs heraufsteigen, die Aktentasche in der Hand. Das Warten dauerte fast endlos lang, aber endlich kam von Stauffenberg wieder nach draußen. Zu seiner Überraschung sah von Haeften, dass er die Aktentasche noch immer bei sich trug. Himmler war nicht bei der Besprechung gewesen. Die nächste Gelegenheit ergab sich am 20. Juli. Dieses Mal gelang es von Stauffenberg, die Bombe in Funktion zu setzen, aber Hitler wurde nur leicht verletzt. Die Vorsehung hatte ihm geholfen, und seine Rache war grauenvoll. Wurden sie nicht gleich standesrechtlich erschossen, so wurden die wichtigsten Verschwörer an Fleischerhaken mit Klaviersaiten aufgehängt.

Der Anschlag von Stauffenbergs missglückte nicht zuletzt wegen des unentschlossenen Auftretens der Verschwörer in Berlin. Hitler war nur leicht verwundet und hielt um ein Uhr nachts in der Wolfsschanze eine Ansprache, die von allen Radiosendern ausgestrahlt wurde. Darin kündigte er blutige Rache an gegen die „kleine Gruppe ehrsüchtiger, gewissenloser und zugleich verbrecherischer, dummer Offiziere …" an. Eine Hetzjagd von Gestapo und SD mündete in der Verhaftung von gut 5.000 Menschen, von denen viele hundert hingerichtet wurden. Hitler bei seiner Ansprache, als Zuhörer in der ersten Reihe v.l.n.r. Reichspressechef Dr. Dietrich, Reichsleiter Bormann, Großadmiral Dönitz und Hitlers Chefadjutant Schaub. In der zweiten Reihe General Jodl (mit Verband) und SS-General Fegelein. Ganz rechts Hitlers Sekretärinnen Traudl Junge und Johanna Wolff.

14 Von der Alpenfestung zu „Stars and Stripes“

Riesige Bunker unter dem Obersalzberg

Die Katastrophe von Stalingrad Anfang 1943 brachte die Wende im Zweiten Weltkrieg. Deutschland musste auf den totalen Krieg umschalten, und darauf war die deutsche Wirtschaft nicht vorbereitet. Trotz der Tatsache, dass Minister Speer die deutsche Kriegsproduktion zu ungeahnten Leistungen zu führen verstand, war die Niederlage unabwendbar. Die immer effektiver werdenden alliierten Flugangriffe trugen in hohem Maße dazu bei. Ab 1943 hatte die Herrschaft der Alliierten im deutschen Luftraum ständig zugenommen. Sie konzentrierten sich immer mehr auf das systematische Bombardieren der Engpässe der deutschen Rüstungsindustrie, wie Kugellagerfabriken, Fabriken für synthetisches Benzin und Ölraffinerien. Das Prinzip der Querschnittslähmung funktionierte.

Lange Zeit hatte Hitler sich geweigert, dem Bau von Luftschutzbunkern auf dem Obersalzberg zuzustimmen: Die Anwesenheit der feindlichen Flugzeuge im deutschen Luftraum wäre doch „zeitlich befristet“. Aber durch die schnelle Eskalation des Luftkrieges musste er sich nun auch auf dem Obersalzberg schützen. Bei einem seiner regelmäßigen Aufenthalte auf dem Berghof im Jahr 1943 gab er schließlich seine Zustimmung für den Bau der Luftschutzbunkeranlagen unter dem Obersalzberg. Planer und verantwortlich für den Bau war Hermann Giesler. Anfangs stieß er auf großen Widerstand seitens des Reichsministers Speer, der andere Bauprojekte für vorrangiger hielt. Um Unterstützung für seine Pläne zu finden, beschloss Giesler, Hitler in der Wolfsschanze aufzusuchen. Giesler erzählt, dass er bei seiner Ankunft im Hauptquartier hörte, dass Hitler krank im Bett läge. Er wurde von Bormann empfangen, der ihn sofort mit der Mitteilung beruhigte, Speer wisse nur allzu gut, dass alle Anordnungen hinsichtlich des Bunkerbaus auf persönlichen Befehl des Führers geschähen. Bormann sagte, dass diese Bunker nicht nur zum Schutz des Führers und seines Stabes dienten, sondern auch als bombensichere Tresore für die Akten und Dokumente des Reiches gedacht seien.

Danach wurde Giesler von Hitler empfangen. Der Führer lag auf seinem Feldbett. Am Kopfende stand ein kleiner Tisch, auf dem ein Stapel Dokumente, Landkarten und einige Bücher lagen, auch ein Telefon stand darauf. Darüber hing eine schwenkbare Hängelampe, deren Licht von den grauen Bunkermauern reflektiert wurde. Hitler begrüßte Giesler und bat ihn, sich einen Stuhl zu nehmen und sich zu setzen. Giesler sähe ihn in einem jämmerlichen Zustand, aber morgen sei er wieder ganz der Alte. Das Gespräch drehte sich anfangs um Hitlers Gesundheitszustand. Nach einiger Zeit kam der Bunkerbau zur Sprache. Hitler sagte, diese Ausweichmöglichkeit sei notwendig. Nicht Angst zwinge ihn dazu, genauso wenig wie Angst ihn von Besuchen an der Front abhalte, sondern die Gewissheit, dass kein anderer die Standhaftigkeit aufbringen könne, diesen Krieg weiterzuführen und zu gewinnen.

In den folgenden Wochen arbeiteten Giesler und sein Stab fieberhaft an dem Bunkerprojekt. Sowohl Hitler als auch Bormann nahmen oftmals bis ins Detail Einfluss auf die Pläne. Auf Papier entstand ein ausgedehntes Netz von Bunkern und unterirdischen Stollen. Für die Sicherheit sollten eingebaute Maschinengewehre sorgen. Fast alle Gebäude am Obersalzberg sollten durch ein System von Stollen miteinander verbunden werden. Ein großer Teil der bereits zuvor an den Bauarbeiten am Obersalzberg beteiligten Arbeiter befand sich nun im Wehrdienst. An ihrer Stelle wurden italienische und tschechische Zwangsarbeiter eingesetzt. Gemeinsam mit einer SS-Stollenbaukompanie machten sie sich an die Arbeit. Der Bunkerkomplex unter

Links: Endlich ist es so weit. Amerikanische Soldaten holen am 4. Mai 1945 die verhasste Hakenkreuzfahne ein, die noch immer über dem qualmenden und verlassenen Berghof wehte.

Rechts: 1943 gab Hitler (l) Architekt Giesler (r) den Auftrag zum Bau eines riesigen Bunkernetzes unter dem Obersalzberg.

Ein Heer von Zwangsarbeitern unter Leitung von SS-Ingenieuren baute rund 5 Kilometer an Tunneln und Bunker, die auch jetzt noch den Obersalzberg wie Maulwurfsgänge durchziehen.

In zunehmendem Maß standen Berichte in verschiedenen internationalen Zeitungen mit detaillierten Angaben über eine vermeintliche, völlig mit Dynamit verminte riesige „Alpenfestung" mit dem Obersalzberg als Mittelpunkt, die von speziell trainierter, äußerst fanatischer SS und „Werwölfen" verteidigt wurde.

dem Berghof wurde zuerst in Angriff genommen. Der Führer hatte nämlich den Wunsch geäußert, die Weihnachtstage auf dem Berghof zu verbringen.

Als das Projekt vollendet war, hatte man über eine hinter dem Konferenzsaal beginnende Treppe mit 65 aus dem Fels gehauenen Stufen Zugang zu einem ausgedehnten Bunkerkomplex. Die Stollengänge des Berghofs hatten eine Gesamtlänge von 450 Metern, und das Flächenausmaß der Kavernen betrug 750 Quadratmeter. Die Anlage bestand aus einem 120 Meter langen Hauptstollen, von dem auf beiden Seiten weitere Stollen und Kavernen abgingen. Man begann auch mit dem Bau eines Aufzugschachtes, sodass der Führer von seinem Schlafzimmer in der ersten Etage des Berghofs aus schnell in seinen Bunker gelangen konnte. Ein Teil des Schachts war im Bau, da sich aber der Kriegszustand im Reich rapide verschlechterte, wurde der Fahrstuhl nie fertig. Die Bunkeranlagen waren äußerst luxuriös: Diverse Räume hatten sogar Parkettfußboden und Edelholzvertäfelungen, alle Räume waren mit Klimaanlagen und Zentralheizung ausgestattet. Durch die kostbaren Teppiche, Gemälde und Möbel machte der von kupfernen Leuchtern und rustikalen Schirmlampen erhellte Komplex den Eindruck eines Luxushotels. Der Bunker bestand unter anderem aus folgenden Räumen: einem Bade-, Schlaf- und Arbeitszimmer für Hitler; Zimmern für Hitlers Leibarzt Morell; einem Baderaum; Wohn-, Schlaf- und Ankleidezimmer für Eva Braun; einem sehr großen Raum für das Staatsarchiv; einer kompletten Telefon- und Fernschreibzentrale; einer modernen Küche und Speisekammern, die bis zum Bersten mit erlesenen Speisen und Getränken gefüllt waren. Ferner gab es Schlafräume; einen Speisesaal und Toiletten für die Leibwächter; einen eigenen Zwinger für Hitlers Hund Blondie; Wachstuben für die SS-Leibwächter und Wartezimmer für Besucher. Dies alles wurde ergänzt von an strategischen Stellen in den Gängen eingebauten Maschinengewehren, während oben auf dem Bunkerkomplex diverse Flakgeschütze eventuelle Angreifer auf Distanz halten mussten. Ansonsten gab es separate

Auch General Eisenhower, der alliierte Oberbefehlshaber, glaubte immer mehr an das Gerücht der „Alpenfestung". Ende März 1945 beschloss er sogar, seine Strategie zu ändern und statt des geplanten Angriffs auf Berlin seinen Hauptangriff auf den Süden Deutschlands zu richten, wo sich die mysteriöse Alpenfestung befinden sollte. Dies zum großen Ärger von Feldmarschall Montgomery, der den Amerikanern vorwarf, den Russen Berlin und Prag auf dem Silbertablett zu servieren. V.l.n.r. die US-Generäle Bedell Smith, Eisenhower und Bradley.

Neben SS-Chef Himmler war Dr. Ley, Reichsorganisationsleiter der NSDAP, einer der Initiatoren der Werwölfe. V.l.n.r. Hitlers Waffen-SS-Adjutant Schulze-Kossens, Bormann, Dr. Ley, Hitlers Leibarzt Morell, Dr. Brandt (kaum sichtbar), Dr. Dietrich und Hitler.

prachtvollen Schreibtischen und Tischen aus Mahagoni, gepolsterten Ledersesseln und -sofas. Bormanns Kinder hatten ihre eigenen Kinder- und Badezimmer. Die Speisekammern quollen über. Nach der Eroberung des Obersalzbergs hat man ausgerechnet, dass die Familie von den Vorräten im Bormann-Bunker gut 200 Jahre hätte leben und sich einkleiden können. Ein großer Teil von Gieslers Plänen wurde jedoch nicht mehr verwirklicht, obwohl man bis zum Frühjahr 1945 fieberhaft an den Bunkeranlagen baute. Insgesamt wurden unter dem Obersalzberg Luftschutzanlagen mit einer Oberfläche von 4 Quadratkilometern und einer Stollenlänge von ungefähr 3 Kilometern angelegt. Einen Teil der Bunker kann man heute noch besichtigen; der Rest ist im Lauf der Zeit zugemauert worden.

Notausgänge und Verbindungsgänge zu fast allen Gebäuden auf dem Berg. Eva ging nicht gern in den Bunker, und wenn wieder einmal Fliegeralarm am Obersalzberg war, rief Hitler Eva oft aus seinem Hauptquartier an, um sie dazu zu bewegen, doch in den Luftschutzbunker zu gehen. Wenn Eva während eines Fliegeralarms in ihrem Haus in München war, lief Hitler oft händeringend umher und klagte, dass „seine Effi“ so tapfer sei, aber so unbesonnen. Sie werde noch unter den Trümmern ihres Häuschens verschüttet werden. Er habe sie so oft gebeten, in seine Wohnung in München zu gehen, die sei viel solider, aber dazu wäre sie zu dickköpfig.
Genauso wie Göring ließ auch Bormann unter seinem Haus ein ausgedehntes Netz von Luftschutzbunkern anlegen. Was den Luxus der Ausstattung anging, so übertraf der Reichsleiter sogar Göring. Der Parkettfußboden, die Teppiche und die Gemälde waren von besserer Qualität als auf dem Berghof. Alle Wände, sogar die Wände in den Tunneln, waren mit kostbaren Hölzern vertäfelt. In der Küche stand ein kombinierter Herd. Wasch- und Badezimmer waren fantastisch ausgestattet, und die Telefonanlage hatte 800 Anschlüsse. Die eigentlichen Wohnräume standen voll mit kostbaren Möbeln:

Göring auf dem Weg vom Obersalzberg nach Berlin. Sein Bunker auf dem Obersalzberg wurde, was den Luxus betraf, nicht vom Bunker Hitlers übertroffen und war als einziger nicht mit den anderen Bunkern unter dem Berg verbunden.

Werwölfe und eine mysteriöse Festung

Der 11. März 1945 ist ein strahlend schöner Tag. Der Zauberstab des Frühlings scheint die Natur berührt zu haben. Aus dem in der Nähe gelegenen Wald klingt das melancholische Gurren der Wildtauben. Hier, in dieser scheinbar so friedlichen Umgebung irgendwo im Westen Deutschlands, befindet

Reichsleiter Bormann (l), der mit Hitler im Führerbunker im von den Russen umzingelten Berlin eingeschlossen saß, war ein eingeschworener Gegner Görings. Sogar angesichts des Untergangs ging der Machtkampf weiter. Als Görings Telegramm hereinkam, dass, wenn Hitler nicht mehr handlungsfähig wäre, er als offizieller Nachfolger die Staatsgeschäfte übernehmen wolle, gelang es Bormann, Hitler zu bewegen, den Reichsmarschall wegen Verrats festzunehmen und all seiner Ämter zu entheben.

sich das Hauptquartier von General Dwight D. Eisenhower, dem Oberkommandierenden der alliierten Invasionsstreitkräfte. Der Fünf-Sterne-General geht in seinem Arbeitsraum auf und ab; er hat gerade einen Bericht gelesen, der den Vermerk „Top Secret" trägt. Es ist einer der vielen Berichte über eine Angelegenheit, die ihm und seinem Stab, darunter die Generäle Bedell Smith und Omar Bradley, immer mehr Kopfzerbrechen bereitet: die „Alpenfestung". Eisenhower steht vor einem wachsenden Dilemma: Entweder er hält an den alten Plänen fest, den alliierten Hauptangriff nach Norden auf Berlin zu richten, oder er geht erst nach Süden, um die immer legendärere Alpenfestung zu erobern.
Es waren die Amerikaner, die als Erste von der Existenz einer NS-Festung im Süden Deutschlands Meldung machten. Im September 1944 gab der amerikanische Geheimdienst (OSS) einen als streng geheim eingestuften Rapport heraus. Man berichtete von intensiven Kontakten zwischen hohen NS-Funktionären und diversen Partei- und Regierungsinstanzen mit der Absicht, ihre Verwaltungsbüros in den Süden und in Sicherheit zu bringen, da Berlin und München von den alliierten Luftangriffen zu schwer getroffen wurden. Ende September erhielt der Gauleiter von Tirol-Vorarlberg Hofer ein abgefangenes Telegramm aus der Schweiz. Daraus ergab sich die wachsende Sorge der Amerikaner über die Existenz einer Alpenfestung. Der Bericht sprach von gigantischen unterirdischen Waffenfabriken und -lagern. Er nannte die Festung praktisch uneinnehmbar. Auch glaubte man, sie wäre mindestens zwei Jahre lang zu verteidigen. Gauleiter Hofers Blutdruck stieg, als er neue abgefangene Berichte zu sehen bekam, in denen die Existenz einer solchen Festung mit immer mehr Nachdruck bestätigt wurde. Er nahm Kontakt mit Reichsleiter Bormann auf.
In diesem Augenblick schaltet sich Goebbels ein. Er beauftragte eine Sonderabteilung seines Ministeriums mit der „Fabrikation" von Artikeln über das Abwehrsystem in den Alpen. Neben Goebbels' Sonderabteilung trat auch der Sicherheitsdienst (SD) unter der Leitung von Himmler in Aktion. Während die Propagandisten aufgebauschte Geschichten über eine Festung in den Alpen verbreiteten, spielte der SD falsche Blaupausen und Nachrichten in die Hände der arglosen Amerikaner. Deren Unruhe wurde von Himmler, der die Idee von den „Werwölfen" lancierte, noch angefacht. Die Werwölfe waren deutsche Soldaten, die in alliierten Uniformen hinter den Linien der Alliierten Tod und Verderben sähen sollten.
Langsam, aber sicher begann der Name „Alpenfestung" einen magischen Klang zu bekommen; nicht nur bei den Amerikanern, sondern auch bei einem Großteil der Deutschen. In einem Artikel über die NS-Festung schrieb die New York

Nach seiner Festnahme am 23. April 1945 zwang die SS Göring unter Waffengewalt, eine Erklärung zu unterschreiben, in der er ankündigte, aus Gesundheitsgründen alle Ämter niederzulegen. Den totalen Untergang vor Augen, hatte Bormann doch noch gesiegt. Göring, vor dem Fenster seines Wohnzimmers, während des Hausarrests auf dem Obersalzberg.

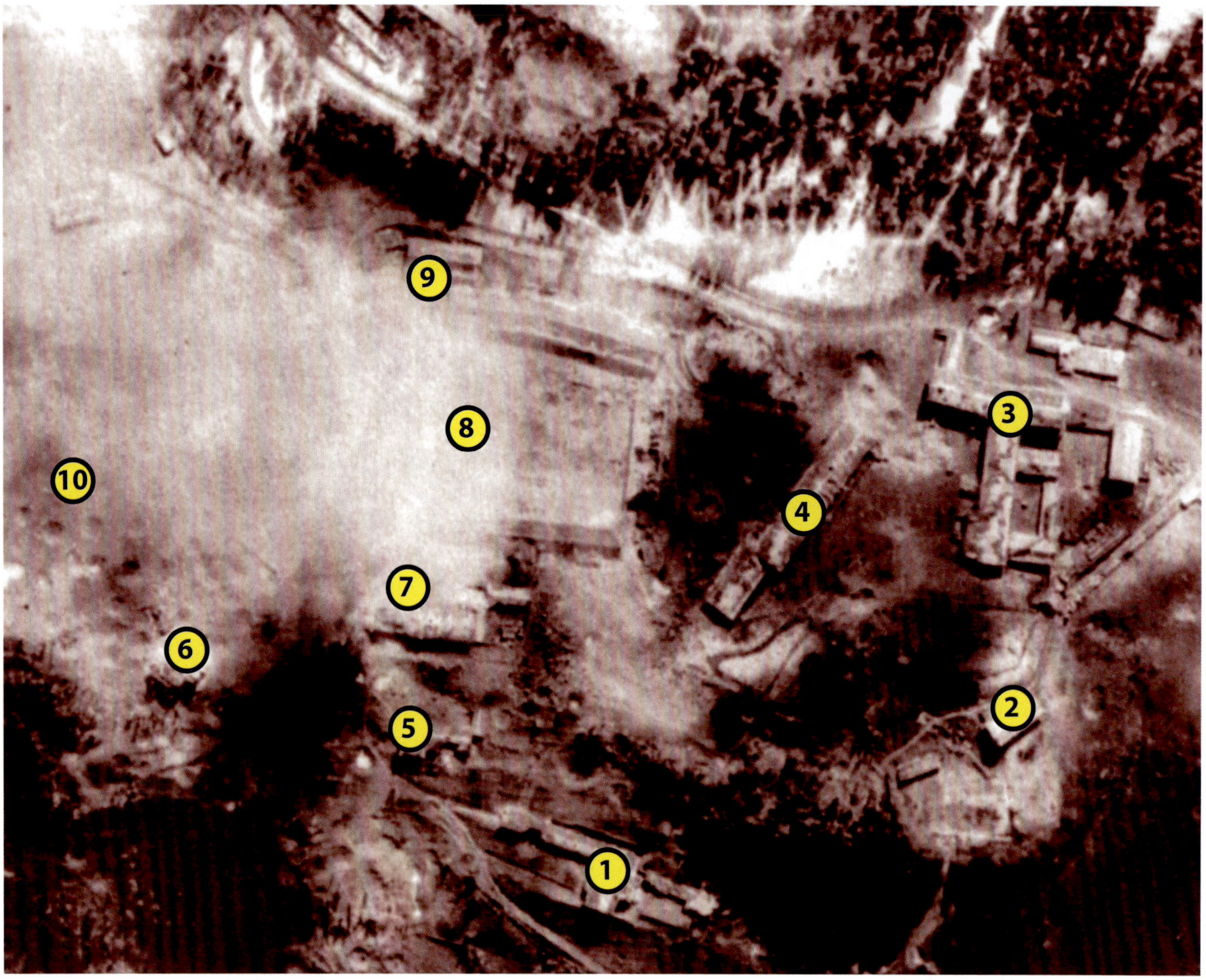

BOMBEN AUF DEN OBERSALZBERG

Am 25. April 1945 wurde der Obersalzberg zum ersten Mal (!) von alliierten Flugzeugen bombardiert. Auf dem Foto der rauchende Trümmerhaufen. Der Berghof, in der unteren Mitte des Fotos, wurde zweimal getroffen.

1 Berghof
2 Parteikanzlei Bormanns
3 Hotel Platterhof
4 Tiefgarage + Wohnungen Personal Hotel Platterhof
5 Hotel/Pension zum Türken, Reichssicherheitsdienst
6 Haus Bormann
7 Kindergarten+ Bunker, mit Modellen von geplanten Gebäuden
8 SS-Kasernen
9 Garage + Fahrerraum
10 Haus Göring

Times am 12. November 1944, dass das gesamte Gebiet zwischen Berchtesgaden und Halithurm geräumt und die Bevölkerung evakuiert worden sei. Die persönlichen Leibwachen des Führers, die SS-Leibstandarte, seien in den Häusern des betreffenden Gebietes untergebracht worden. Die Offiziere habe man in Hotels einquartiert. Man habe alles getan, um das Gebiet in eine wahre Festung zu verwandeln. Russische und polnische Zwangsarbeiter und Kriegsgefangene hätten mit Dynamit riesige Grotten in den Untersberg, der nur eine Meile vom Berghof entfernt liegt, gesprengt. In den Grotten seien gigantische Wasserreservoirs, Lebensmittelvorräte, Munition, Waffen und dergleichen eingelagert. Außerdem sei das gesamte Gebiet bis in den weiten Umkreis mit Minenfeldern übersät, die mit einem einfachen Knopfdruck zum Explodieren gebracht werden könnten. Dieser Knopf befände sich auf Himmlers Schreibtisch in dessen Bunker unter dem Berghof.
Der weit und breit geschätzte Kriegsberichterstatter der New York Times, Hanson Baldwin, sah voraus, dass nach den Kämpfen um Berlin diese sich unvermeidlich in das Alpengebiet verlagern würden. Die nationale Presseagentur in Moskau zitierte die Worte eines angesehenen Russen, der die Westmächte warnte, dass sich die Deutschen auf eine Verteidigung in den Alpen vorbereiteten. In einem stetig wachsenden Strom von Berichten lieferte die internationale Presse detaillierte Informationen über die Alpenfestung und die

Am 2. Mai 1945, nachdem die ersten Plünderungen durch die örtliche Bevölkerung auf dem Berghof stattgefunden hatten, steckten SS und ein Sprengkommando der Luftwaffe das Haus in Brand. Der Seitenflügel des brennenden Berghofs mit dem Speisesaal in der Mitte, von hinten fotografiert.

Rolle, die der düstere Himmler und seine schwarzen SS-Leute bei ihrer Verteidigung spielen würden. Auch die Berichte, die Eisenhower von den Nachrichtendiensten empfing, waren beunruhigend. Einer davon hatte etwa folgenden Wortlaut: „Hier – verteidigt von der Natur und den effektivsten Waffen, die jemals erfunden wurden – werden die Mächte, die Deutschland bisher geführt haben, die Wiederauferstehung vorbereiten; hier werden Waffen in bombenfesten Fabriken produziert; Lebensmittel und Material werden in enormen unterirdischen Grotten gelagert, und eine Elitetruppe junger Männer wird für einen Partisanenkrieg ausgebildet."
Wieder ein anderer Bericht konstatierte, dass in dem Gebiet rund um den Obersalzberg bereits eine Flugzeugfabrik in Betrieb sei, die eine „komplette Messerschmitt fix und fertig liefern" konnte. Außerdem meldete dieser Bericht, dass etwa 200.000 bis 300.000 Veteranen der SS und spezielle Bergtruppen „durchdrungen von der echten NS-Mentalität" die Festung verteidigen würden. Im Hauptquartier der Alliierten empfing man zahlreiche dieser Berichte, und Ende März 1945 erhielt General Eisenhower die Nachricht von massiven Truppenbewegungen in Richtung Alpenfestung. Zudem trugen die deutschen Scheinmanöver und die Information, dass immer mehr Regierungs- und Parteiinstanzen in den Süden verlegt wurden, sowie die Tatsache, dass man auf

Die Vorderseite der Ruine des Berghofs, links die Freitreppe, in der Mitte das große Fenster der Wohnhalle und rechts (über der Garage) die große Terrasse.

Luftaufnahmen deutlich die Arbeiten an den Bunkern erkennen konnte, mehr und mehr dazu bei, den Mythos der Alpenfestung zu komplettieren.
Ende März 1945 beschloss Eisenhower, von dem Durchstoß nach Berlin abzusehen und seinen Hauptangriff auf den Süden zu richten: auf die mysteriöse Festung in den Alpen. Diese Entscheidung hat sowohl während des Krieges als auch danach viel Staub aufgewirbelt. Feldmarschall Montgomery machte seiner Wut über die veränderte Strategie Luft. Berlin und Prag würden den Russen in den Schoß geworfen durch Eisenhowers Änderung der Taktik, meinten die Briten. Der englische Nachrichtendienst betrachtete die Alpenfestung – obwohl man zugeben musste, dass diverse deutsche Regierungsinstanzen nach Süden umgesiedelt waren – als einen Spuk. Die Briten räumten zwar ein, dass der Bau einer solchen Festung durchaus möglich gewesen wäre, aber nicht mehr gegen Ende des Winters und zu Beginn des Frühjahrs, als die Alliierten den Luftraum bereits zum großen Teil beherrschten. Churchill erklärte, dass seine Stabschefs im Allgemeinen zu der Überzeugung gelangt seien, dass eine fortgesetzte deutsche Kriegskampagne oder sogar ein groß angelegter Partisanenkampf in den Bergen unwahrscheinlich sei. Deshalb verwies er das Bestehen einer Alpenfestung in das Reich der Fabeln.
Am 11. April 1945, einen Tag vor dem Tod des amerikanischen Präsidenten Roosevelt, kam die Frage, ob man nun nach Berlin oder zur Alpenfestung durchstoßen sollte, aufs Neue auf die Tagesordnung. Es galt nun, eine definitive Entscheidung zu treffen. An diesem Tag erreichten die Amerikaner die Elbe. Nachdem sie einen starken Brückenkopf gebildet hatten, erbat der amerikanische Kommandeur beim Hauptquartier die Zustimmung, nach Berlin vorrücken zu dürfen. Eisenhower gab jedoch, auch auf Anraten Omar Bradleys, den Befehl, nach Norden in Richtung Lübeck und

Die Bombardierungen richteten schwere Verwüstungen an, wie man auf diesem Foto der zerstörten SS-Kaserne erkennen kann.

Plünderende amerikanische Soldaten auf dem Obersalzberg. Rechts oben die Ruinen des völlig zerstörten Hauses von Reichsleiter Bormann.

Auch Görings Haus wurde schwer getroffen, wobei vor allem das Wohn- und Arbeitszimmer im linken Teil des Hauses völlig zerstört waren.

Unten: Eine Übersicht der Zerstörungen: links das Gebäude mit den Garagen und Personalwohnungen des Hotels Platterhof, in der Mitte der total verwüstete Komplex der SS-Kaserne, von dem nur noch der Giebel der Turnhalle teilweise steht, dahinter am „Göringhügel" die Gewächshäuser und links davon die Ruinen von Bormanns Haus.

Das allerletzte Foto von Hitler, der hier am 22. oder 23. April 1945 zusammen mit seinem Chefadjutanten Schaub die Schäden an der alten Reichskanzlei in Berlin als Folge des schweren russischen Beschusses in Augenschein nimmt.

werden. Am 21. April gab General Bedell Smith im alliierten Hauptquartier während einer inoffiziellen Pressekonferenz bekannt, dass man über die Festung der Nationalsozialisten in den Alpen nur wenig wüsste. Er fügte jedoch hinzu, man beginne zu glauben, dass man viel mehr vorfinden würde als erwartet. Er fuhr fort, dass er ebenfalls glaube, die deutschen Truppen in den noch besetzten Gebieten würden nach der Eroberung der Alpenfestung endlich

nach Süden in Richtung auf die Alpenfestung vorzurücken – eine dramatische Entscheidung, die bis zum heutigen Tag Rückwirkung bei der Verteilung Europas in zwei Einflussbereiche zeigt. Obendrein beruhte sie auf falschen Informationen. Eisenhower und seinem Stab zufolge hätte der Fall der Festung mit Hitlers Hauptquartier auf dem Obersalzberg ebenso katastrophale Folgen für die Moral der deutschen Truppen wie die Einnahme der Reichshauptstadt Berlin. Eisenhower beschloss demzufolge, den bayerischen Stützpunkt so schnell was möglich zu erobern. Jeder Versuch der Deutschen, ihre Stellungen dort mit Nachschub an Mannschaften und Material zu versorgen, musste unterbunden

kapitulieren. Berlin sei von geringerer Bedeutung, gar nicht zu vergleichen mit der Alpenfestung. Auf die Frage eines Reporters, ob er wüsste, wo sich Hitler aufhalte, antwortete Bedell Smith, dass er sich sehr wahrscheinlich in Berchtesgaden befände, um dort die Verteidigung vorzubereiten. Ferner schätzte Bedell Smith die Dauer der Gefechte um diesen Herd des Widerstands auf einen Monat. Er räumte aber die Möglichkeit eines Partisanenkampfes von unbeschränkter Zeit ein.
Auch General Bradley äußerte sich in der gleichen Weise über die vermeintliche Festung der Nationalsozialisten. Nach dem Krieg sprach Bradley von einer „Besessenheit“

Ein amerikanischer Soldat im Sommer 1945 in Hitlers Schlafzimmer im Führerbunker. Rechts der aufgebrochene Tresor, auf dem sich noch Teile der technischen Enzyklopädie befinden, die zur Lieblingslektüre Hitlers gehörte. Im leeren Kleiderschrank links hingen nur noch ein paar Bügel. Darunter das Nachtschränkchen mit einem Buch, das Hitler gelesen hatte. Darin wurde noch ein Teil seines Wochenplans gefunden.

Soldaten der 3. Infanteriedivision haben am Nachmittag des 4. Mai 1945 den Obersalzberg erreicht und bahnen sich einen Weg zum Berghof.

General John W. O'Daniel, Beiname „Iron Mike", Kommandant der 3. Infanteriedivision, hatte sich vorgenommen, Berchtesgaden als Erster einzunehmen.

des alliierten Stabes. Später hätten sie entdeckt, dass die mythische Alpenfestung hauptsächlich in der Fantasie einiger fanatischer Nationalsozialisten existiert hatte und dass sie die Opfer geschickt gestreuter Propaganda geworden waren. Sein Leben lang wunderte er sich darüber, dass sie damals so naiv gewesen waren. Aber so lange die Legende von der Alpenfestung existierte, konnten sie die Drohung nicht negieren.

Allmählich schenkten auch immer mehr Deutsche den Gerüchten über eine Alpenfestung Glauben, als eine Art letzte Hoffnung für Deutschland. Verschiedene Offiziere versuchten verzweifelt, ihre Einheiten zusammenzuhalten, um sich in den Süden zurückziehen zu können – in der Erwartung, dort kampfbereite Stellungen oder vielleicht sogar die fantastische „Wunderwaffe", von der Goebbels in den letzten Monaten so oft gesprochen hatte, vorzufinden. Als die motorisierten Truppen der Amerikaner jedoch Ende April und Anfang Mai in hohem Tempo durch das Gebiet rund um die Alpenfestung zogen, stießen sie nicht oder jedenfalls kaum mehr auf organisierten Widerstand.

Soldaten der 3. US- Infanteriedivision „Iron Mike" am 4. Mai 1945 in der Nähe von Berchtesgaden.

Am 4. Mai 1945 gegen 17.30 Uhr nähern sich die ersten Soldaten der 3. Infanteriedivision General O'Daniels dem noch qualmenden Berghof, der kurz zuvor von den letzten SS-Wachen verlassen wurde.

Hitlers Selbstmord

Am 20. April 1945, seinem Geburtstag, kehrte Hitler nicht auf den Obersalzberg zurück, obwohl man in Berlin alle Vorbereitungen für eine Reise getroffen hatte. Das Ende näherte sich jedoch schneller, als man vorhergesehen hatte. Das Zentrum Berlins lag bereits unter dem Artilleriefeuer schwerer sowjetischer Geschütze. Die Generäle versuchten, Hitler dazu zu bewegen, nach Berchtesgaden abzureisen, so lange es noch möglich war. In wenigen Tagen würden die Russen den letzten offenen Streifen in südlicher Richtung abgeschnitten haben, so meinten sie. Hitler weigerte sich jedoch, vor den russischen Armeen zu fliehen; jenen Armeen, von denen er noch vor ein paar Jahren behauptet hatte, sie seien so gut wie vernichtet – ein unerträglicher Gedanke für Hitler. Bauer, Hitlers ehemaligem Privatpiloten zufolge, gab es durchaus Pläne, den letzten Kampf um das Reich vom Obersalzberg aus zu führen. Es wurde sogar ein Österreicher nach Berlin gebracht, der äußerlich eine auffallende Ähnlichkeit mit Hitler hatte. Wenn Hitler Berlin verließ, sollte dieser Österreicher erschossen und teilweise verbrannt werden, um die Russen glauben zu machen, Hitler sei tot. Nachdem Hitler jedoch bekannt gemacht hatte, dass er in Berlin bleiben würde, wurde dieser Plan gestrichen. Trotzdem wurde Hitlers Doppelgänger erschossen: Man wollte sicher sein, dass dieser Plan niemals publik wurde.

Hitlers 56. Geburtstag wurde nicht gefeiert. In diesen letzten Tagen wirkte der Führer wie leer: Seine Augen lagen tief in den Höhlen, sein Gesicht war aschfahl. Manchmal gelang es ihm noch, sich durch einen seiner Wutausbrüche aus dieser Lethargie herauszureißen. Während einer Konferenz am 22. April – Berlin erbebte unter den einschlagenden russischen Granaten – fing er an zu schreien, die ganze Welt habe ihn verraten. Er hielt allgemeine Anklage gegen die Feigheit, die Treulosigkeit und die Gemeinheit der Welt.

Ausgelassene Soldaten der 3. US-Infanteriedivision im Siegesrausch auf dem Berghof.

Seine Stimme bekam noch einmal ihre einstige Kraft. Die übrigen Bunkerbewohner hörten den Lärm und eilten herbei. Der Führer schrie, dass er niemandem mehr vertrauen könne. Die ganzen Jahre sei er von Verrätern und Versagern umringt gewesen. Dabei schlug er mit den Fäusten auf den Tisch. Tränen liefen ihm über die Wangen. Das sei das Ende, kreischte er. Er könne nicht mehr weitermachen. Ihm bliebe nichts anderes als der Tod. Wer es wolle, könne in den Süden reisen, er aber würde auf seinem Posten bleiben.
Einen Tag später sprach Hitler, der seine Beherrschung inzwischen wiedergewonnen hatte, erneut den Wunsch aus, in Berlin auszuharren. Er sagte, der Krieg habe hier seinen Höhepunkt erreicht. Wenn es wirklich stimme, dass die Alliierten untereinander Meinungsverschiedenheiten hätten, könne es doch noch eine Kehrtwende geben. Dann kämen die anderen vielleicht doch noch zu der Einsicht, dass nur ein Mann in der Lage sei, die Bolschewiken aufzuhalten. Und dieser Mann sei er, mit der Partei und dem gegenwärtigen deutschen Staat. Sollte das Schicksal anders entscheiden, dann würde er als ruhmloser Flüchtling von der Bühne des Weltgeschehens abtreten. Er fände es jedoch tausendmal feiger, auf dem Obersalzberg Selbstmord zu verüben, als hier in Berlin auszuharren und im Kampf zu fallen. So lange er das Land führen könne, sei er der Führer. Und das könne er nicht, wenn er irgendwo auf einem Berg sitze. Er sei nicht auf die Welt gekommen, um nur seinen Berghof zu verteidigen.
Eva Braun hatte den Berghof Ende 1944 verlassen und war nach Berlin gereist, um bei ihrem Geliebten zu sein. Hitler schickte sie im Februar 1945 aus Sicherheitsgründen zurück auf den Berghof. Die russischen Armeen näherten sich der Hauptstadt zu diesem Zeitpunkt in raschem Tempo. Statt zum Obersalzberg zu fahren, stieg Eva in München aus. Sie besuchte dort ihre Eltern und ihre Freundin Herta Schneider. Es fiel Frau Braun auf, dass ihre Tochter stiller als sonst war und dass sie ihre Mutter beim Abschied sehr lange küsste. Sie hatten verabredet, sich in ein paar Tagen auf dem Berghof zu treffen. Eva reiste jedoch zurück nach Berlin. Der Untergang des Tausendjährigen Reiches war in Sicht, und sie wollte definitiv mit ihrem Geliebten vereint sein. Am 29. April 1945 ging schließlich Eva Brauns sehnlichster Wunsch in Erfüllung: Sie wurde Frau Hitler. Am 30. April gegen 15.30 Uhr beging das frisch vermählte Paar Selbstmord.

Der Berghof gegen Ende der Vierzigerjahre. Der „Führerbaum“ ist größtenteils zerstört und hat nur noch wenige Äste.

Reichsmarschall Göring wird von der SS verhaftet
Obersalzberg, 23. April 1945. Reichsmarschall Göring steht an diesem Morgen früh auf, denn heute kommen die Lastkraftwagen mit den Kunstschätzen von seinem Landgut Carinhall. Zwei Tage zuvor hatte er Berlin verlassen. Während seines kurzen Morgenspaziergangs hält der Reichsmarschall auf dem „Göringhügel“ ein Weilchen inne und betrachtet die große Formation alliierter Flugzeuge, die, unterwegs zu Angriffszielen in Österreich, in der Ferne vorbeifliegt. In betrübtes Grübeln versunken geht er zurück zu seinem Haus. Hermann Göring weiß, dass das Ende des Reiches nahe ist.

Er hofft, als erster Nachfolger Hitlers zusammen mit seiner Frau und Tochter von den Alliierten mit dem nötigen Respekt behandelt zu werden und sich mit einigermaßen heiler Haut aus der Affäre zu ziehen. Am gleichen Tag vernimmt Göring aus Berlin, dass der Führer einen schweren Nervenzusammenbruch erlitten hat. General Koller, Görings Stellvertreter und Stabschef der Luftwaffe, setzt Göring nach dem Mittagessen offiziell über die letzten Anordnungen des Führers in Kenntnis: Der Führer habe die Absicht, in seinem Bunker in Berlin Selbstmord zu begehen; Göring solle die Kapitulationsverhandlungen mit den Alliierten übernehmen. Göring sieht sich durch diesen Bericht in eine besonders schwierige Lage gebracht. Nachdem er sich von seinem Stabschef die letzten Nachrichten über die militärische Situation hat geben lassen, fragt er Koller, ob dieser glaube, dass Hitler noch am Leben sei, und was Bormann im Schilde führe. Göring hat gewaltige Angst vor Bormann. Er sagt zu Koller, dass Bormann sein Todfeind sei, der nur auf die Gelegenheit warte, ihn zu Fall zu bringen. Verhandelte er, so würde Bormann ihn des Verrats beschuldigen. Verhandelte er nicht, so würde er ihn beschuldigen, in der schwersten Stunde versagt zu haben. Koller versichert seinem Chef, dass der Führer noch am Leben gewesen sei, als er Berlin verlassen habe, und fügt hinzu: „Es ist in jedem Fall jetzt an Ihnen, Herr Reichsmarschall, zu handeln.“
Göring steht vor einem großen Dilemma: Soll er eingreifen oder abwarten, wie sich die Lage in Berlin weiter entwickelt? Er bittet Koller, ihm den Geheimerlass vom

Für Besucher, die es immer noch nicht wissen: ein Schild mit Aufschrift „Hitler's Home“.

Hohe amerikanische Militärs vor dem großen Fenster des Berghofs. Hinten in der Wand sind noch die Löcher für die Filmprojektoren zu erkennen.

völlig legal sei. Es existiere keine neue Anordnung von Hitler, denn wenn es so wäre, müsste er es wissen. Ohne ihn könne Hitler den Erlass nicht abändern. Aber auch das nimmt Göring die Unsicherheit nicht, denn er kennt Reichsleiter Bormann nur allzu gut. Letztlich beschließt er, dem Führer einen Funkspruch folgenden Inhalts zu schicken: „Mein Führer! Sind Sie einverstanden, dass ich nach Ihrem Entschluss, in der Festung Berlin zu verbleiben, gemäß Ihres Erlasses vom 29.4.1941 als Ihr Stellvertreter sofort die Gesamtführung des Reiches übernehme mit voller Handlungsfreiheit nach innen und außen? Falls bis 22 (Uhr) keine Antwort erfolgt, nehme ich an, dass Sie Ihrer Handlungsfreiheit beraubt sind. Ich werde dann die Voraussetzungen Ihres Erlasses als gegeben ansehen und zum Wohle von Volk und Vaterland handeln. Was ich in diesen schwersten Stunden meines Lebens für Sie empfinde, wissen Sie und kann ich durch Worte nicht ausdrücken. Gott schütze Sie und lasse Sie trotz allem baldmöglichst hierher kommen. Ihr getreuer Hermann Göring.“

29. Juni 1941 zu bringen. In diesem Erlass hatte Hitler ihn im Falle seines Todes als Nachfolger deklariert. Laut liest er die wesentlichste Passage, die besagt, dass Reichsmarschall Göring im Falle einer Einschränkung der Handlungsfreiheit des Führers sein erster Nachfolger in allen Ämtern des Staates, der Partei und der Wehrmacht werden soll. Trotzdem zweifelt Göring noch immer. Er lässt Lammers, den Chef der Reichskanzlei, der sich zu diesem Zeitpunkt in der Berchtesgadener Reichskanzlei aufhielt, zu sich rufen. Nachdem dieser das Dokument ebenfalls studiert hat, sagt er, dass dieser Erlass vom 29. Juni 1941 noch immer seine Gültigkeit habe und

Göring hatte Recht. Anfangs nahm Hitler den Funkspruch gelassen auf, es gelang Bormann jedoch, den Funkspruch als eine Art Staatsstreich hinzustellen – erst recht, als es ihm glückte, noch einen Funkspruch von Göring an von Ribbentrop abzufangen. Darin bat Göring von Ribbentrop, unverzüglich auf dem Luftweg zu ihm zu kommen, falls er bis Mitternacht keine Nachricht von Hitler direkt oder von Göring empfangen habe. Bormann rannte mit dem Funkspruch zu seinem Führer: „Göring übt Verrat. Er

Noch eine Gruppe amerikanischer Besucher auf dem Berghof. Die zwei Fensteröffnungen von Hitlers Schlafzimmer (links oben in der ersten Etage) sind noch gut zu erkennen.

Amerikanische Wachtposten beim Eingang des Tunnels zum Kehlsteinhaus über dem Obersalzberg.

sendet bereits Telegramme an die Regierung und teilt ihnen mit, dass er aufgrund seiner Vollmacht Ihr Amt übernehmen werde." Speer, der sich an diesem Abend im Führerbunker aufhielt, beschreibt den darauf folgenden Wutausbruch Hitlers: „Mit hochrotem Gesicht und stieren Augen schien Hitler seine Umgebung vergessen zu haben: ‚Ich weiß es schon lange. Ich weiß, dass Göring faul ist. Er hat die Luftwaffe verludern lassen. Er war korrupt, sein Beispiel hat die Korruption in unserem Staate möglich gemacht. Dazu ist er seit Jahren Morphinist. Ich weiß es schon lange.'"
Ohne zu ahnen, was sich tief im Führerbunker alles gegen ihn zusammenbraut, ist Göring auf dem Obersalzberg damit beschäftigt, Berichte an die Alliierten abzufassen. Er bittet den alliierten Oberbefehlshaber Eisenhower um eine baldige Unterredung, um die ehrenvolle Übergabe der deutschen Streitkräfte zu besprechen. Gleichzeitig ruft er die Wehrmacht auf weiterzukämpfen. General Koller hat seinen Chef in der letzten Zeit selten so fröhlich gesehen. „Es war, als wäre er wieder zum Leben erwacht", sagte er. „Er steckte voller Pläne und Ideen über die Beendigung de Krieges." Tatsächlich macht Göring den Eindruck, als sei er aus seiner Lethargie erwacht, in der er nach dem Versagen seiner Luftwaffe immer mehr versunken war. Seine Frau Emmy kommt ab und zu mit Tee, belegten Brötchen und Bier in sein Arbeitszimmer. Und auch seine Tochter Edda darf einen Augenblick hereinkommen und Koller und Lammers das Händchen geben. Sogar die Nachricht, dass vier Lastwagen mit seinen Kunstschätzen vermisst werden, vermag den Reichsmarschall nicht zu entmutigen. Was zählen schon ein paar Gemälde, wenn das Schicksal des Reiches in seinen Händen liegt? In der Nähe des Obersalzbergs steht ein Flugzeug bereit, um ihn zu Eisenhower zu bringen.
In Berlin ist Bormann jedoch inzwischen nicht untätig geblieben. Es gelingt ihm, Hitler zu überreden, Göring einen Funkspruch zu schicken, in dem der Reichsmarschall u. a. des Hochverrats beschuldigt wird. In Anbetracht seiner Verdienste für das Reich soll ihm das Leben geschenkt werden (auf Hochverrat stand die Todesstrafe), wenn er unverzüglich all

General Eisenhower (l) mit General Clark in der großen Halle des Kehlsteinhauses. Der große, handgeknüpfte Teppich – ein Geschenk des japanischen Kaisers zu Hitlers 50. Geburtstag – liegt noch an seinem Platz.

Der US-Kriegsfotograf Lee posiert hier zusammen mit einer deutschen Freundin auf der Terrasse vor dem Seitenflügel des Berghofs. Man achte auf das „erbeutete" Hitler-Porträt.

seine Ämter niederlegte. Görings Frau erzählt, dass Adolf Hitlers Antwort gegen fünf Uhr nachmittags eintraf: „Der Führererlass vom 29.4.1941 ist hiermit für ungültig erklärt. Ihr Verhalten und Ihre Maßnahmen sind ein Verrat an meiner Person und der nationalsozialistischen Sache. Ich bin in vollem Besitz meiner Handlungsfreiheit und verbiete jede weitere Maßnahme. Adolf Hitler." Göring und seine Frau waren entsetzt und verstanden nicht, was los war. Erschlagen saßen sie stundenlang beieinander. Plötzlich stürzte einer ihrer Diener in den Raum und meldete, draußen stehe die SS und wolle ihn verhaften. Göring lachte ungläubig und sagte, das müsse ein Missverständnis sein. Das könne nur ein Missverständnis sein. Adolf Hitler, dem er 23 Jahre lang durch dick und dünn die Treue gehalten habe, würde ihn nicht verhaften lassen. Das sei undenkbar. Kurz darauf betraten bewaffnete SS-Leute den Raum. Sie forderten Frau Göring auf, in ihr Zimmer zu gehen. Nach einer halben Stunde hielt sie es dort nicht mehr aus. Sie wollte zu ihrem Mann. Vor der Tür seines Arbeitszimmers stand ein SS-Wächter. Er verweigerte ihr den Zutritt. Bormann hatte auf eigene Faust einen Funkspruch zum Hauptquartier der SS auf dem Obersalzberg geschickt. Er gab den Auftrag, Reichsmarschall Göring sofort wegen Hochverrats zu verhaften. Für den Fall, dass der SS-Kommandeur Dr. Frank oder sein Stellvertreter zögerten, so fügte Bormann noch hinzu, hafteten beide mit ihrem eigenen Leben für die Ausführung des Befehls.

Am nächsten Morgen zwangen die SS-Leute Göring mit vorgehaltener Pistole, eine Erklärung zu unterzeichnen, dass er aus Gesundheitsgründen all seine Ämter niederlegte. Anfangs weigerte sich Göring, zu unterschreiben. Er konnte noch immer nicht glauben, dass seine Festnahme auf Hitlers Geheiß geschehen war, aber schließlich gab er klein bei. Bormann hatte über Radio Berlin inzwischen verbreiten lassen, dass der Reichsmarschall aus Gesundheitsgründen zurückgetreten sei.

Walter Frenz, Hitlers Kameramann, erlebte Görings Verhaftung aus der Nähe mit. Gegen Ende April hatte Hitler ihn zu sich beordert. „Frenz", sagte er mit seinem rollenden R. „Sie melden sich auf dem Obersalzberg; dort werden Sie gebraucht." Frenz traute seinen Ohren nicht. Der Boden war ihm zwar bereits seit geraumer Zeit zu heiß unter den Füßen geworden, aber schon allein das Nennen des Wortes „Abreise" erregte sein Misstrauen. Am nächsten Tag flog er nach München. Während einer russischen Schießpause stiegen sie auf. Frenz sagte, er würde das Panorama des Infernos, das er zu sehen bekam, niemals vergessen. Man konnte sich kaum vorstellen, dass in dieser brennenden Hölle Berlin noch Menschen lebten. Von München aus fuhr er direkt zum Obersalzberg. Wie immer zog er in das Zimmer über der großen Garage, gegenüber der SS-Kaserne. Er erfuhr von Hitlers Hausmeister Doering, dass der Reichsmarschall und seine Familie sich auch auf dem Obersalzberg aufhielten. Gegen Abend am 23. April wurde an seine Tür geklopft. Noch bevor er öffnen konnte, stand jemand in seinem Zimmer: ein Gestapo-Mann. Frenz kannte den Mann und fragte ihn erstaunt, was der Grund seines Kommens sei. In typisch bayerischem Dialekt teilte dieser Frenz mit, dass er verhaftet sei. Seine Verhaftung schien allein durch die Tatsache begründet, dass er eine Luftwaffenuniform trug. Jeder, der so eine Uniform anhatte, wurde an jenem Tag festgenommen. Göring und seine Familie wurden am 27. April von der SS in sein Schloss Mauterndorf in Oberösterreich überführt. Dort wurde er von Luftwaffenverbänden in stillschweigendem Einvernehmen mit der SS zwar wieder befreit, geriet jedoch einige Tage später in amerikanische Gefangenschaft.

Als einer der Hauptschuldigen verstand es Speer, durch eine sehr geschickte Verteidigung dem Galgen zu entkommen

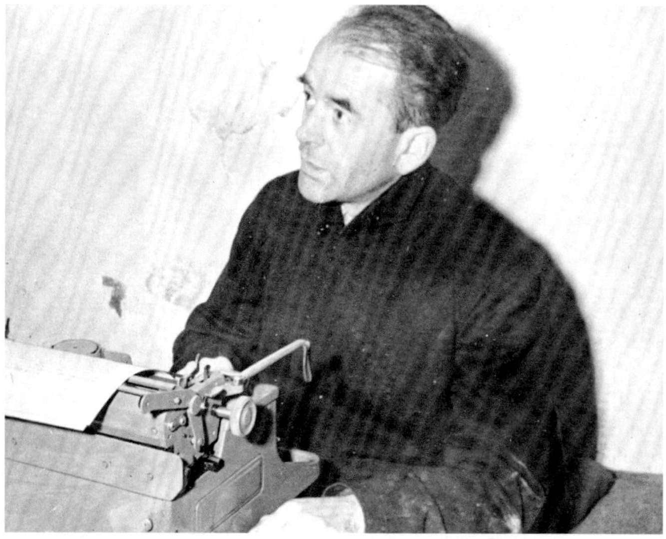

Bomben fallen auf den Obersalzberg

Es ist Mittwoch, der 25. April 1945. Das Wetter sieht viel versprechend aus, und es scheint einer der ersten schönen Frühlingstage zu werden. Der strenge Winter ist endlich vorbei. Der Obersalzberg ist nur noch bis auf 900 Meter mit Schnee bedeckt. Es ist schwach windig, der Himmel ist wolkenlos. Alles atmet Frieden und Ruhe. Um 9.30 Uhr beginnen jedoch die Alarmsirenen zu heulen. Fast niemand schenkt dieser Tatsache sonderlich viel Aufmerksamkeit. In all den vergangenen Kriegsjahren hat noch kein einziges feindliches Flugzeug den „Heiligen Berg des Führers" angegriffen. Schon so oft haben die Bewohner des Obersalzbergs Geschwader alliierter Bomber über Berchtesgaden fliegen sehen, auf dem Weg zu ihren Angriffszielen in Österreich.
Aber dieses Mal ist es anders, so wird durch das anschwellende Dröhnen der Bomber deutlich. Hals über Kopf flüchten die Bewohner in die Luftschutzbunker. Der Angriff setzt ein. Die ersten Bomben fallen auf die Siedlungen Buchen- und Klaushöhe und richten enorme Schäden an. Eine halbe Stunde später rast eine erneute Angriffswelle, ausgeführt von mehr als 300 Bombern, über den Obersalzberg. Eine Stunde lang klinkt ein Bomber nach dem anderen seine schweren Bomben über dem Obersalzberg aus, das gesamte Gelände in einem Chaos zurücklassend. Dann ist es auf einmal Unheil verkündend still. Menschen, blinzelnd im grellen Sonnenschein, stolpern durch die verwüstete Landschaft, auf der Suche nach Resten ihrer Besitzungen. Eine große Anzahl von Gebäuden auf dem Obersalzberg wurde getroffen.

Die übrig gebliebenen NS-Spitzen vor dem Nürnberger Tribunal.
1. Reihe v.l.n.r.: Göring (Todesstrafe), Hess (lebenslang), von Ribbentrop (Todesstrafe), Keitel, nicht sichtbar hinter von Ribbentrop (Todesstrafe), Kaltenbrunner (Todesstrafe), Rosenberg (Todesstrafe), Frank (Todesstrafe), Frick (Todesstrafe), Streicher (Todesstrafe), Funk (lebenslang), Schacht, nicht sichtbar (Freispruch).
2. Reihe v.l.n.r.: Dönitz (zehn Jahre), Raeder (lebenslang), von Schirach (20 Jahre), Sauckel (Todesstrafe), Jodl (Todesstrafe), von Papen (Freispruch), Seyß-Inquart (Todesstrafe), Speer (20 Jahre), von Neurath (15 Jahre), Fritsche (Freispruch).
Bormann (in Abwesenheit verurteilt; Todesstrafe).

Unten: Bei seiner Verhaftung stand der dicke, eitle Göring schwer unter Morphium. Sein erster Kommentar an die versammelte Presse war, dass er zumindest zwölf Jahre anständig gelebt habe. Sofort danach entschuldigte er sich für diese zynische Äußerung.

Das Spiel ist aus. Der einst so mächtige Reichsmarschall Göring beim Essen aus einem einfachen Napf. Durch den erzwungenen Entzug vom Morphium hatte der intelligente Göring seine alte Streitlust zurückgewonnen und war manchem Ankläger zu schlau.

Der Berghof erhielt zwei Volltreffer: Der Anbau wurde total zerstört, das Blechdach hing zerfetzt herab. Im Inneren sah es aus, als hätte dort ein schweres Erdbeben gewütet. Die Häuser von Bormann und Göring wurden auch schwer beschädigt, ebenso die SS-Kaserne und das Hotel Platterhof. Nur relativ wenige Menschen fanden den Tod: sechs von den 3.500, die sich zu dem Zeitpunkt auf dem Obersalzberg befanden.

Kurz nach der äußeren Zerstörung brach auch die Organisation des Bergs zusammen. Tausende von Arbeitern, die bis zum Tag der Bombardierung in hohem Tempo an den Großprojekten (dem Bau eines unterirdischen Krankenhauses, einer unterirdischen Garage und Bunkern, die Tausende von Menschen aufnehmen konnten) gearbeitet hatten, waren durch die Zerstörung ihrer Unterkünfte obdachlos geworden. Ein Großteil verließ fluchtartig den immer gefährlicher werdenden Obersalzberg. Die alliierten Truppen näherten sich rasch. Auch viele der hohen NS-Bonzen und ihre Familien verließen den bedrohten Obersalzberg in großer Eile. Frau Speer fuhr mit ihren Kindern in den Westen Deutschlands, und Frau Bormann reiste mit ihren Kindern über Österreich nach Italien. Gretl Braun und Evas Freundin Herta Schneider zogen in das Schloss von Gretls Mann, SS-General Fegelein, in Zell am See. Im Park des Schlosses versteckten sie die Fotoalben, Filme, Briefe, Juwelen und andere Erinnerungen an Eva Braun. Später verriet Gretl das geheime Versteck einem sich als deutscher Flüchtling ausgebenden amerikanischen Geheimagenten, dem sie große Sympathie entgegenbrachte. Das Material wurde nach Washington gebracht.

Die auf dem Berg Zurückgebliebenen und die Berchtesgadener Bevölkerung fragten sich ängstlich, was nun geschehen würde. Die schlimmste Spannung löste sich jedoch, als SS-Kommandeur Frank dem Landrat mitteilte, die SS habe nicht die Absicht, die Umgebung zu verteidigen: „Keine Angst, wenn es so weit ist, rücke ich ab." Einige Tage später zog sich die SS auch wirklich vom Obersalzberg zurück. Die wichtigsten Archive (darunter auch die unzähligen Pläne für die Bauprojekte) wurden mitgenommen. Über den Obersalzberg legt sich nach dem Abzug der gefürchteten SS eine

Kurz bevor er gehängt werden sollte, nahm Göring Gift und entzog sich so seiner Strafe. Auf dem Foto der Leichnam des ehemaligen Reichsmarschalls des Großdeutschen Reiches.

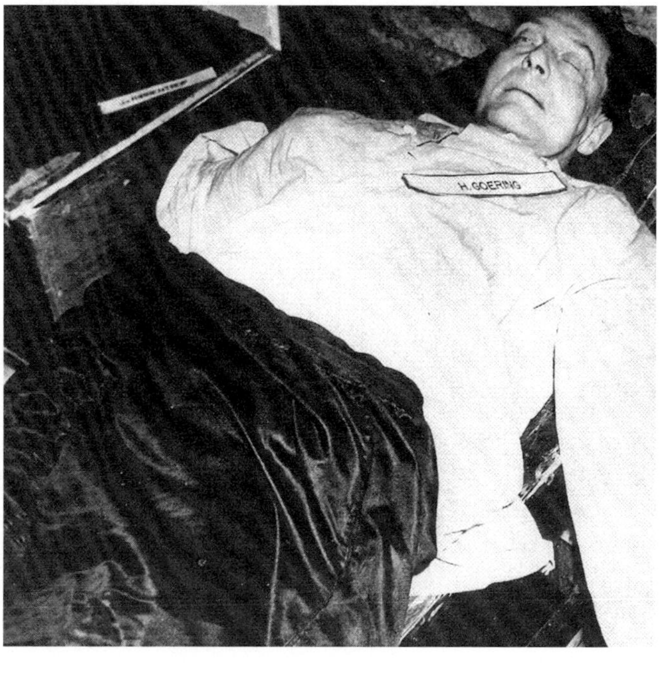

Amerikanische Soldaten auf dem Weg zum Berghof im Sommer 1945. Rechts ist noch ein Krater von einem Bombeneinschlag zu sehen.

bedrohliche Stille. Verschwunden sind die zahlreiche SS-Posten an den Schlagbäumen. Das Brummen der an- und abfahrenden schwarzen Mercedesse mit NS-Größen, hohen Militärs und Regierungsfunktionären ist verstummt. Die beschädigten und nicht beschädigten Gebäude stehen still und verlassen im Frühlingsgrün. Aber schon bald verbreitet sich in Berchtesgaden das Gerücht, dass die SS abgezogen sei, wodurch der Berg so gut wie verlassen ist. Hunderte und Aberhunderte von neugierigen Bewohnern aus Berchtesgaden und den umliegenden Ortschaften gehen vorsichtig an den verlassenen Schlagbäumen vorbei den steilen Weg nach oben. Die am strengsten bewachte Stätte des gesamten Reiches, der „Heilige Berg", wo ihr Führer zu seinen „allergrößten Entschlüssen" inspiriert wurde, ist frei zugänglich. Die ersten Neugierigen sehen sich mit erstaunten Blicken um: Da liegen nun der Berghof, die Villa des berüchtigten Bormanns und der Swimmingpool von Reichsmarschall Göring. Vorsichtig nähern sie sich dem großen, offenen Platz, umgeben von SS-Kasernen und anderen Großbauten. Dann entdecken die Ersten den Stolleneingang zu Bormanns Bunker. Sprachlos waten sie bis zu den Knien durch gigantische Vorräte an Zucker, Butter, Mehl und zahlreichen anderen Lebensmitteln. Sie werden von Begierde übermannt; sie stürzen sich auf die Vorräte, reißen Schränke auf, treten Türen ein, nehmen Mobiliar mit. Schon bald werden die anderen Bunker entdeckt, und eine unglaubliche Plünderung beginnt. Immer mehr Menschen strömen auf den Obersalzberg, in der Hoffnung Nahrung, Kleidung und Hausrat ergattern zu können. Die meisten von ihnen betreten den eingestürzten Berghof nicht einmal. Nein, man interessiert sich nicht mehr für Hitler, er gehört jetzt der Vergangenheit an. Man hat Hunger und sucht begierig nach etwas Essbarem. Ein paar Stunden später steigen die ersten Neugierigen, beladen mit erbeuteten Sachen, den Berg wieder hinab. Man kann sehen, wie sie sich mit großen Mengen Butter, Zucker, Marmelade, Honig, Schuhen, Kleidung, Stühlen, Tischen und wertvollen Radierungen abschleppen. Am 2. Mai gelingt es dem Betriebsführer der größten Baufirma am Obersalzberg gemeinsam mit einem Teil seiner Betriebsangehörigen, etwa 300 Deutschen, 100 Tschechen und 30 Italienern, die Ordnung auf dem Berg, so gut es eben geht, wiederherzustellen.

Dann stellt sich heraus, dass nicht alle SS-Leute abgezogen waren, sondern dass manche sich während der Plünderung in der näheren Umgebung versteckt gehalten hatten. Der Berghof wird nun von ein paar SS-Leuten und Mitgliedern eines Sprengkommandos der Luftwaffe mit Benzin in Brand gesteckt. Die Inneneinrichtung geht größtenteils verloren, aber das Gebäude brennt nicht völlig aus: Es bleibt als eingestürzte, verkohlte Ruine zurück. Nachdem sie das Haus ihres Meisters angezündet haben, verlassen auch diese letzten SS-Leute, so schnell sie können, den Obersalzberg. In der Ferne hört man schon das Böllern der rasch anrückenden alliierten Kanonen.

Ein amerikanischer Jeep-Fahrer unterhält sich mit zwei Soldaten vor dem Schutt einer bombardierten SS-Kaserne.

Das Wettrennen der Alliierten

Am 3. Mai 1945 bekommt die 101. US-Luftlandedivision (Airborne Division) den Befehl, Berchtesgaden am nächsten Tag einzunehmen. Schon früh am nächsten Morgen machen sich die Truppen erwartungsvoll auf den Weg. Hitlers Berghof war ja schließlich eines der wichtigsten Machtzentren des Dritten Reiches. In der Nähe von Berchtesgaden stoßen die Amerikaner auf eine Kolonne der 2. französischen Panzerdivision unter dem Befehl von General LeClerc, die auch gern als Erste Berchtesgaden einnehmen will. Die Panzer von LeClerc können jedoch nicht weiter vorrücken, da die Deutschen die Brücke über eine tiefe Schlucht gesprengt und die Franzosen keine Pioniertruppe bei sich haben. Die 101. Airborne hat zwar Pioniere, aber der Bau wird ernstlich behindert von konzentriertem Feuer der Deutschen, die sich auf der gegenüberliegenden Seite verschanzt haben. Der Vormarsch der beiden alliierten Truppeneinheiten stagniert. Aber sie sind nicht die einzigen Teilnehmer an diesem Wettrennen: General John W. O'Daniel mit dem Beinamen „Iron Mike" (Eiserner Mike), der Kommandeur der 3. Infanteriedivision, hat die feste Absicht, Berchtesgaden einzunehmen. Vergeblich hatte er seine Vorgesetzten gedrängt, seiner Division Berchtesgaden als Marschziel zu geben. „Iron Mike" beschließt, auf eigene Faust zu handeln. Über einen Schleichweg gelingt es ihm am 4. Mai um 15.58 Uhr, Einzug in Berchtesgaden zu halten. Gegen 17.30 Uhr erreicht die Spitze seiner Einheiten den Berghof. Eine ihrer ersten Taten ist das Zerreißen der NS-Fahne, die noch immer über dem Berghof flattert.

Als die alliierten Soldaten den Berghof zum ersten Mal betreten, finden sie eine völlig verlassene, noch schwelende Ruine vor. Offiziere des Nachrichtendienstes, die den Stoßtruppen auf den Fersen folgen, durchsuchen das gesamte Gebiet des Obersalzbergs nach Hitler und dessen engsten Mitarbeitern. Da überall große Verwirrung herrscht, weiß man zu diesem Zeitpunkt nicht, ob Hitler in Berlin ist oder nicht. Er wird natürlich nicht gefunden. Man findet im Berghof aber Unmengen an Lebensmitteln, Wein, Möbeln, Gemälden, Büchern und sogar Hitlers Sammlung von Grammophonplatten. Inzwischen ist es der 101. US-Luftlandedivision und den französischen Einheiten noch immer nicht gelungen, Berchtesgaden zu erreichen. Sie versuchen es über die Route, die General O'Daniel auch genommen hatte. Dort werden sie jedoch von den Soldaten der 3. Infanteriedivision aufgehalten. General O'Daniel hat nämlich den strikten Befehl erteilt, niemanden durchzulassen, so lange Berchtesgaden und der Obersalzberg noch nicht völlig eingenommen sind. Die ersten französischen Einheiten ziehen aus diesem Grund erst abends gegen 20 Uhr in Berchtesgaden ein. Dort entdecken sie, dass die Stadt ganz und gar in den Händen der Amerikaner ist. In der Zwischenzeit hat auch die 101. Airborne Berchtesgaden erreicht. Am nächsten Morgen veranstalten die Amerikaner eine feierliche Zeremonie, bei der die amerikanische Flagge auf dem Berghof

Hitler mit einem seiner Gäste auf dem Weg zur Aussichtsplattform des Teehauses.

Der heutige Zugang zur Aussichtsplattform mit links dem aufgefüllten Loch der kürzlich abgerissenen Ruine des Teehauses.

Seit den Tagen des Dritten Reiches hat sich hier nichts verändert.

Eva auf Hitlers Lieblingsplatz, mit Aussicht ins Tal von Berchtesgaden.

Nach dem Besuch des Teehauses begab sich die Gesellschaft zum angrenzenden Aussichtsplateau, wo – wie heute – eine einfache Holzbank stand.
V.l.n.r. Herta Schneider, Eva Braun, Hitler, Hermann Esser (einer von Hitlers ältesten Kampfgefährten aus München), Speer, Frau Morell und Frau Bormann.

Der Berghof von der Seite gesehen, rechts der Hauptflügel und links der Wirtschaftsflügel mit eigener Zufahrt.

Rechts: Der Berghof ist verschwunden, aber die Zufahrt zum Wirtschaftsflügel gibt es noch immer.

Die Zufahrt zur Ruine des Berghofs mit amerikanischen Besuchern.

Blick von der Stelle, wo sich einst der Speisesaal des Berghofs befand. Im Hintergrund ist ein Teil des Hotels zum Türken zu sehen.

Unverändert ist die atemberaubende Aussicht auf den Untersberg.

König Boris (l), von Ribbentrop (m) und Hitler (r) im Gespräch im großen Saal des Berghofs.

Das berühmte große Fenster des Berghofs mit Sicht auf den Untersberg.

Der Ort, an dem früher der große Saal des Berghofs mit seinem riesigen Fenster war, ist jetzt bewachsen. Bäume verstellen die einst so herrliche Aussicht.

Reste der hinteren Stützmauer sind die letzten noch sichtbaren Erinnerungen an den Berghof.

Die Rückseite des Berghofs, rechts die dicke Stützmauer, die das Gebäude gegen Regen, Schlamm und Schnee vom dahinter liegenden Berghang schützen sollte.

Die heutige Hotel-Pension zum Türken, wo während des Dritten Reiches der Reichssicherheitsdienst untergebracht war, der für den Schutz Hitlers zuständig war.

gehisst wird – trotz der Einwände der Franzosen, denn man hatte ihnen einen Teil von Berchtesgaden als französische Zone zugewiesen. In dieser Zone liegen nicht nur die Zufahrtswege zum Obersalzberg, auch den Berghof betrachten sie als einen Teil ihrer Zone. Trotz der Versuche der Franzosen, die Zeremonie zu verhindern – sie sperrten beispielsweise die Zufahrtswege –, flattern am 5. Mai 1945 die „Stars and Stripes“ auf dem Dach des Berghofs.
Am 6. Mai übergibt General O'Daniels 3. Infanteriedivision, wenn auch nur sehr widerwillig, das Gebiet der 101. Airborne Division und der 2. französischen Panzerdivision. Außer einer Reihe prominenter Nationalsozialisten verhaften die Alliierten in der Umgebung des Obersalzbergs fast den kompletten Stab der Hausangestellten Hitlers und erbeuten gigantische Menge an Dokumenten.

Der Obersalzberg als Touristenattraktion

Die Geschichtsschreibung der 101. US-Luftlandedivision gibt unter dem Titel „Rendezvous with Destiny“ einen fesselnden Bericht von den ersten Tagen der Besetzung des Obersalzbergs. An Wochentagen besuchten im Schnitt 3.000 Menschen den Obersalzberg und an Sonntagen sogar bis zu 10.000. Der wachsende Strom von Besuchern kam in Lastwagen, in Jeeps, auf Motorrädern, in Luxuslimousinen und sogar in Krankenwagen zum Obersalzberg, um Hitlers geliebte Domäne mit eigenen Augen zu sehen. Die Mitglieder der 101. Airborne traten als Führer und Schildwachen auf. Überall auf dem Gelände warnten Schilder, dass nichts aus den Gebäuden oder dem Bunkerkomplex mitgenommen werden durfte. Aber trotz der Schilder verschwand allmählich alles, das nicht niet- und nagelfest war, von Bettfedern bis hin zu Türklinken. Auf dem Obersalzberg konnte man damals buchstäblich jedem begegnen: der belgischen Königin, Staatsmännern, hohen Militärs wie Field Marshall Alexander, den Generälen Patton und Bradley und Soldaten, die sich zum letzten Mal vor der Invasion in England gesehen hatten. Auch Journalisten aus der ganzen Welt kamen, um in ihren Zeitschriften immer wieder über den Obersalzberg berichten zu können.

Hitler begrüßt die Scharen begeisterter Anhänger vor der Auffahrt zum Berghof. Im Hintergrund ist die Hotel-Pension zum Türken sichtbar, links davon die hölzerne Brücke zu Bormanns Villa.

Der Komplex des Hotels Platterhof wurde nach dem Krieg von der US-Armee in Besitz genommen und umbenannt in „General Walker Hotel". Nach Abzug der Amerikaner 1996 stand der Komplex leer. Danach fiel es – trotz zahlreicher in- und ausländischer Proteste – der Politik der bayerischen Regierung zum Opfer, nämlich alles, das nur ein wenig an das Dritte Reich erinnert, so weit wie möglich dem Erdboden gleichzumachen.

Wegen seiner direkten Erinnerung an den Nationalsozialismus wurde der Obersalzberg nach dem Krieg von den Amerikanern beschlagnahmt. Alle Ruinen und Gebäude wurden „American Property". Deutsche durften sie nicht betreten. Nur Besatzungsangehörigen oder Ausländer, die dafür eine Sondergenehmigung beantragten, durften den Berg besuchen. Das gesamte Gebiet des Führers, das ehemalige Hoheitsgebiet, wurde zu einer „Recreation Area" für Angehörige der amerikanischen Armee und ihre Familien umfunktioniert. Die Amerikaner tauften das Teehaus auf dem Kehlsteinberg in „Adlerhorst" (Eagle's Nest) um. Insbesondere nach der Währungsreform im Jahr 1948 steigerte sich der Zustrom von Besuchern. Manchmal übertrafen die Besucherzahlen sogar die Zahlen vor dem Krieg, als Tausende an bestimmten Tagen die Erlaubnis bekamen, vor ihrem Führer zu defilieren. Fast automatisch landeten die Besucher des Obersalzbergs danach in Berchtesgaden. Darum ist es nicht verwunderlich, dass Berchtesgaden damals bei den alliierten Autoritäten darauf drängte, den Obersalzberg wieder für jeden zugänglich zu

An der Stelle, wo einst das Hotel Platterhof gestanden hat, befindet sich jetzt ein ausgedehnter Parkplatz für die vielen Busse, welche die großen Besucherströme zum Obersalzberg und dem Kehlsteinhaus bringen.

Die Villa von Speer auf dem Obersalzberg ist wieder in Privatbesitz.

machen. Erst gegen Ende 1951 führten die Verhandlungen zum Erfolg, und das Gebiet wurde freigegeben, jedoch unter der Bedingung, dass die Ruinen des Berghofs und das Göring-Haus dem Erdboden gleichgemacht würden. Berchtesgaden erklärte sich mit diesen Bedingungen einverstanden. Es wurden jedoch verschiedene Initiativen gegründet, die für die Erhaltung der Ruinen kämpften. Auch gab es diverse Fremdenführer, die den Besuchern „Geheimnisse" erzählten über vermeintliche Folterkammern und weitere Gruselgeschichten. Oft sprachen sie vor einer atemlosen Zuhörerschar über das bedauerliche Ende dieser einst so heiligen Stätte und über ein glorreiches Wiedererwachen aus den geweihten Trümmern. Eine Reihe von Zeitungen griff diese Grusel- und Spukgeschichten nur allzu gern auf. Ein amerikanisches Paar ließ sich sogar in Eva Brauns Schlafzimmer in den Bunkern unter dem Berghof trauen, und eine Besucherschar stimmte frisch und fröhlich das Horst-Wessel-Lied an. Es war daher kein Wunder, dass die Besatzungsmacht und die Staatsregierung der Meinung waren, dass jeder politischen Demonstration der Boden entzogen werden und die Ruinen deshalb verschwinden müssten.

Am Mittwoch, den 30. April 1952 um 17.05 Uhr, genau sieben Jahre nach Hitlers Selbstmord in Berlin, war es endlich so weit. Der Berghof wurde gesprengt und abgetragen. Kurze Zeit später fielen auch die Überreste der Häuser von Bormann und Göring der Abrissbirne zum Opfer. Die Ruinen der SS-Kasernen wurden ebenfalls abgerissen, und im Jahr 2006 wurden auch noch die zurückgebliebenen Fundamente des Kasernenkomplexes ausgegraben und zu Kies vermahlen. Auch die Brutkästen am Fuß des Göringhügels wurden abgerissen, und an ihrer Stelle befindet sich heute einer der Parkplätze des 5-Sterne-Hotels Interconti.

Das ehemalige Gästehaus sowie Bormanns Parteikanzlei wurden in der zweiten Hälfte der Neunzigerjahre als Stelle für ein Dokumentationszentrum ausgewiesen, und aus der Ruine wurde unter erheblichen Kosten ein modernes Gebäude errichtet. 1999 schuf der bayerische Finanzminister Falthauser die Grundlage für seine Tabula-Rasa-Politik, als er erneut ein wichtiges historisches Überbleibsel vernichtete, nämlich den ehemaligen Platterhof. Der Platterhof war 1945 von den Amerikanern übernommen und zum „Hotel General Walker" umgetauft worden. Der Hotelkomplex, der nach der Bombardierung am 25. April beträchtlich beschädigt worden war, wurde gründlich renoviert. Der Komplex diente als Erholungszentrum für amerikanische Soldaten und ihre Angehörigen. Nach dem Abzug der Amerikaner 1996 stand der prächtige, architektonisch perfekt in die Berglandschaft passende Komplex leer und wurde schließlich 2000 – trotz aller Proteste aus dem In– und Ausland – fast völlig abgeschliffen. Denn die bayerische Regierung denkt noch immer, dass die systematische Vernichtung von Überresten aus der NS-Zeit auch die Geschichte beseitigen kann – dies alles unter dem Vorwand, dass diese Überreste vielleicht Neonazis zum Obersalzberg locken würden. Eine äußerst kurzsichtige Art, Politik mit Geschichte zu vermischen. Aber Geschichte lässt sich nun einmal nicht wegwischen, denn sie bleibt Geschichte, ob man das schön findet oder nicht.

Während der Abrisstätigkeiten des Hotels Platterhof kamen zum großen Erstaunen der Fachleute für Denkmalpflege eine Balkendecke und alte Mauerreste aus dem Jahr 1671 zum Vorschein, die noch von dem alten Steinhauslehen zu stammen schienen, einem Haus, das bereits im Jahr 1382 zuerst erwähnt wurde. Nach deutschem Recht ist es jedem strengstens verboten, historische Denkmäler ohne Erlaubnis abzureißen – ein Gesetz, das für jeden gilt außer für die bayerische Regierung. Dabei wäre der Platterhof eine ideale Stelle für ein großzügiges Dokumentationszentrum über den Obersalzberg gewesen. Seit 1999 haben 700.000 Besucher das neue Dokumentationszentrum besucht, das eigentlich schon viel zu klein geworden ist, nicht über eigene Seminarräume oder Ähnliches verfügt und auch keine Übernachtungsmöglichkeiten bietet. Dies hätte der Platterhof in ausreichendem Maße bieten können.

An der Stelle des Göringhügels (Eckerbichel) steht jetzt das luxuriöse 5-Sterne-Interconti-Hotel mit seinen 138 Luxussuiten mit 360 Grad Alpenpanorama, das als eine Art Ringschloss den ganzen Hügel in Beschlag nimmt und die Landschaft beherrscht. Das Gebäude wurde durch ein Tochterunternehmen der Bayerischen Landesbank errichtet, welches sonst Bürogebäude baut. Das Einzige, das noch an

Das ehemalige Atelier von Speer wird gegenwärtig wieder von einem Architektenbüro genutzt.

Göring erinnert, ist der Teich im Felsgarten des Hotels, denn an dieser Stelle befand sich einst das Schwimmbad Görings. Der ehemalige Musterbauernhof, Görings Adjutantur, das Hotel zum Türken sowie das Haus und das Atelier von Speer haben bis heute die Politik der Geschichtsbeseitigung überlebt. Aber es ist die Frage, wie lange noch. Denn als Folge dieses Schuldkomplexes, zusammen mit der Angst vor Neonazis, ist es sicher nicht undenkbar, dass auch diese Spuren durch die bayerische Regierung ausgelöscht werden. Dies gilt allerdings nicht für die größte Touristenattraktion und hervorragende Einnahmequelle, das Kehlsteinhaus oder Diplomatenhaus auf dem Gipfel des 1.937 Meter hohen Kehlsteins. Denn für diese wichtige Einkunftsquelle lässt Bayern seine Prinzipien der Spurenbeseitigung offensichtlich gern beiseite.

Das in der Nähe des Berghofs gelegene Gebäude von Hitlers ehemaligem Reichssicherheitsdienst ist wieder in Privathände gekommen und heißt gegenwärtig „Hotel Gasthof zum Türken“. Die Eigentümerin hat dafür gesorgt, dass dieses Gebäude auch nach ihrem Tod nicht in die Hände der bayerischen Regierung gelangen kann. Neben dem „Türken“ befand sich einer der zwei Zugänge zum innersten Kreis des Führersperrgebiets, dessen Holztor bewaffnete SS-Posten bewachten und ausschließlich Besucher mit einem speziellen roten Ausweis passieren ließen. Der Berghof befand sich ca. 200 Meter von diesem Zugang entfernt. Das hölzerne Tor ist verschwunden, aber das steinerne Wachhäuschen der SS hat die Zeiten überdauert, wohl auch, weil es ebenso wie das „Gasthaus zum Türken“ in Privatbesitz ist und so der Politik der bayerischen Regierung entkommen konnte.

In Berchtesgaden ist auch das berühmte Hotel Berchtesgadener Hof, einst offizielles Gästehaus des Dritten Reiches in Berchtesgaden, der Abrissbirne zum Opfer gefallen. Wie beim Platterhof haben die Amerikaner nach dem Krieg auch dieses Hotel beschlagnahmt und es erst 1996 verlassen. Das stark verwahrloste Hotel, in dem während des Dritten Reiches zahlreiche nationale und internationale Berühmtheiten gewohnt haben, musste Platz machen für ein Alpenmuseum. Die Berchtesgadener Reichskanzlei außerhalb von Berchtesgaden, wo einst Reichsminister und Chef der Berliner Reichskanzlei Lammers das Zepter führte und zahlreiche Führerbefehle an die Regierung weitergab, ist renoviert

Hitler und Speer im Atelier auf dem Obersalzberg

Das Einzige, was noch von Görings Villa übrig blieb, ist das Schwimmbad, das nun in eine schöne Teichlandschaft umgewandelt wurde und zum Felsengarten des nahen Luxushotels gehört.

Görings Villa mit Schwimmbad.

Das luxuriöse Intercontinental-Hotel, das auf dem Göringhügel erbaut wurde.

worden und enthält nun Luxusapartments. Da auch hier die Amerikaner bis in die Neunzigerjahre saßen und danach an Privatleute verkauften, ist es ebenfalls der Zerstörungswut der bayerischen Regierung entkommen. Ein großer Reichsadler beherrscht noch immer den monumentalen Eingang. Das Hakenkreuz in seinen Klauen wurde aber entfernt.
Die im Alpenstil gebauten Gebirgsjägerkasernen dienen immer noch als solche, und der große Steinlöwe des Denkmals für die Gefallenen des Regiments schaut noch immer stolz auf die ihn umgebenden Alpen. Bei guter Sicht kann man von hier aus noch immer das Kehlsteinhaus sehen. In der Nähe der Kasernen liegt die einst durch Hitler persönlich eingeweihte Adolf-Hitler-Jugendherberge. Der aus drei großen Gebäuden bestehende Komplex wird noch immer als Jugendherberge und Jugendzentrum genutzt. Er war einst die größte Herberge Deutschlands und stand Modell für viele Jugendherbergen in Deutschland und in den eroberten Gebieten.
Der große Hauptbahnhof im Alpenstil und das sich anschließende Postamt von Berchtesgaden stehen noch in vollem Glanz. Es ist deutlich, dass die Gebäude für ein Städtchen wie Berchtesgaden viel zu groß sind. Das Bahnhofsgebäude hat einen runden Turm, der einst als Privateingang und Wartezimmer für Hitler und andere Würdenträger diente. Gegenwärtig hat das örtliche Touristenbüro dort seinen Sitz. Das hinter dem Bahnhof gelegene riesige Rangiergelände, das früher für die Privatzüge Hitlers und seiner Bonzen gedacht war, ist stark verkleinert worden, und viele Schienen sind verschwunden.
Über dem monumentalen Eingang des Postamts ist noch immer die Kontur des riesigen Reichsadlers mit dem Hakenkreuz in seinen Klauen zu erkennen, der hier einst hing.

Links vom stolzen Löwen, der vor der Kaserne ein Denkmal für gefallene Soldaten darstellt, ist auf der Spitze des Kehlsteins gerade noch Hitlers Kehlsteinhaus sichtbar.

Die ehemalige Adjutantur Görings, wo einst Luftwaffengeneral Bodenschatz das Zepter führte.

Wo damals Hitlers Wanderwege zum Teehaus auf dem Mooslahner Kopf verliefen, befindet sich jetzt ein Golfplatz.

Hitler und Göring während des Spaziergangs zum Teehaus.

Der ehemalige riesige Musterbauernhof von Reichsleiter Bormann ist jetzt ein Golfhotel.

Das 1.937 Meter hohe Kehlsteinhaus ist eine große touristische Attraktion.

Die Zufahrt zum Kehlsteinhaus mit rechts dem ehemaligen SS-Wachhäuschen. Diese Straße darf ausschließlich von Sonderbussen befahren werden.

SS-Wachtposten vor dem bronzenen Eingangsportal des Tunnels, in dem sich der Aufzug zum Kehlsteinhaus befindet.

Hohe alliierte Offiziere beim Betreten des Tunnels zum Kehlsteinhaus.

Im Süden von Berchtesgaden, in Richtung des berühmten Königssees, liegt noch immer gut versteckt hinter einem Sportgelände und einer Sackgasse ein Landgut im typischen Alpenstil, das Gut Schneewinkellehen. Dieses Landgut, auf dem Sigmund Freud in den Zwanzigerjahren öfter seine Sommerferien verbrachte und einige seiner berühmten Bücher schrieb, kam im Lauf der Dreißigerjahre in die Hände des finsteren Heinrich Himmlers, dem Reichsführer SS und Chef der Polizei. Himmler brachte hier seine heimliche Mätresse Hedwig Potthast unter, mit der er zwei Kinder hatte. Hier führte er ein mehr oder weniger glückliches Familienleben. Das Gut ist heute in privater Hand und wird von zwei Familien bewohnt.

Ein 3 Meter hoher und 130 Meter langer Tunnel führt die Besucher zu einem großen, mit Messing verkleideten Lift, der direkt im 120 Meter höher gelegenen Kehlsteinhaus endet.

Etwas außerhalb Berchtesgadens liegt die ehemalige Berchtesgadener Reichskanzlei, von der aus die Führerbefehle direkt nach Berlin weitergeleitet wurden. Der Komplex wurde inzwischen umgebaut zu Luxusappartements.

Das Landhaus, in dem einst SS-Chef Himmler mit seiner Geliebten und zwei Kindern wohnte, liegt etwas außerhalb Berchtesgadens.

Aber zurück zum Obersalzberg, wo trotz der Spurenbeseitigungspolitik Bayerns etwas unverändert geblieben ist: das atemberaubende Bergpanorama. Dieses Panorama kann auch jetzt noch bewundert werden, und zwar von der Lieblingsstelle Hitlers auf dem Aussichtsplateau seines Teehauses auf dem Mooslahner Kopf aus.
Dieses Teehaus war das Ziel seines täglichen Spaziergangs, den er immer wieder vom Berghof aus unternahm und an dem seine engsten Mitarbeiter und Gäste auch teilnehmen mussten. Den Spaziergang von gut einer halben Stunde machte Hitler nicht nur, um etwas Bewegung zu haben oder seinen Hund Blondie auszuführen, sondern nutzte ihn als sprichwörtlich laufende Besprechung. Während des Spaziergangs wurden einer oder mehrere Teilnehmer nach vorn gerufen, worauf Hitler mit ihnen dringende Angelegenheiten besprach und seine Befehle gab. Das war vor allem bei Heinrich Himmler der Fall, der während des Spaziergangs Befehle zur massenhaften Ausrottung sogenannter minderwertiger Bevölkerungsgruppen, wie Juden, Zigeuner, Homosexuelle usw., erhielt. Ebenso berichtete Himmler während dieser Spaziergänge mündlich über den Fortgang der Massenmorde.
Das Teehaus mit seinem runden Saal befand sich nahe der Aussichtsplattform auf dem Mooslahner Kopf, die mit einem Holzzaun abgegrenzt war und auf der eine einfache Bank stand. Dort konnte Hitler oft stundenlang stehen und auf den gegenüberliegenden Untersberg und die in der Ferne liegenden Türme des barocken Salzburgs starren. Nach seiner Aussage war dies sein absoluter Lieblingsplatz, der ihm die nötige Inspiration für seine mordlüsternen Pläne gab. Nach dem Krieg wurde das Teehaus gesprengt, wovon bis Sommer 2006 noch meterhohe Ruinen zeugten. Dann wurden auch diese beseitigt, zu Kies vermahlen und die Stelle danach so aufgefüllt, das nun rein gar nichts mehr an das Teehaus erinnert.
Der Besucher, der dennoch eine Wanderung zum Mooslahner Kopf unternimmt, wird reich belohnt. Einmal auf der Aussichtsplattform angekommen, erlebt er dort noch immer eine herrliche Aussicht über das Tal von Berchtesgaden und den dahinter aufragenden Untersberg. Sitzt man auf der Holzbank, auf der Hitler einst mit seinen wichtigsten Gästen saß, spürt man den Hauch der Geschichte. Es herrscht dort noch immer eine seltsame Stille, und wenn man darauf achtet, hört man den Wind leise von dem flüstern, das sich an diesem so unschuldig aussehenden, aber so schwer belasteten Ort alles abgespielt hat und wie viel Unheil hier ausgebrütet wurde, das Millionen Unschuldige das Leben kostete.

Der große, im typischen NS-Stil erbaute Bahnhof von Berchtesgaden tut noch immer seinen Dienst, aber ist etwas zu groß für das Touristenstädtchen.

Literaturangaben

Baumann, E.: Obersalzberg vor und nach der Zerstörung, Bischofswiesen 1983

Below, N. von: Als Hitlers Adjudant 1937–1945, Mainz 1980

Bloch, M.: Ribbentrop, London 1992

Breitmann, R.: Heinrich Himmler. Der Architekt der Endlösüng, Zürich 2000

Broszat, M: Der Staat Hitlers, München 1969

Bullock, A.: Hitler. Biographie 1889–1945, Augsburg 2000

Capelle, H. van: De Nazi Economie, Assen 1978

Capelle, H. van; Bovenkamp, A.P. van de: Berlin unter Hitler, Tosa-Verlag, Wien 2007

Capelle, H. van; Bovenkamp, A.P. van de: Hitlers Handlanger, Hoevelaken 2004

Charlier, J.; Lanay, J. de: Eva Hitler, Stuttgart 1979

Chaussy, U., Püschner C.: Nachbar Hitler, Berlin 2001

Der Obersalzberg im 3. Reich, Berchtesgaden 1982

Dietrich, O.: Zwölf Jahre mit Hitler, München 1955

Dollmann, E.: Dolmetscher der Diktatoren, Bayreuth 1963

Domarus, M.: Hitler. Reden und Proklamationen, Wiesbaden 1973

Donath, M.: Architektur in Berlin 1933–1945, Berlin 2004

Eberle, H., Uhl M.: Het boek Hitler, Utrecht 2005

Engel, G.: Heeresadjutant bei Hitler 1938–1943, Stuttgart 1974

Fest, J.: Hitler, Frankfurt a/M 1974

Fest, J.: Speer. Eine Biographie, Berlin 1999

Fest, J.: Das Gesicht des Dritten Reiches, London 1973

Frank, B.: Der Obersalzberg, Berchtesgaden 1997

Frankel, A.: Das Kehlsteinhaus von Adolf Hitler bis heute, Berchtesgaden 1983

Frei, N.: Der Führerstaat. Nationalsozialistische Herrschaft 1933–1945, München 2002

Geiss, J.: Obersalzberg, Berchtesgaden 1978

Giesler, H.: Ein anderer Hitler, Leoni am Starnberger See 1977

Goebbels, J.: Tagebücher 1924–1941, München 1987

Göring, E.: An der Seite meines Mannes, Pr. Oldendorf 1980

Gun, N.E.: Eva Braun, Rotterdam-Nieuwendijk 1968

Hanfstaengl, E.: 15 Jahre mit Hitler, München/Zürich 1970

Heim, H.: Adolf Hitler. Monologe im Führerhauptquartier 1941–1944, München 2000

Hillgruber, A.: Staatsmänner und Diplomaten bei Hitler, Frankfurt 1970

Hitlers Berghof 1928–1945, Kiel 2000

Hoffmann, H.: Hitler was my Friend, London 1955

Hoffmann, P.: Hitler's Personal Security, London/Basingstoke 1979

Infield, G.: Eva en Adolf, Amsterdam 1976

Irving, D.: Mastermind of the Third Reich, London 1996

Irving, D.: Göring, A Biography, London 1989

Irving, D.: Hitler's War and the War Path, London 1991

Irving, D.: The Secret Diaries of Hitler's Doctor, London 1990

Joachimsthaler, A.: Die Breitspurbahn 1942–1945, München 1993

Joachimsthaler, A.: Hitlers Liste, München 2003

Joachimsthaler, A.: Hitlers Weg begann in München 1913–1923, München 2000

Jochmann, W.: Adolf Hitler, Monologe im Führerhauptquartier, München 2000

Kershaw, I.: Hitler. 1889–1936, Stuttgart 1998

Kershaw, I.: Hitler. 1936–1945, Utrecht 2001

Kershaw, I.: The nazi Dictatorship, London 2000

Klabunde A.: Magda Goebbels, München 2001

Krause, K.: Zehn Jahre Kammerdiener bei Hitler, Hamburg 1949

Kuch, K.: Bei Hitler, Zimmermädchen Annas Erinnerungen, München 2003

Kurz, J.: Kunstraub in Europa 1938–1945, Hamburg 1989

Lang, J. von: Der Sekretär. Martin Bormann: der Mann, der Hitler beherrschte, Frankfurt am Main/Berlin 1990

Lehrer, S.: Hitler sites, Jefferson 2002

Leutheusser, U. : Hitler und die Frauen, München 2003

Linge, H.: Bis zum Untergang, München/Berlin 1980

Machtan, L.: Hitlers intieme kring, Amsterdam/Antwerpen 2001

Möller, H. e.a.: Die tödliche Utopie, München 2002

Neul, J.: Adolf Hitler und der Obersalzberg, München 1997

Padfield, P.: Himmler. Reichsführer SS, London/Basingstoke 1991

Petropoulos, J.: Kunstraub und Sammelwahn. Kunst und Politik im Dritten Reich, Berlin 1999

Petsch, J.: Baukunst und Stadtplanung im Dritten Reich, München 1976

Picker, H.: Hitlers Tischgespräche im Führerhauptquartier, Stuttgart 1976

Reichhardt, H.J.; Schäche W.: von Berlin nach Germania, Berlin 2001

Reimann, V.: Joseph Goebbels, Wien/München 1971

Schaake, E.; Bäurle, R.: Hitlers Frauen, München 2000

Schaffing, F., Baumann E., Hoffmann H., Der Obersalzberg, München/Wien 1985

Schirach, H. von: Der Preis der Herrlichkeit, München/Wien 1975

Schirach, H. von: Frauen um Hitler, München/Berlin 1983

Schmidt, M. : Albert Speer. Das Ende eines Mythos, Bern/München 1982

Schmidt, P.: Statist auf diplomatischer Bühne 1923–1945, Frankfurt am Main 1961

Schröder, C.: Er war mein Chef, München 2002

Sereny, G.: Albert Speer. Verstrikt in de waarheid, Amsterdam 1995

Shirer, W.L.: The Rise and Fall of the Third Reich, New York 1960

Sigmund, A.M.: Des Führers bester Freund, München 2003

Smith, B.: Heinrich Himmler, Stanford 1971

Speer, A.: Herinneringen (2 delen), Baarn 1970

Speer, A.: Speer in Spandau, Baarn 1976

Toland, J.: Adolf Hitler. Het einde van een mythe, Utrecht 1983

Tuchel, J.: Die Inspektion der Konzentrationslager, Berlin 1994

Turner, H.A.: Hitler aus nächster Nähe, Frankfurt/Berlin/Wien 1978

Weihsmann, H.: Bauen unter dem Hakenkreuz, Wien 1998

Wildt, M. : Die Judenpolitik des SD 1935 bis 1938, München 1995

BILDNACHWEIS

After the Battle
116 oben

Autorenarchiv
Cover kleines Foto 4, Rückcover kleine Fotos 1 und 4, 1, 6, 7, 8, 14 rechts oben, 23, 33 rechts oben, 34 unten, 35 unten, 60 oben, 66 oben, 71 Mitte rechts und unten, 74 links unten, 75 oben, 82 unten, 83 unten, 84 unten, 85, 86 Mitte und unten, 87 beide, 88 Mitte und unten, 91, 92 unten, 93 oben, 94, 97 unten, 99 alle außer Mitte links, 101, 106, 108 rechts unten, 120, 121, 125 Mitte, 126 unten, 136 oben, 139 Mitte und unten, 191 oben, 196 beide, 197 beide, 198 beide, 199 beide, 206 alle, 226 unten, 227 oben, 228 rechts oben, Mitte links und links unten, 229 oben und links unten, 230 oben, 231 beide, 232, 233 oben, 234 oben, Mitte und unten, 235 oben, Mitte links und unten, 236 alle außer Mitte rechts, 237 alle, 238 und 239

BPL
5 unten, 12 beide, 13 beide, 14 links oben, 15 links oben, 18 alle, 20 oben und unten, 21 Mitte und unten, 24 beide, 25 Mitte, 26 beide, 27 beide, 28 alle, 29 oben, 30 beide, 31 oben und rechts unten, 36 links oben und rechts oben, 56 Mitte und unten, 67 unten, 71 oben, 73, 74 rechts unten, 82 Mitte, 116 rechts unten, 128 beide, 130, 133 unten, 134 oben, 135 rechts oben, 138 beide, 139 oben, 140 oben, 141 unten, 142 beide, 146 oben, 147, 148 beide, 149, 150, 175, 192 oben und unten, 210, 230 unten, 233 unten

Library of Congress
10, 15 rechts oben, links unten und rechts unten, 16 oben, 20 rechts, 22, 25 oben, 32 Mitte und unten, 33 links oben und rechts unten, 34 unten, 35 unten, 36 unten, 52, 53, 54 beide, 55 beide, 56 links oben und rechts oben, 57 links oben und rechts oben, 58 beide, 59 links oben und links unten, 60 unten, 61 rechts oben und unten, 64 links oben und unten, 65 oben, 70 oben und unten, 77 rechts oben und unten, 80 oben, 84 oben, 100, 105 oben, 111 Mitte, 114 unten, 132 oben, 134 unten, 135 unten, 136 unten, 140 unten, 141 oben, 143, 144 beide, 145, 153 unten, 156 oben, 164 oben, 165 oben, 166 unten, 167 beide, 169 unten, 170 unten, 177, 179 oben, 184 unten, 185 unten, 188 beide, 193 unten, 194, 195, 209, 214, 223 links, 209 unten, 214 oben, 223 Mitte, 229 rechts unten, 234 rechts oben, 235 Mitte rechts

Mike Chenault
44 Mitte links, 67 oben

National Archives
Cover großes Foto, Cover kleine Fotos 1, 2 und 3, Rückcover kleine Fotos 2 und 3, 2, 3, 4 beide, 5 oben und Mitte, 14 unten, 16 unten, 17 beide, 19 alle, 21 oben, 25 links unten und rechts unten, 29 unten, 31 links unten, 32 oben, 33 links unten, 37 alle, 38, 39, 40 beide, 41 beide, 42 beide, 43 alle, 44 alle außer Mitte links, 45 beide, 46 beide, 47 alle, 48 alle, 49 alle, 50 beide, 51 alle, 57, unten, 59 rechts oben und rechts unten, 61 links oben, 62, 63, 64 rechts oben, 65 unten, 66 unten, 68 alle, 69 beide, 70 Mitte, 71 Mitte links, 72, 74 oben, 75 unten, 76 beide, 77 links oben, 78 beide, 79, 80 unten, 81, 82 oben, 83 oben, 86 oben, 88 oben, 89 alle, 90 alle, 92 oben, 95, 96, 97 oben, 98 alle, 99 Mitte links, 102 alle, 103 beide, 104 beide, 105 Mitte und unten, 107 alle, 108 oben und links unten, 109 beide, 110 beide, 111 oben, 112 beide, 113 alle, 114 oben und Mitte, 115 alle, 116 links unten, 117 beide, 118 alle, 119 beide, 123 beide, 124 beide, 125 oben und unten, 126 oben, 127 beide, 129 alle, 131, 132 unten, 133 oben, 135 links oben, 137 alle, 146 unten, 151, 152 beide, 153 oben, 154 beide, 155 beide, 156 unten, 157 beide, 158, 159 beide, 160 alle, 161 beide, 162, 163, 164 unten, 165 unten, 166 oben, 168, 169 oben, 170 oben, 171 alle, 172 alle, 173 alle, 174 beide, 176, 178, 179 unten, 180, 181, 182 beide, 183, 184 oben und Mitte, 185 oben, 186 beide, 187, 189 beide, 190 beide, 191 Mitte und unten, 192 Mitte, 193 oben, 200, 201, 202, 203, 204, 205, 207 unten, 208 beide, 209 oben, 211, 212 beide, 213 alle, 214 unten, 215 alle, 216, 217, 218 beide, 219 beide, 220 beide, 221, 222 beide, 223 oben und unten, 224, 225, 226 oben, 227 Mitte und unten, 228 links oben, Mitte rechts und rechts unten (2x), 236 Mitte rechts

Staatsarchiv Hamburg
122 beide

NEUER KAISER VERLAG GmbH
Industriestraße 19
64407 Fränkisch-Crumbach 2018
www.neuer-kaiser-verlag.de

Umschlaggestaltung:
design cat GmbH
Übersetzung aus dem Niederländischen:
drs. Geertrui Visser/Leeuwarden/Niederlande,
Ludger Gausepohl (für akapit Verlagsservice)
Produktion der deutschen Ausgabe:
akapit Verlagsservice, Berlin – Saarbrücken

ISBN (13) 978-3-8468-2004-9